세상을 변화시키는 52주 구역공과

거룩한 열정으로 형통하는 구역

편찬위원회 지음

아가페문화사

거룩한 열정으로 형통하는 구역

구역부흥은 교회부흥

구역

이름

주소

교회 전화

거룩한 열정으로 형통하는 구역
성장하는 교회

교육 이념

1. 하나님의 영광을 높이는 구역

2. 하나님의 교회를 섬기는 구역

3. 하나님의 사랑을 실천하는 구역

4. 행복한 가정을 이룩하는 구역

5. 변화하는 시대를 선도하는 구역

구역공과 일러두기

교회의 부흥은 주 예수 그리스도의 명령이며, 사도들의 삶을 통하여 시작되었습니다. 초대 예루살렘 교회는 바람에 흩날리는 민들레 홀씨처럼 가는 곳마다 복음이 뿌리를 내려 꽃을 피웠습니다. 이 성령의 역사는 지금까지도 우리에게 임하셔서 역사하고 계십니다. 오늘날 구역·속회의 효율적인 운영은 교회부흥의 귀한 결실을 선사합니다. 그 요건은 바로 모든 교인이 동참하는 '거룩한 열정'으로 만들어지는 것입니다.

본 구역공과는 시작부터 지금까지 초교파 개혁주의 복음 구역공과로 기획되었으며, 교회부흥을 염원하는 일선 목회자의 필요충족을 위해 만들어져, 중·소·대형 어느 교회나 쉽게 적용할 수 있는 '베스트 구역공과' 입니다. 지난 19년간 교회부흥의 텃밭을 일궈주면서 한결같이 달려온 구역공과의 선두주자입니다. 이제 '하나님의 은혜를 사모하는 구역'에 이어서, 이번에 사용할 '거룩한 열정으로 형통하는 구역'을 출간하게 되었습니다. 구역부흥과 교회부흥의 원천적인 동력은 교회를 태동케 하신 '말씀과 성령'에 있습니다. 따라서, 이 책은 열악하고 토박한 환경을 극복하고 '말씀과 성령에 부응'하는 생명의 씨앗이 되어 교회를 부흥성장하게 이끌어 줄 것입니다.

교회부흥은 '일꾼을 잘 키우고, 잘 훈련해서 파송하면' 됩니다. 그래서 그동안 절찬리에 다루었던 '말씀의 생활화' 구현을 위한 12년 커리큘럼으로 성경통독을 유도하고, 주간 경건의 시간(Q.T.)의 본문을 설정하여, 일년 구역 공과를 편찬했습니다. 본 구역공과 편찬위원회의 집필진(총신대학교 신학대학원 졸업)은 교육과 신학의 전문가들로서 커리큘럼의 구성과 교육현장에서 사역했던 실력을 바탕으로 집필한 것입니다.

대도시와 소도시 및 농어촌 교회들, 그리고 이역만리 선교현장에서 불타는 마음으로 선교와 목회하는 사랑하는 동역자들을 위하여 이 책 한권만 있으면 1년 목회를 성실하게 감당할 수 있도록 만들게 된 것이, 이제 19권이나 되었습니다.

[1]「부흥」·[2]「생동」·[3]「전진」·[4]「결실」·[5]「일꾼을 키움」·[6]「파송」·[7]「건강」·[8]「화목」·[9]「치유」·[10]「칭송」·[11]「생명을 살림」·[12]「주님과 동행」·[13]「성령 충만」·[14]「섬김과 전도로 부흥」·[15]「사랑으로 위로」·[16]「주님으로 새 힘 얻음」·[17]「하나님의 은총이 임함」·[18]「하나님의 은혜를 사모」에 이어, [19]「거룩한 열정으로 형통」이라는 목표로 감격스럽게 성장해 왔습니다. 특별히 다른 자료들과 기타 사전들을 찾지 않아도 될 만큼 성경강해 자료 제공에 충실을 기했습니다.

위의 공과를 사용해 본 목회자들은 '내실과 성장하는 교회'의 기초를 만들어 주었기에, 찬사를 보내며 다시 찾고 있습니다. 이제 '거룩한 열정·형통 하는 해'를 목표로 부흥과 성장을 위해 농사짓듯 사랑과 헌신의 돌봄에 최선을 다 하시기 바랍니다.

영적 풍년 농사는 첫째, 좋은 종자(복음). 둘째, 좋은 땅(마음). 셋째, 꼼꼼한 보살핌의 손길(양육)이 필수적입니다. 현명하신 목회자들께서 교회부흥의 텃밭을 소중히 여기셔서, 좋은 교재를 선택하여 말씀과 성령으로 셀 모임·구역 및 속회 모임에서, 셀

리더·구역 및 속회장들을 잘 교육, 훈련시키셔서 파송한다면 분명히 구역과 속회는 물론 영적 공동체에게 안정과 내적 성장을 보장해 줄 것입니다. 다음은 구역 인도자나 소그룹 리더들이 '내가 곧 교회부흥의 주역이다'라는 책임감을 갖게 하는 지침입니다.

첫째, 하나님의 말씀을 날마다 겸손히 듣고(행 10:33),
둘째, 말씀을 매일 양식처럼 먹으며(신 17:19),
셋째, 말씀을 체계적으로 공부하십시오(행 17:11; 딤후 2:15).
넷째, 요절 성구를 암송하십시오(시 119:11).
다섯째, 성경 본문을 깊이 묵상하십시오(수 1:8).

본 교재는 평신도 지도자가 목회하는 심정으로 일 년 열두 달 매월 신앙성장목표를 설정하여, "한 주간의 묵상 자료"(Q.T. 가정 예배 자료)와 교회절기, 가정예식 공과를 통해 교회절기 문화와 기독교 상조문화를 배우고 선도해 가도록 시도한 최초의 구역공과입니다. 이 공과는 신년 · 고난절 · 부활절 · 감사절 · 성탄절 1, 2 · 임종 · 입관 · 장례식 · 하관(안장) · 추모 예배 1, 2 등, 교회절기 자료와 가정의례 예배자료를 총망라했습니다. 또한 각 구역과 가정에서 아주 쉽고 간편하게 예배드릴 수 있도록 전교인이 한 권씩 비치해서, 예배를 생활화 하도록 했습니다. 이 교재를 통하여 말씀의 생활화로 '성경을 배워, 예수님의 좋은 일꾼'으로 성장시키시기를 간절히 기도 드립니다.

2017년 11월

소그룹 및 구역공과 편찬위원회 집필책임 신소섭 목사

구역공과 교재 사용법

- 찬송 · 묵도 · 신앙고백(사도신경) · 찬송 · 나눔 기도 -

1. 먼저 '성경' 본문을 찾아 함께 읽으십시오.
2. '요절'을 3회 큰 소리로 함께 읽고 암기하세요.
3. '교재의 목표'를 읽고 마음에 새기십시오.
4. '시작하는 말'은 인도자나 지도자가 읽음으로 함께 이해하십시오.
5. '오늘의 말씀'은 한 대지씩(팀, 개인) 돌아가면서 읽으십시오.
6. '함께 읽어요'는 모든 구역원이 한 목소리로 읽으십시오.
7. '정리하는 말'은 인도자나 지도자가 읽으십시오.
8. 구역원 모두 기도의 제목들을 적어서 제출하시고 짝 기도나 위하여 기도하십시오.

-합심기도, 헌금, 가정을 위한 기도, 새 구역원 소개, 찬송, 주기도문
-※ **상기 사용법 4, 5, 6, 7번은 각 교회의 구역지침에 따라 진행하십시오.**

구역부흥은 교회부흥

성공적인 구역 운영 요령

1. 효과적인 개인전도 7가지 방법

- 영혼을 사랑하는 마음을 가져라.
- 전도 대상자를 확실히 정 하라
- 상대를 위하여 충분한 기도로 준비하라.
- 인격적인 교제를 가져라.
- 상대에게 무엇이 필요한가를 파악하라.
- 문제점에 대하여 간증으로 권유하라.
- 결신 후 최소한 3개월간을 영적으로 보살펴라.

2. 구역배가를 위한 5가지 기도제목

- 믿지 않는 가족을 위한 기도
- 병든 자를 위한 기도
- 개인이나 가정의 문제 해결을 위한 기도
- 각자의 소원 응답을 위한 기도
- 성령 충만을 위한 기도

3. 효과적인 구역원 상담의 5가지 방법

- 상대에게 되도록 많이 말할 기회를 주라
- 관심을 주변 환경에서 신앙생활로 전환시켜라
- 말씀에 입각하여 근원적인 해답을 제시하라
- 함께 기도하고 상담을 마무리 하라
- 확신을 갖고 말로 시인케 하라

4. 구역 운영 3가지 주의사항

- 이단 사설에 현혹됨을 예방하라
- 성도간의 금전 문제에 주의 하라
- 신앙적인 이야기 외에 무익하고 부덕한 말을 피하라

소그룹 및 구역공과 교육과정(제 1, 2 학기)

학기	월	목표	과	제 목	본 문	요 절	경건의 시간
1 학기	1	새 결심의 달	1	신앙의 열정을 회복하라	계 3 :14-22	계 3 : 15	계 1 : - 7 :
			2	기도의 열정을 회복하라	계 8 : 1-13	계 8 : 4	계 8 : - 14 :
			3	찬송의 기쁨을 회복하라	계 15 : 1-8	계 15 : 3	계 15 : - 21 :
			4	예배의 감격에 빠져라	행 2 : 1-21	행 2 : 46	계 22 :-행 6 :
	2	기도 형통의 달	5	이방인 고넬료의 기도	행 10 : 1-33	행 10 : 2	행 7 : - 13 :
			6	선교를 위한 금식기도	행 13:1-2, 15:36-41	행 13 : 3	행 14 : - 20 :
			7	옥중 기도의 위력	행 16 : 25-40	행 16 : 25	행 21 : - 27 :
			8	기도에 대한 교훈	딤전 2 : 1-15	딤전 2 : 1	행 28:, 딤전 1:-6 :
	3	전도 열정의 달	9	항상 말씀을 전파하라	딤후 4 : 1-22	딤후 4 : 2	딤후 1:-4: 딛 1:3 :
			10	요나의 니느웨 전도	욘 3:1 - 4: 11	욘 4 : 11	욘 1: -4:, 벧전 1: -3 :
			11	인내와 열정으로 전도	벧후 3 : 1-18	벧전 3 : 8	벧전 4: - 요일 2 :
			12	믿음과 영생을 전하라	요일 5 : 1-21	요일 5 : 12	요일 3: - 요삼 1: 옵
2 학기	4	영성 충전의 달	13	거룩, 거룩, 거룩하다!	사 6 : 1-13	사 6 : 3	사 1 : - 7 :
			14	전능하신 평강의 왕	사 9 : 1-7	사 9 : 6	사 8 : - 14 :
			15	여호와께 경배 하리라	사 19 : 14-25	사 19 : 21	사 15 : - 21 :
			16	여호와가 연회를 베풀리라	사 25 : 1-12	사 25 : 8	사 22 : - 28 :
			17	성령을 부어 주리라	사 32 : 1-20	사 32 : 15	사 29 : - 35 :
	5	가족 사랑의 달	18	나는 네 하나님이 됨이라	사 41 : 1- 20	사 41 : 10	사 36 : - 42 :
			19	거룩하신 여호와 하나님	사 48 : 1- 22	사 48 : 17	사 43 : - 49 :
			20	메시야의 구원의 사랑	사 49 8 -26	사 49 : 23	사 50 : - 56 :
			21	하나님은 나의 구원자	사 60 : 1-22	사 60 : 16	사 57 : - 63 :
	6	애국 헌신의 달	22	회개를 촉구하시는 하나님	렘 3 : 1-25	렘 3 : 22	사 64 :-렘 4 :
			23	나라와 민족을 위한 절규	렘 9 : 1-26	렘 9 : 18	렘 5 : - 11 :
			24	생수의 근원이신 하나님	렘 17 : 1-27	렘 17 : 13	렘 12 : - 18 :
			25	내가 택한 백성이라	렘 24 : 1-10	렘 24 : 7	렘 19 : - 25 :
13. 교회 절기	신년절		53	소망이 넘치는 한 해	시 39 : 1-13	시 39 : 7	시 39 : - 45 :
	고난절		54	복음과 함께 고난을 받으라	딤후 1 : 1-14	딤후 1 : 8	딤후 1 : - 딛 3 :
	부활절		55	부활의 증인이 되라	막 16 : 1-20	막 16 : 14	막 10 : - 16 :
	감사절		56	처음 익은 열매로 감사하라	잠 3 : 1-15	잠 3 : 9	잠 1 : - 잠 7 :
	성탄절1		57	왕으로 오신, 예수 그리스도	마 2 : 1-12	마 2 : 2	마 1 : - 마 7 :
	성탄절2		58	의로운 해, 치료의 광선	말 4 : 1-6	말 4 : 2	말 1:-4:, 마 8:-10 :

* 교회 절기 교육 내용은 분문 내용의 마지막 부분에 있습니다.

소그룹 및 구역공과 교육과정(제3, 4학기)

학기	월	목표	과	제 목	본 문	요 절	경건의 시간
3 학기	7	교육 진흥의 달	26	새 언약의 말씀을 가르쳐라	렘 31 : 23-40	렘 31 : 31	렘 26: - 32 :
			27	말씀의 은혜를 사모하라	살전 1 : 1-10	살전 1 : 6	살전 1 : - 살후 3 :
			28	말씀을 지켜 행하라	수 1 : 1-18	수 1 : 8	수 1 : - 7 :
			29	예배하고, 말씀을 선포하라	수 8 : 18-35	수 8 : 34	수 8 : - 14 :
			30	그리스도를 예표한 도피성	수 20 : 1-9	수 20 : 3	수 15 : - 21 :
	8	심신 건강의 달	31	건강하려면, 찬양하세요	시 30 : 1-12	시 30 : 2	수22:-24:, 시30:-33:
			32	생명과 연수를 즐겨라	시 34 : 1-22	시 34 : 12-13	시 34 : - 40 :
			33	영혼 회복을 사모하라	시 42 : 1-11	시 42 : 1	시 41 : - 47 :
			34	영화롭고, 치유함의 예배	시 50 : 1-23	시 50 : 23	시 48 : - 54 :
	9	성전 사랑의 달	35	예물로 기쁘게 하라	시 66 : 1-20	시 66 : 13	시 62 : - 68 :
			36	주의 힘을 후대에 전하라	시 71 : 1-24	시 71 : 18	시 69 : - 75 :
			37	하나님께 서원을 갚으라	시 76 : 1-12	시 76 : 11	시 76 : - 82 :
			38	하나님의 궁정을 사모하라	시 84 : 1-12	시 84 : 2	시 83 : - 89 :
			39	백향목 같이 성장하리로다	시 92 : 1-15	시 92 : 12	시 90 : - 96 :
4 학기	10	선교 사명의 달	40	사람을 낚는 어부가 되게 하리라	마 4 : 12-25	마 4 : 19	마 1 : - 7 :
			41	추수할 일꾼 보내 주소서!	마 9 : 9-38	마 9 : 38	마 8 : - 14 :
			42	말씀을 듣고, 깨닫게 하라	마 13 : 1-30	마 13 : 23	마 15 : - 21 :
			43	온 세상에 전파 되리라	마 24 : 1-31	마 24 : 14	마 22 : - 28 :
	11	감사 찬송의 달	44	감사, 찬송 부를지어다!	시 100 : 1-5	시 100 : 1	시 97 : - 103 :
			45	여호와께 감사하라!	시 107 : 1-22	시 107 : 1	시 104 : - 110 :
			46	여호와의 이름을 찬양하라!	시 113 : 1- 9	시 113 : 1	시 111 : - 117 :
			47	여호와께, 감사, 찬송, 영광!	시 118 : 1-29	시 118 : 14	시 118:-시 119:64
	12	은혜 결산의 달	48	지금은 은혜 받을 만한 때요	고후 6 : 1-18	고후 6 : 2	고후 1 : - 7 :
			49	말할 수 없는 은사	고후 9 : 1-15	고후 9 : 15	고후 8:-13:, 유1 :
			50	은혜 받은 자의 평안	눅 1 : 24-38	눅 1 : 28	눅 1 : - 7 :
			51	죄 사함의 감격에 거하라	눅 7 : 36-50	눅 7 : 47	눅 8 : - 14 :
			52	영·육을 고침 받은 은혜	눅 17 : 1-19	눅 17 : 19	눅 15 : - 21 :
14. 가정 예식	임 종		59	눈물을 닦아 주십니다	계 21 : 1-8	계 21 : 4	요10:-13:, 계20:-22:
	입 관		60	주 안에서 자는 자의 복	살전 4 : 13-18	살전 4 : 16	고후12:-살전5 :
	장례예배		61	영생을 향하여 행진 합시다	고전 15 : 50-58	고전 15 : 52	고전 10 : - 16 :
	안장(하관)		62	하늘을 향하여 눕다	계 14 : 13	요 6 : 47-48	계 8 : - 14 :
	추모예배1		63	하나님께 감사할 이유 있네	시 136 : 23-26	시 136 : 26	시 131 : - 137 :
	추모예배2		64	(중추절) 감사로 보답 합시다	살전 3 : 6-13	살전 3 : 9	시 124 : - 130 :

* 가정 예식 교육 내용은 분문 내용의 마지막 부분에 있습니다.

거룩한 열정으로 형통하는 구역
성장하는 교회

거룩한 열정으로 형통하는 구역

거룩한 열정으로 형통하는 구역

구역부흥은 교회부흥

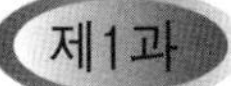

신앙의 열정을 회복하라

찬송 / 347, 355, 357 / 통일 382, 386, 397
성경 / 요한계시록 3:14-22
요절 / 요한계시록 3:15
"내가 네 행위를 아노니 네가 차지도 아니하고 뜨겁지도 아니하도다. 네가 차든지 뜨겁든지 하기를 원하노라."
목표 / 새해는 신앙의 열정을 심어 형통함과 평안으로 살아가도록 한다.

시작하는 말

희망의 새해가 밝았습니다. 우리의 생사화복(生死禍福)은 하나님께 달려있습니다. 하나님만 바라보는 거룩한 열정으로 새롭게 결심하여, 형통한 삶을 누리시기 바랍니다. 세상에서 성공한 사람은 예외 없이 정열적이고, 뜨거운 열정을 가진 인물들입니다. 하물며 천국을 약속받고, 하나님께서 주시는 무한한 축복을 누리려면 뜨거운 열정과 믿음은 필수적입니다. 금년에도 하나님만 의지하면, 뜨거운 믿음과 사랑과 소망의 삶을 누릴 수 있으며, 축복의 주인공이 될 수 있습니다. 여러분! 가정과 이웃, 모두가 주님이 주시는 '신앙의 열정으로' 살아가시기를 바랍니다.

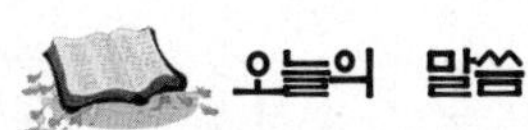

오늘의 말씀

1. 라오디게아 교회는 미지근한 믿음의 교회였습니다(계 3:14~15).

라오디게아 교회는 물질적으로나 외적으로 보면 조금도 부족함이 없는 교회입니다. 그러나 영적으로는 오만하고 가난한 교회였습니다. 본문 16절 말씀을 함께 읽겠습니다. "네가 이같이 미지근하여 뜨겁지도 아니하고, 차지도 아니하니 내 입에서 너를 토하여 버리리라." 라오디게아 교회에 편지를 보내신 분은 예수 그리스도이십니다. 그분은 아멘이시요, 충성되고 참된 증인이시요, 하나님의 창조의 근본이시며 태초부터 하나님과 함께 계셨고 만물이 그로 말미암아 지은바 되었습니다. 라오디게아 교회는 선한 것이 전혀 없고, 전혀 유익을 끼치지 못하는 무용지물로서, 자신을 부덕하고 무가치한 존재로 만들어버렸습니다. 그 원인은 바로 미지근한 신앙생활 때문이었습니다. 그래서 주님이 책망하셨습니다. 사랑하는 여러분! 어려운 때일수록 뜨거운 신앙과 열심을 가지고 살아가시기 바랍니다. 그래서 거룩한 열정을 회복하시기 바랍니다.

· 함께 읽어요 : 요한계시록 3장 15절
"내가 네 행위를 아노니 네가 차지도 아니하고 뜨겁지도 아니하도다. 네가 차든지 뜨겁든지 하기를 원하노라."

2. 라오디게아 교회가 스스로 착각에 빠져있었습니다(계 3:16~17).

예수 그리스도께서는 라오디게아 교회를 향해 되지도 못하고 된 줄로 착각하는 가증한 행위와 태도를 심판하시겠다고 경고했습니다.

본문 17절을 함께 읽겠습니다. "네가 말하기를 나는 부자라 부요하여 부족한 것이 없다 하나 네 곤고한 것과 가련한 것과 가난한 것과 눈먼 것과 벌거벗은 것을 알지 못하는 도다." 그렇습니다. 이것이 바로 오늘날 경건의 모양은 있으나 경건의 능력이 없는 우리 성도들을 향해 꾸짖는 말씀이기도 합니다.

선한 구석은 찾아볼 수 없고, 스스로 부자라서 부족함이 없다고 하며, 그러면서도 무기력하고, 열심이 없고, 자신의 실수를 인정치 아니하고, 반성함이 없는 모습이 정말 안타깝기만 합니다. 여러분! 썩어져가는 옛 사람을 벗어버리고, 위선과 미지근한 신앙에서 깨어나 새롭게 거듭난 새 사람을 입으시기 바랍니다.

· 함께 읽어요 : 에베소서 4장 22~24절

"[22]너희는 유혹의 욕심을 따라 썩어져가는 구습을 따르는 옛 사람을 벗어버리고, [23]오직 너희의 심령이 새롭게 되어 [24]하나님을 따라 의와 진리의 거룩함으로 지으심을 받은 새 사람을 입으라."

3. 라오디게아 교회를 향한 주님의 권고가 있습니다(계 3:18~22)

오늘날은 스마트(Smart) 세상입니다. 점점 살기 좋고 교통이 편리해지고, 물질적으로 풍요함 속에 살아갑니다. 그러나 우리들의 영적인 모습은 처음 사랑을 잃어버리고, 비수를 품고 미워하면서도 겉으로는 사랑하는 척 위장하여 부둥켜안고 사랑을 한다고 합니다. 거짓과 위선으로 회칠한 무덤처럼 겉은 번지르르하나 그 속은 악취가 진동합니다. 겉으로는 효도하는 척하지만 포악하고 잔혹한 세상이 되어 버렸습니다.

교회 안에서도 말로만 사랑을 부르짖습니다. 혀끝을 자극하는 한 끼 식사를 위해서는 몇 만원을 아까워하지 않지만, 죽어가는 한 생명을 위한 선교헌금에는 몇 천원도 아깝게 생각합니다. 참으로 인색합니다.

이런 모습을 보시면서 주님은 신앙의 열정을 되찾을 것을 권고하십니다. 18절을 함께 읽습니다. "내가 너를 권하노니 내게서 불로 연단한 금을 사서 부요하게 하고 흰 옷을 사서 입어 벌거벗은 수치를 보이지 않게 하고 안약을 사서 눈에 발라 보게 하라"고 하십니다. 여기서 '금' 같은 순수한 믿음을 가지라는 것입니다. '흰 옷'은 예수께서 십자가에서 대속의 보혈로 인하여 성도가 속죄 받고 의롭다고 인정받는 '세마포'를 상징합니다. '안약'은 성령께서 밝히 보게 해 주시는 은혜의 상징적 표현입니다. 그리고 "네가 열심을 내라 회개하라"고 부탁하셨습니다.

· 함께 읽어요 : 요한계시록 3장 19~20절

"[19]무릇 내가 사랑하는 자를 책망하여 징계하노니 그러므로 네가 열심을 내라 회개하라. [20]볼지어다. 내가 문 밖에 서서 두드리노니 누구든지 내 음성을 듣고 문을 열면 내가 그에게로 들어가 그와 더불어 먹고 그는 나와 더불어 먹으리라."

정리하는 말

성도 여러분! 여러분의 믿음은 어떻습니까? 뜨거운 신앙이란 주님을 사모하고 감동 감격할 줄 아는 신앙입니다. 처음 믿을 때의 첫사랑의 감격을 회복하시기 바랍니다. 라오디게아 교회처럼 ① '미지근한 믿음'과 ② '착각에 빠진 믿음'이라면, ③ 불로 연단한 금 같은 순수한 믿음으로, 흰 옷을 사서 입어 속죄 받고, 의롭게 되어, 안약을 사서 눈에 발라 성령의 역사로 미래를 내다보며, 경건 훈련을 통하여 나라와 교회와 여러분 가정마다 영적 침체에서 회복되어지시기를 진심으로 축복합니다.

평가와 결심

1. 라오디게아 교회의 가장 큰 결점이 무엇입니까?
   (계 3:15~16, 차지도 않고 뜨겁지도 않은 미지근한 신앙)
2. 라오디게아 교회에 주시는 주님의 권고가 무엇입니까?
   (계 3:18~19, ① 금 같은 믿음회복 ② 영안회복 ③ 뜨거운 열심회복)
3. 라오디게아 교회가 회복되려면 어떻게 해야 합니까?
   (계 3:19~20, 열심을 내고 회개, 마음 문을 열고 주님 영접)

주간 경건의 시간 <1> · 날마다 말씀과 함께

요일 / 내용	주일/월(Mon)	화(Tue)	수(Wed)	목(Thu)	금(Fri)	토(Sat)
찬송	28동 / 29동	95 / 82	43 / 57	82/ 90	457 / 510	459 / 514
성경	계 1: / 계 2:	계 3:	계 4:	계 5:	계 6:	계 7:
적용	오시리라 / 세 교회	라오디게아 교회	하늘의 예배	책과 어린 양	일곱 봉인 심판	인 치심

* 그 아무리 위대한 일도 열심히 하지 않고 성공된 예는 예부터 없다.
<Ralph Waldo Emerson 1803~1882, 미국 시인>

* 매일 찬송 숫자에서, 앞 숫자는 『21C 찬송가』 / 그 옆은 『통일찬송가』 장수이다. 숫자 다음 '동'자가 첨부된 것은 새 찬송가 장수와 통일찬송가 장수가 같다는 뜻.

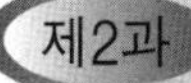
제2과

기도의 열정을 회복하라

찬송 / 369, 400, 393 / 통일 487, 463, 447
성경 / **요한계시록 8:1-13**
요절 / **요한계시록 8:4**
"향연이 성도의 기도와 함께 천사의 손으로부터 하나님 앞으로 올라가는지라."
목표 / 고난과 역경의 터널을 기도의 열정으로 해결하는 태도를기른다.

시작하는 말

기도는 하나님을 찾아가는 향연이요, 영적인 호흡이요, 하나님을 향한 경건한 대화입니다. 본문에 나오는 인(印) 심판은 종말 그 자체가 오기 전에, 큰 환난 그 자체가 일어나기 전에 있을 사건들입니다. 그리스도께서는 이 예비적 사건들을 일컬어 '재난의 시작'이라고 부르셨습니다(마 24:8). 일곱째 인이 떼어질 때, 심판을 향한 무서운 예비상황이 전개됩니다. ① 몸서리쳐질 정도의 고요함(1절), ② 심판의 도구들(2~4절), ③ 다가오는 심판의 징조들이 지구상에 나타나기 시작합니다(5절). 이러한 최후의 환난 때에 고난과 역경의 터널을 통과하기 위해서는 기도뿐입니다. 성도의 간절한 기도는 하나님 마음을 움직이기 때문입니다.

오늘의 말씀

1. 하나님의 공의와 심판의 때라도 간절히 기도해야 합니다(계 8:1~4).

종말에 일곱째 인이 떼어질 때 일곱 천사들이 나타납니다. 하나님의 최후의 심판의 날은 우리 누구도 알 수 없는 하나님의 정하신 때입니다.

그날에 지금 일곱 천사들이 운명의 책으로부터 홀연히 나타나서 급히 하나님 앞에 서게 됩니다. 하나님께서 위엄으로 사자들에게 일곱 나팔을 들려주실 때에, 임박한 그 심판들을 하나님이 직접 실행하실 것입니다. 나팔은 언제나 인류 역사에서 하나님께서 주관하시는 것입니다. 지금은 하나님께서 경건치 못한 인간 세상을 징벌하시기 직전입니다.

성도 여러분! 주님 재림의 날이 다가오고 있습니다. 기도의 열심을 회복하셔서 심판의 어떤 환란이 닥쳐올지라도 승리하시기 바랍니다. 이 심판을 이기고 극복할 수 있도록 간절히 기도하시기 바랍니다.

· 함께 읽어요 : 마가복음 13장 17~18절
"[17] 그 날에는 아이 밴 자들과 젖먹이는 자들에게 화가 있으리로다. [18] 이 일이 겨울에 일어나지 않도록 기도하라."

2. 기도는 불가능한 것도 가능하게 만듭니다(계 8:8~17, 막 11:12~25).

예수께서 시장하실 때에 무화과나무에 열매가 있나 보시려고 가셨을 때, 잎사귀만 무성하고 아무 것도 없었습니다. 열매 없는 무화과나무를 보시고 저주하셨습니다. 다음 장면에서 그들이 예루살렘 성전에 들어가셔서 성전 안에서 매매하는 자들을 내 쫓으시며, 돈 바꾸는 자들의 상과 비둘기파는 자들의 의자를 둘러엎으시며, 성전을 정결케 하셨습니다. 그리고 "내 집은 만민이 기도하는 집이라 칭함을 받으리라고 하지 아니하였느냐? 너희는 강도의 소굴을 만들었도다"(막 11:15~17)라고 꾸짖으셨습니다.

그들이 아침에 지나갈 때에 무화과나무가 뿌리째 마른 것을 보고 베드로가 생각이 나서 "저주하신 무화과나무가 말랐나이다"라고 합니다. 이때 예수께서는 "하나님을 믿으라. … 그 말하는 것이 이루어질 줄 믿고 마음에 의심하지 아니하면 그대로 되리라"고 하셨습니다. 성도가 세상을 살아가다가 어려움을 만나면 좌절하지 말고 기도하라는 교훈을 주신 것입니다.

현대인들은 말씀보다 과학 문명을 더 신뢰합니다. 손 안에 스마트폰으로 다 해결하려고 시도합니다. 성도들마저도 하나님께 기도하는 것보다 세상의 정보를 의지해서 해결 받으려고 합니다. 그러나 성경은 불가능을 가능케 하는 비결은 신자의 간절한 기도생활이라고 가르쳐 줍니다. 사람이 자기 힘으로만 해결하려 하면 한계에 부딪칩니다. 영적인 삶에도 남다른 노력이 필요합니다. 신앙생활에서 승리하려면 하나님의 전능하심을 믿고 간절히 기도하는 기도의 열정을 회복해야 합니다.

· 함께 읽어요 : 마가복음 11장 24절

"그러므로 내가 너희에게 말하노니 무엇이든지 기도하고 구하는 것은 받은 줄로 믿으라. 그리하면 너희에게 그대로 되리라."

3. 성도들의 기도 또한 심판의 도구입니다(계 8:4~13, 9:20~21).

하나님의 진노는 단지 법적인 심판에 그치는 것이 아닙니다. 그 진노는 또한 긍휼의 목적을 실현하시는 것이기도 합니다. 그 진노는 결정의 시간이 오기 전에, 그 고된 경험들을 통하여 무릎 꿇고 복종하도록 의도되어진 것입니다. 본문에 나오는 ① 첫째 나팔은 거센 폭풍이요.(6~7절) ② 둘째 나팔은 거대한 화산 폭발이요.(8~9절) ③ 셋째 나팔은 거대한 운석 낙하요.(10~11절) ④ 넷째 나팔은 천체가 빛을 잃게 됩니다.(12절) 마지막 비상적인 때에 생명을 걸고 기도하시기 바랍니다.

나팔을 부는 목적은 경고의 소리요. 임금님이 오심을 알려주는 소리요. 전쟁에 임하라는 명령일 수 있습니다. 심판의 도구는 믿는 자들의 기도들입니다. 하늘에 있는 성도, 아직 땅에 있으면서 적그리스도와 그의 정부에 잔혹한 박해를 받고 있는 성도들의 기도입니다. 이 성도들의 기도는 자신들을 보호할 뿐 아니라, 박해자를 심판하는 도구가 됩니다.

· 함께 읽어요 : 요한계시록 8장 4절

"향연이 성도의 기도와 함께 천사의 손으로부터 하나님 앞으로 올라가는지라."

정리하는 말

사랑하는 성도 여러분! 여러분들의 삶의 현장에서 가장 필요하고 시급한 것은 기도임을 명심하시기 바랍니다. 에스더의 금식기도는 유다 민족을 살렸습니다. 요나의 참회기도는 12만여 명의 니느웨 백성과 짐승들을 살려냈습니다. 여러분의 기도는 여러분 자신의 인생을 축복으로 인도할 것입니다. 여러분도 기도의 열정을 회복하셔서 자신과 가정과 민족을 살리시기 바랍니다. 그래서 세계만방의 선교지마다 복음의 꽃을 피우고, 생명을 살리는 그리스도의 계절이 오게 하시기 바랍니다.

평가와 결심

1. 공의와 심판의 때라도 무엇을 회복해야 하겠습니까?
   (계 8:1~4, 기도의 열정을 회복해야 함)
2. 성도가 세상에서 승리의 삶을 살아가려면 무엇이 필요합니까?
   (막 11:12~25, 불가능을 가능케 하는 기도)
3. 이 민족의 살길은 어디에 있다고 생각하십니까?
   (계 8:4~13, 기도의 열정 회복과 생명을 건 기도에 있음)

주간 경건의 시간 <2> · 날마다 말씀과 함께

요일 내용	주일/월(Mon)	화(Tue)	수(Wed)	목(Thu)	금(Fri)	토(Sat)
찬송	88동 / 89동	252 / 184	180 / 168	352 / 390	440 / 497	401 / 457
성경	계 8: / 계 9:	계 10:	계 11:	계 12:	계 13:	계 14:
적용	금향로/ 회개치 않음	작은 두루마리	감람나무, 두 촛대	옛 뱀 곧 마귀	인내와 믿음	기록하라

* 우리는 종종 걱정에 의해 움직이면서 그것이 열심이라고 생각한다. <테오그니스/ 센탠티아이>

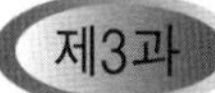

찬송의 기쁨을 회복하라

찬송 / 19, 46, 40 / 통일 44, 58, 43
성경 / **요한계시록 15:1-8**
요절 / **요한계시록 15:3**

"하나님의 종 모세의 노래, 어린 양의 노래를 불러 이르되 주 하나님 곧 전능하신 이시여 하시는 일이 크고 놀라우시도다. 만국의 왕이시여 주의 길이 의롭고 참 되시도다."

목표 / 약속의 말씀을 기억하면서 기쁨으로 찬송하는 삶의 태도를기른다.

시작하는 말

신앙생활에서 말씀, 기도, 찬송의 세 기둥은 소중한 보배입니다. 이스라엘 백성들은 고달픈 고난과 역경의 삶에서도 시편찬송을 하므로 새로운 힘을 얻고 살았습니다. 바벨론 포로생활 중에도 그들은 수금을 타며 예루살렘 성전을 그리워하면서 노래를 그치지 않았습니다. 한국 초기 부흥사들은 복음찬송을 멋지게 부르면서 집회를 인도했기에 복음이 전통 민요들을 제치고. 거대한 토속 종교들을 이겨내 복음 선교한국을 이뤄냈습니다. 가정·교회마다 찬송의 기쁨을 회복하시기 바랍니다.

오늘의 말씀

1. 마지막 때의 무서운 심판과 재앙이 닥쳐옵니다(계 15:1~2).

요한계시록은 마지막 때에 이 땅 위에 무서운 재앙의 때가 있으리라는 사실을 보여주고 있습니다. 그 때가 끔찍하여 그리스도께서는 '큰 환난의 때'(마 24:21)라고 표현하셨습니다. 본문에서는 이때의 심판을 가리켜 '나팔심판'이라고 합니다. 지금까지 모두 일곱 나팔의 심판이 있었습니다. 그러나 일곱째 나팔이 울렸을 때, 전무후무한 놀라운 사건이 일어났습니다. 곧 시행하라는 심판의 예고도 없이, 마지막 때의 전체적인 모습이 펼쳐집니다. 일곱째 나팔이 울림은 지금 심판이 시작된다는 것입니다. 이 심판은 갑작스럽고 맹렬한 재앙으로 나타납니다. 하나님께서는 자기 백성을 위해 인류역사의 종말을 고하시기로 결심하셨습니다.

· 함께 읽어요 : 마태복음 24장 21절
"이는 그 때에 큰 환난이 있겠음이라 창세로부터 지금까지 이런 환난이 없었고, 후에도 없으리라.

2. 순교 당한 성도들은 승전가를 노래할 것입니다(계 15:3~4).

하나님의 심판에 대한 하늘의 이적의 장면은 놀랍게 펼쳐지고, 인간의 마음속에 경외심마저 일으킵니다. 심판의 이유는 믿는 자들이 핍박받고 짐승이나 적그리스도에 의해 순교당할 것이기 때문입니다. 적그리스도는 인류역사상 유례를 찾아볼 수 없는 가장 포악한 대학살을 저지를 것입니다. 그러나 이런 환난을 당하면서도 순교당한 믿음의 사자들은 거문고를 가지고 위대한 승전가를 부를 것입니다. 위로와 평강을 누리며 하나님을 찬양하고 경배할 것입니다. 하나님께서는 그날에 순교당한 믿는 자들의 상처와 고통을 위로하시고, 그들에게 안식을 주시므로, 그들은 하나님께 영광을 돌릴 것입니다. 여러분! 마지막 날에 더 큰 소망이 있습니다. 구원의 승전가를 부르며 기쁨을 누리시기 바랍니다.

· 함께 읽어요 : 요한계시록 15장 4절
"주여 누가 주의 이름을 두려워하지 아니하며 영화롭게 하지 아니 하오리이까 오직 주만 거룩하시니이다 주의 의로우신 일이 나타났으매 만국이 와서 주께 경배하리이다."

3. 그들은 모세의 노래, 어린 양의 노래를 부를 것입니다(계 15:3~8).

예수 그리스도를 믿어 순교당한 자들은 거문고를 가지고 하나님을 찬양하고 경배할 것입니다. 그 순교자들은 두 가지 위대한 승전가를 노래할 것입니다. 그 노래는 이스라엘 백성이 홍해를 건넜을 때에 부른 모세의 노래입니다(출 15:1~19). 모세는 홍해에서 자신들을 구원해 주신 하나님의 구원 행위를 감사했습니다(2~9). 앞으로도 계속해서 구원을 가져다 줄 하나님의 주권적 섭리(13~18)를 찬양했습니다. 모세는 이스라엘 모든 족속을 찬양의 자리로 이끌었습니다. 이 찬양처럼, 마지막 날에 순교자들은 전능하신 하나님께서 행하시는 일을 노래할 것입니다.

㉮ 그들은 하나님의 종 모세의 노래, 어린 양의 노래를 부를 것입니다. "주 하나님 곧 전능하신 이시여 하시는 일이 크고 놀라우시도다."

㉯ 그들은 성도나 만국의 왕과 의롭고 참되신 하나님의 길을 노래할 것입니다. "만국의 왕이시여 주의 길이 의롭고 참되시도다."

㉰ 그들은 주, 곧 주의 이름을 두려워할 것이고 그의 이름을 영화롭게 하며 노래할 것입니다.

"오! 주여 누가 주의 이름을 두려워하지 아니하며 영화롭게 하지 아니하오리이까? 오직 주만 거룩하시니이다."

㉱ 그들은 거룩하고 의로우신 하나님을 노래할 것입니다. 왜냐하면 그것은 하나님께서 장차 세상을 심판하실 분이시기 때문에, 모든 민족이 하나님 앞에 나아와 경배할 것입니다.

"주의 의로우신 일이 나타났으매 만국이 와서 주께 경배 하리이다" 하더라. 여러분! 우리를 구원하신 하나님께 감사하며 찬송의 기쁨을 회복하시기 바랍니다. 우리의 삶으로 영광과 찬양을 돌리시기 바랍니다.

· 함께 읽어요 : 요한계시록 15장 8절

"하나님의 영광과 능력으로 말미암아 성전에 연기가 가득 차매 일곱 천사의 일곱 재앙이 마치기까지는 성전에 능히 들어갈 자가 없더라."

정리하는 말

사랑하는 성도 여러분! 주님의 재림을 바라보는 마지막 때에, 삶이 괴롭고 사는 것이 힘드십니까? 먼저, 여러분들의 삶에 구원의 확신과 찬송이 살아있는가? 점검해 보십시오. 어렵고 힘들 때, 하나님께 자신의 신앙고백을 담아 찬송하시기 바랍니다. 찬송이 새 힘을 주고 용기를 더하게 함은 신앙 선진들의 증언입니다. 종교개혁자 루터는 ♬ 내 주는 강한 성이요 방패와 병기되시니 큰 환난에서 우리를 구하여 내시리로다. ♬ 찬송을 부르면서 자신의 심판장에 등장했습니다. 담대히 도전하여 로마 가톨릭의 거센 풍파를 물리치고 개혁의 횃불을 들었던 것입니다.

평가와 결심

1. 세상 마지막 종말의 때에 무엇이 다가오고 있습니까?
   (계 15:1~2, 무서운 심판과 재앙이 다가 옴)
2. 순교 당한 성도들은 무엇을 할 것입니까?
   (계 15:2, 하나님의 거문고를 가지고 노래 할 것임)
3. 순교 당한 성도들이 무엇을 노래할 것입니까?
   (계 15:3~4, ① 하나님의 종 모세의 노래, ② 어린 양의 노래)

주간 경건의 시간 <3> · 날마다 말씀과 함께

요일 / 내용	주일/월(Mon)	화(Tue)	수(Wed)	목(Thu)	금(Fri)	토(Sat)
찬송	23동 / 25동	198 / 284	197 / 178	320/ 350	202 / 241	204 / 379
성경	계15: / 계16:	계 17:	계 18:	계 19:	계 20:	계 21:
적용	모세의 노래 / 짐승의 표	큰 음녀	큰 성 바벨론	옳은 행실	첫째 부활	생명 책

* 열심과 열정은 전염된다. 또한 나태와 게으름증도 전염된다. < Joseph, Shin >

제4과

예배의 감격에 빠져라

찬송 / 338, 354, 186 / 통일 364, 394, 176
성경 / **사도행전 2:1-21**
요절 / **사도행전 2:46**
"날마다 마음을 같이하여 성전에 모이기를 힘쓰고 집에서 떡을 떼며 기쁨과 순전한 마음으로 음식을 먹고"
목표 / 가정이나 교회에서 예배의 감격에 동참하며 사는 태도를 기른다.

시작하는 말

초대교회가 오순절에 '성령 강림'을 경험했습니다. 이것은 그들이 '다 같이 한 곳에 모였던'(행 2:1) 결과라고 봅니다. 심리학적으로 보면, 집단적인 침묵은 개인적인 침묵보다 더 큰 효과가 있습니다. 기독교 예배의 특징은 우리의 예배가 개인적인 예배라기보다는 공중예배(public worship)이어야 하고, 공동예배(common worship), 또는 집단예배여야 합니다. 마가의 다락방에 120명의 사람들이 마음을 합하여 예배드렸습니다. 우리도 모이기를 힘쓰고 예배의 감격에 빠지시기 바랍니다.

오늘의 말씀

1. 오순절 절기 축제는 예배의 정점이었습니다(행 2:1~4).

예수께서는 승천하시면서 "… 예루살렘을 떠나지 말고 내게서 들은 바 아버지께서 약속하신 것을 기다리라"(행 1:4)고 사도들에게 부탁하셨습니다. 제자들은 '그들이 다 같이 한 곳에 모였더니'(2:1) 초자연 적인 귀중한 의미를 '홀연히'라는 말로 아주 극적인 표현을 했습니다.

① 강한 소리가 방 안에 가득 찼습니다. 하늘, 곧 하나님으로부터 온 강한 바람소리(회오리, 폭풍)가 온 집안에 가득 찬 것입니다. 이 초자연적인 사건으로 말미암아 각지에서 온 자들을 모여들도록 했습니다. 주께서 십자가에 달리신 사건으로 위축되었던 사도들에게는 강한 확신으로 복음증거의 횃불을 들도록 했던 것입니다.

② 혀가 갈라지는 형상의 모습을 목격했습니다. 성령이 역사하사 이제는 혀가 갈라지는 모습이 제자들에게 각각 임했던 것입니다.

· 함께 읽어요 : 사도행전 2장 2~3절
"[2]홀연히 하늘로부터 급하고 강한 바람 같은 소리가 있어 그들이 앉은 온 집에 가득하며, [3]마치 불의 혀처럼 갈라지는 것들이 그들에게 보여 각 사람 위에 하나씩 임하여 있더니"

2. 마가 다락방에 회집한 결과는 두 가지로 나타났습니다(행 2:4~13).

첫째로, 제자들은 성령으로 충만해졌습니다.

그들은 전체적으로나 개별적인 성령 체험을 한 것입니다. 이전에 경험하지 못했던 성령 임재의 불을 체험한 것입니다.

마가의 다락방에서 이 사건으로 말미암아 놀라운 일이 일어났습니다.

① 개인적으로는 십자가를 부끄러워하지 아니하고, 열심히 전하는 사람으로 변화시켰습니다.

② 집단적으로는 모이기를 폐하지 아니하고 계속 모이게 되었습니다. 이 사건을 통하여 주 예수 그리스도께서는 초대교회를 잉태시켰습니다.

사실 예수께서 십자가에 달리신 이후, 그들은 의기소침하여 움츠러들고 말았습니다. 당시 기득권자들은 예수꾼들을 잡아들이기 위해 혈안이 되어 있었습니다. 때문에 예수꾼들은 방안 깊숙이 숨어있었습니다. 그도 그럴 것이 십자가에 달려 죽은 예수가 부활하여 나타났다는 소문이 횡행했기 때문입니다. 유대교 지도자들인 대제사장이나 사두개인, 율법 교사들은 예수 잔당들을 청산하려고 음모했습니다. 그들은 성령 충만한 예수꾼들을 핍박하고, 복음의 확산을 막아 성령의 불을 끄는 소방관 노릇을 했고, 믿는 사람들을 새 술에 취했다고 조롱했습니다.

· 함께 읽어요 : 사도행전 2장 11절, 13절
"[11]그레데인과 아라비아인들이라 우리가 다 우리의 언어로 하나님의 큰일을 말함을 듣는 도다 하고 [13]또 어떤 이들은 조롱하여 이르되 그들이 새 술에 취하였다 하더라."

3. 다락방의 성령 충만함은 예배생활화로 나타났습니다(행 1:11~21).

오늘날 성도들은 믿음생활로 성령 은혜를 받는 데에 곧잘 성공합니다. 그러나 받은 은사에 치우쳐 은혜를 오래 간직하지 못하는 약점이 있습니다. 예수님이 승천하신 후, 예루살렘을 떠나지 않고 하나님의 약속을 기다렸던 바, 그들은 비록 마가의 작은 다락방에서 시작했지만 성령 충만함을 받고, 온 유대와 사마리아와 땅 끝까지 이르러 복음 전하기 위해 생명을 바쳤습니다. 예수 그리스도의 증인의 사명을 감당했던 것입니다. 여러분도 주님이 부르신 곳에서 삶으로 예배드리기 바랍니다.

사랑하는 성도 여러분! 그들은 예배의 열정을 회복한 결과 삶이 예배가 되었습니다. 모이기를 힘쓰면서 구제와 봉사, 성경공부와 이웃에게 십자가 복음을 증거 했습니다. 예루살렘교회는 십자가 복음이 날마다 확장되어 나갔습니다. 여러분들도 예배에 감격하고 예배의 열정만 회복한다면 성령 충만의 역사와 함께 기도와 성경공부, 구제와 봉사, 전도와 선교가 삶이 되고 생활화되는 기쁨이 될 것입니다.

· 함께 읽어요 : 사도행전 2장 47절
"하나님을 찬미하며 또 온 백성에게 칭송을 받으니 주께서 구원 받는 사람을 날마다 더하게 하시니라."

정리하는 말

오늘날 성도들의 삶이 은혜만을 사모하다가 마음을 빼앗겨 실속이 없는 경우가 많습니다. 우리의 신앙생활의 우선순위는 예배가 되어야 합니다. 예배가 진정한 은사요 은혜입니다. 여러분! 예배의 열정을 회복하십시오. 그리고 예배의 감격에 빠지십시오. 예배가 은혜의 시작이요, 축복의 도구입니다. 예배에 하나님의 말씀이 살아 있고 활력이 있어서 혼과 영과 및 관절과 골수를 쪼개기까지(히 4:12) 할 것입니다. 이런 예배의 기반 위에 은혜를 쌓아가는 것이 우리 신앙의 목표인 것입니다. 예배로 말미암아 평생 기쁘고 행복하게 살아가시기를 소망합니다.

평가와 결심

1. 예루살렘 초대교회의 시작은 어떠했습니까?
   (행 2:1~4, 한 곳에 모여 기도하다 그들이 성령 충만함 받고 방언을 함)
2. 베드로의 오순절 설교의 내용은 무엇이었습니까?
   (행 2:14~21, 주의 영으로 예언, 주의 이름을 부르는 자 구원받음)
3. 예루살렘 교회 성도의 삶의 모습은 어떠했습니까?
   (행 2:44~47, 기도와 구제 봉사, 집회 열심, 성찬참여, 예배 찬송함)

주간 경건의 시간 <4> · 날마다 말씀과 함께

요일 / 내용	주일/월(Mon)	화(Tue)	수(Wed)	목(Thu)	금(Fri)	토(Sat)
찬송	104동 / 249동	191 / 427	411 / 473	425 / 217	267 / 201	188 / 180
성경	계 22: / 행 1:	행 2:	행 3:	행 4:	행 5:	행 6:
적용	새 하늘 새 땅 / 성령 세례	성령 충만함	생명의 주	착한 일	생명의 말씀	성령과 지혜 충만

* 참된 열심의 거룩한 불보다 더 아름답고 거룩한 것은 없다. 천국으로 가는 길은 그보다 더 많은데 ……. < Jean Baptiste Moliere >

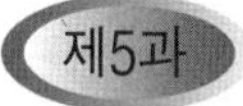

이방인 고넬료의 기도

찬송 / 376, 384, 407 / 통일 422, 434, 465
성경 / **사도행전** 10:1-33
요절 / **사도행전** 10:2
"그가 경건하여 온 집안과 더불어 하나님을 경외하며 백성을 많이 구제하고 하나님께 항상 기도하더니"
목표 / 가정이나 교회에서 기도에 열심을 갖고 기도하는 태도를 기른다.

시작하는 말

예수께서 승천하면서 "예루살렘을 떠나지 말고 내게서 들은 바 아버지께서 약속하신 것을 기다리라"(행 1:4)고 사도들에게 부탁했습니다. 두려워하던 제자들은 '그들이 다 같이 한 곳에 모였더니'(2:1) 오순절에 성령 충만을 경험하고 담대하게 복음을 전하게 됩니다. 성령의 임재를 체험한 제자들은 흩어져 복음을 전하게 됩니다. 성령의 인도하심으로 회심한 바울은 예루살렘에 올라가서 제자들과 함께 예수를 전합니다. 베드로는 욥바에서 선행과 구제를 많이 한 다비다(도르가)를 살렸습니다. 가이사랴 빌립보에 군대의 백부장 고넬료의 초청을 받았습니다.

오늘의 말씀

1. 고넬료는 로마 군대의 백부장이지만 기도했습니다(행 10:1~2).

고넬료는 이방인이었지만 '여호와를 경외하는 자'였습니다. 그는 경건하여 온 집으로 더불어 하나님을 경외하고, 많은 구제를 했으며, 하나님께 항상 기도했습니다. 우리 믿음의 생명력은 기도에 있습니다. 따라서 언제나 하나님과 동행하고 호흡하는 기도를 쉬어서는 안 될 것입니다. 여러분 대부분 바쁘고 힘든 직장생활 때문에, 시간이 없다는 핑계로 기도생활을 하지 않다가 어떤 문제가 발생하면 그때서야 철야기도, 금식기도, 새벽기도를 시작하지는 않습니까? 직장생활보다 군대라는 긴장된 전선에서는 더더욱 시간 낼 틈이 없는 것이 사실입니다. 그러나 신앙이 좋은 병사들은 5분 휴식시간에 포켓 성경을 읽고, 보초를 서면서 기도를 하는 사람 있습니다. 보초 서는 짧은 시간에도 영어를 정복하고 제대한 후 유학을 떠나는 사람도 있습니다. 시간이 없다고 불평하시지 마시고 운동하면서도 성경을 읽을 수 있고, 외국어 단어도 암기할 수 있습니다. 현재의 삶이 바쁘고 어렵고 힘들지라도 극한 생활 중에서도 열심히 기도하여 풍성한 영성을 회복하는 삶을 사시기를 소망합니다.

· 함께 읽어요 : 사도행전 10장 1~2절

"[1]가이사랴에 고넬료라 하는 사람이 있으니 이달리야 부대라 하는 군대의 백부장이라 [2]그가 경건하여 온 집안과 더불어 하나님을 경외하며 백성을 많이 구제하고 하나님께 항상 기도하더니"

2. 고넬료가 본 환상과 베드로가 본 환상은 하나였습니다(행 10:3~23).

첫째로, 고넬료가 기도시간에 환상을 보았습니다.

천사가 '주여 무슨 일이니이까?'라는 질문에 "네 기도와 구제가 하나님 앞에 상달되어 기억하신 바가 되었으니 네가 지금 사람들을 욥바에 보내어 베드로라 하는 시몬을 청하라." 고넬료는 그대로 순종했습니다.

둘째로, 베드로가 기도하려고 지붕에 올라가니 제 육시인데, 시장할 즈음, 하늘이 열리며 한 그릇이 큰 보자기에 네 귀를 매어 땅에 드리웠습니다. 그 안에 땅에 있는 각종 네 발 가진 짐승과 기는 것과 공중에 나는 것들이 내려옵니다. "베드로야 일어나 잡아 먹어라." "그럴 수 없나이다." "하나님께서 깨끗하게 하신 것을 네가 속되다 하지 말라"고 합니다. 베드로가 이 환상과 대화에 대해 무슨 일인가하여 생각할 때에 고넬료가 보낸 사람들이 베드로에게 당도했습니다. 성령께서 말씀하시되 "두 사람이 너를 찾으니 일어나 내려가 의심하지 말고 함께 가라 내가 저희를 보내었느니라"고 하셨습니다. 베드로는 그 말에 순종했습니다.

· 함께 읽어요 : 사도행전 10장 20절
"일어나 내려가 의심하지 말고 함께 가라 내가 그들을 보내었느니라하시니"

3. 고넬료의 기도가 응답되어 베드로를 청합니다(행 10:22~33).

세상을 살다보면 생각지도 않게 꼬여진 사건들이 저절로 풀릴 때가 있습니다. 의인이요 유대 족속이 칭찬하던 군대의 백부장 고넬료가 그렇게 신통한 일을 경험했습니다. 기도를 열심히 해도 기도하는 사람 뜻대로 이루어지지 않을 때가 있습니다. 성령 하나님께서는 우리에게 기도하게 하시고 하늘에 상달된 기도를 우리의 바라는 것과 달리 하나님의 뜻대로 응답하사 놀랍게도 미지의 구원자를 만나게도 해 주실 때가 있습니다.

하나님께서 성도들에게 허락하신 것은 세속적인 것이 아니라 '거룩한 열정'입니다. 하나님께서 주신 불가항력적인 힘으로 세상을 바꾸어 나가시기 바랍니다. 성령께서 역사하시는 열정의 사람이 되시기 바랍니다. 성도 여러분! 모든 일이 꼬이고 잘 풀려지지 않을 때에도, 고넬료처럼 경건에 힘쓰고 기도의 열정을 회복한다면 간구하는 기도가 다 응답 될 것입니다. 여러분! 어려운 역경 속에서도 하나님께 항상 기도하셔서 소원 성취하시고 그리스도의 나라를 건설하는 십자가 군병들이 되시기를 축복합니다.

· 함께 읽어요 : 사도행전 10장 38절
"하나님이 나사렛 예수에게 성령과 능력을 기름 붓듯 하셨으매 그가 두루 다니시며 선한 일을 행하시고 마귀에게 눌린 모든 사람을 고치셨으니 이는 하나님이 함께 하셨음이라."

정리하는 말

오늘은 군대의 백부장 고넬료가 경건과 구제, 그리고 기도에 힘씀으로, 베드로를 초청하여 설교를 듣고, 그와 그의 가정 식구 모두가 다 믿고 세례를 받아 구원과 생명을 얻게 되었습니다. 기도의 열정이 베드로를 초청하게 하고 이방 세계에 복음전파의 문을 여셨습니다. 여러분들의 가정에도 항상 기도의 열정 속에서 복된 삶을 영위하시기를 소망합니다.

평가와 결심

1. 고넬료는 누구인데 어떤 삶을 살아가는 사람이었습니까?
   (행 10:1~2, 군대 백부장이면서 하나님 경외하며, 구제하고, 항상 기도함)
2. 베드로의 설교의 핵심과 결과는 무엇이었습니까?
   (행 10:23~43, 예수 그리스도 화평의 복음이 이방인까지 구원하심)
3. 베드로의 설교를 통하여 이방 세계에 무엇을 여셨습니까?
   (행 2:24~47, 성령세례와 이방세계에 복음전파의 문을 여심)

주간 경건의 시간 <5> · 날마다 말씀과 함께

요일 내용	주일/월(Mon)	화(Tue)	수(Wed)	목(Thu)	금(Fri)	토(Sat)
찬송	145동 / 146동	303 / 403	309 / 409	347 / 382	380 / 424	549 / 431
성경	행 7: / 행 8:	행 9:	행 10:	행 11:	행 12:	행 13:
적용	스데반 설교 / 빌립 전도	아나니아 집사	화평의 복음	착한 사람 바나바	마가요한의 집 기도	주의 손

* 호흡하지 않고 사는 사람을 볼 수 없는 것 같이 기도 없이는 기독신자가 됨을 볼 수 없다. < M. 헨리 >

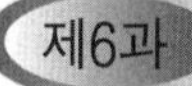

선교를 위한 금식기도

찬송 / 342, 341, 365 / 통일 395, 367, 484
성경 / 사도행전 13:1-2; 15:36-41
요절 / 사도행전 13:3
"이에 금식하며 기도하고 두 사람에게 안수하여 보내니라."
목표 / 가정이나 교회에서 중대사를 결정할때 금식기도하는 태도를 기른다.

시작하는 말

우리의 믿음은 선교하는 믿음이어야 합니다. 선교는 주님의 지상명령이기 때문입니다. 그렇다면 여러분은 어디에서 어떻게 선교에 참여하시고 계십니까? 본문을 통하여 전 세계를 향한 위대한 선교의 비전을 보게 됩니다. 참으로 아름다운 모습입니다. 초대 예루살렘 교회가 세계 교회의 태동이었다면 안디옥 교회는 세계선교의 태동이었습니다. 세상의 절실한 필요를 채우고자 의도적인 목적을 가지고, 최초의 두 선교사, 바나바와 바울을 임명하고 파송했습니다. 안디옥 교회는 세계선교와 복음의 중심지로 택하셨습니다. 그들은 위대한 하나님의 선교계획에 적극적으로 동참했습니다. 선교에 동참하여 하나님의 뜻을 이루시기 바랍니다.

오늘의 말씀

1. 예루살렘교회 대신 수리아 안디옥 교회를 택하셨습니다(행 13:1).

사랑하는 성도 여러분! 하나님께서는 전 세계적인 선교를 시작하기 위하여 예루살렘 교회가 아닌 다른 어떤 교회를 선택하셔야 했습니다.

예루살렘 교회는 너무 편협했고 관습에 얽매여 있어서 그 일을 수행할 수 없었기 때문입니다. 그 교회의 성도들(유대인들) 가운데 수많은 사람들이 심한 편견에 사로잡혀 있어서 자신들을 제외한 세상의 다른 사람들(이방인들)에게 적대감을 품고 있었습니다. 그들은 자진해서 전심으로 세계선교와 복음화에 헌신을 거부했습니다. 오늘 본문에는 세계 역사상 가장 대담하고 도전적인 안디옥 교회의 모습이 보입니다. 기도와 선교의 열정을 가진 일꾼들이 모여들었습니다. 예루살렘 교회에 핍박이 일자 사도들 외에는 대부분 성도들은 민들레 홀씨처럼 흩어져 복음의 사명을 위한 일들을 찾았습니다. 선교의 열정으로 둥지를 찾은 것입니다. 여기 명단에 바나바와 시므온, 루기오, 마나엔과 사울이 나옵니다.

오늘날 우리도 예외일 수 없습니다. 주님이 원하시는 이 땅의 지상명령에 순종하여 거룩한 열정으로 그 명단 속에 동참해야 할 줄 믿습니다.

· 함께 읽어요 : 사도행전 13장 1절

"안디옥 교회에 선지자들과 교사들이 있으니 곧 바나바와 니게르라 하는 시므온과 구레네 사람 루기오와 분봉왕 헤롯의 젖동생 마나엔과 및 사울이라."

2. 안디옥 교회는 금식하며 기도하는 교회였습니다(행 13:2~3).

안디옥 교회 일꾼들은 다양한 계층, 다양한 신분의 사람들이 선지자와 교사로 활동했습니다. 그들은 한결같이 주를 섬기는데 열심이었습니다.

첫째로, 주를 섬기고 금식했습니다. 기도하는 안디옥 교회 일꾼들은 금식기도를 단행했습니다. 기도할 때 성령께서 그들에게 이르셨습니다.

둘째로, 성령께서 이르시는 바를 즉각 시행했습니다. 성령께서 "내가 불러 시키는 일을 위하여 바나바와 사울을 따로 세우라." 하시니 교회는 성령의 지시를 그대로 순종했습니다.

셋째로, 교회는 이 중대한 사명 수행을 위해 금식하며 기도하고 두 사람, 즉 바나바와 바울에게 안수하여 파송했습니다. 오늘날 총회나 지역 교회에서 선교사를 파송할 때에도 파송하는 총회나 교회는 작정하고 기도해야 합니다. 안디옥 교회처럼 혼신을 다하여 금식하며 열심히 기도해야 합니다.

· 함께 읽어요 : 사도행전 13장 2절

"주를 섬겨 금식할 때에 성령이 이르시되 내가 불러 시키는 일을 위하여 바나바와 사울을 따로 세우라 하시니"

3. 최초의 순회 전도자는 바나바와 바울입니다(행 13:4~15).

안디옥 교회는 교회사에서 매우 중대한 위치에 있었습니다. 최초의 이방인 교회가 바로 이곳에 세워졌습니다. 신약시대의 안디옥은 여러 민족들이 모여 사는 국제적인 도시였습니다. 그렇기 때문에 예루살렘 교회에서 핍박 받던 유대인 성도들이 안디옥으로 피신하여 교회를 설립할 수 있었던 것입니다.(행 11:19~20) 이것이 하나님의 역사이며 섭리입니다.

예루살렘 교회는 안디옥에 최초의 이방 교회가 세워졌다는 소식을 들었습니다. 그래서 착하고 믿음과 성령이 충만한 바나바를 안디옥 교회에 파송했습니다.(행 11:22~24) 이때 바나바는 바울을 안디옥으로 데리고 와서 같이 사역을 시작하여 바나바와 바울은 약 1년 동안 복음을 가르쳤습니다.(11:25~26) 이곳 성도들을 맨 처음 그리스도인이라고 불렀습니다. 그 후 안디옥 교회는 바울을 세 번이나 이방인 선교사로 파송했습니다. 그럴 정도로 이방 선교의 중심지가 되었습니다. 이러한 배경에는 금식기도의 결과이자 기도의 열정 때문이었습니다. 금식기도는 하늘 보좌를 움직여 기도를 응답 받게 하고 성령의 지시를 순종하게 합니다.

· 함께 읽어요 : 사도행전 13장 46절

"바울과 바나바가 담대히 말하여 이르되 하나님의 말씀을 마땅히 먼저 너희에게 전할 것이로되 너희가 그것을 버리고, 영생을 얻기에 합당하지 않은 자로 자처하기로 우리가 이방인에게로 향하노라."

정리하는 말

안디옥 교회가 금식기도 후에, 바나바와 바울을 파송하여 이방선교를 출발시켰습니다. 시작은 미미하였으나 성령의 폭발적 권능의 도우심으로 말미암아 후일 유럽과 세계의 역사를 바꿔놓는 발판이 되었습니다. 주님은 땅 끝까지 복음을 전파하라는 지상명령의 과제를 주셨습니다. 주님의 지상명령 속에는 우리에 대한 깊은 사랑을 내포하고 있습니다. 여러분! 사랑하면 전도합니다. 사랑하면 선교합니다. 항상 금식기도의 열정을 회복하셔서 풍성한 은혜의 삶으로 살아가시기를 소망합니다.

평가와 결심

1. 안디옥 교회를 이방 선교 중심지로 삼은 이유가 무엇입니까?
   (행 13:1~2, 예루살렘교회는 편협하고 관습에 매어 있었기 때문임)
2. 안디옥 교회는 영적으로 어떤 교회였습니까?
   (행 13:2~3, 주를 섬겨 금식기도하면서 성령에 즉각 순종함)
3. 안디옥 교회에 파송된 바나바의 돋보이는 점은 무엇입니까?
   (행 13:4~16, 바울을 데려가서 함께 전도 사역을 감당함)

주간 경건의 시간 <6> · 날마다 말씀과 함께

요일 / 내용	주일/월(Mon)	화(Tue)	수(Wed)	목(Thu)	금(Fri)	토(Sat)
찬송	145동 / 146동	303 / 403	309 / 409	347 / 382	380 / 424	549 / 431
성경	행 14: / 행 15:	행 16:	행 17:	행 18:	행 19:	행 20:
적용	바울과 바나바/ 예루살렘회의	제자 디모데	데살로니가 전도	고린도 전도	에베소 전도	고별 설교

* 눈물의 기도를 드려라. 그 후에 새로운 힘이 솟아오를 것이다. < W. NL. 영안 >

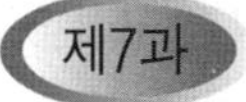

제7과

옥중 기도의 위력

찬송 / 380, 390, 337 / 통일 424, 444, 363
성경 / 사도행전 16:25-40
요절 / 사도행전 16:25
"한밤중에 바울과 실라가 기도하고 하나님을 찬송하매 죄수들이 듣더라."
목표 / 신앙생활에서 역경과 환난이 있을지라도 기도하는 태도를 기른다.

시작하는 말

세상을 살다보면 억울한 일을 만날 때도 있습니다. 내 생각에는 다른 사람들을 위해 유익한 조치와 공익을 위한 일이라고 했는데도 오히려 물질에 많은 손해를 보고 위험한 일을 당할 때도 있습니다. 그런 일만 당하는 것이 아니라 생각지도 않은 일에 말려들어 오히려 고발을 당하고 고통을 당할 때도 있습니다. 하늘에 소리쳐 봐도 허공을 울릴 뿐이고, 땅을 쳐봐도 묘책이 없을 때, 여러분은 어떻게 하시겠습니까?

본문에 바울의 일행이 당한 어려움은 누가 봐도 억울하고 통곡할 일입니다. 이런 상황에서 어떻게 대처해 나갔는지 살펴보도록 하겠습니다.

오늘의 말씀

1. 핍박과 환난당한 제자들은 강하게 대처해 나갔습니다(행 16:19~22).

마게도냐의 첫 성이요, 로마의 식민지인 빌립보에서 수일을 머물렀습니다. 안식일에 기도할 곳을 찾아 강가에 나가 모여 앉은 여자들에게 말하는데, 그중에 두아디라 시의 자색 옷감 장사로서 하나님을 섬기는 루디아가 들을 때, 주께서 그의 마음을 열어 바울을 그녀의 집에 유하도록 강권하여 머물게 했습니다. 기도하는 곳에 가다가 귀신에 사로잡혀 점을 치는 여종을 만나니 “이 사람들은 지극히 높은 하나님의 종으로서 구원의 길을 전하는 자라”고 여러 날을 소리소리 지릅니다. 바울이 심히 괴로워서 축사(逐邪)[1]해 고쳐주었습니다. 참으로 복음전도자로서의 사명을 다한 것입니다. 그러나 생각지도 않게 귀신 축사함을 받아 건강하게 된 여종의 주인으로부터 고발을 당한 것입니다. 오늘날 우리들도 교회 안팎에서도 복음전하다가 어려운 일을 자주 만나게 됩니다.

· 함께 읽어요 : 사도행전 16장 20~21절

“[20]상관들 앞에 데리고 가서 말하되 이 사람들이 유대인인데 우리 성을 심히 요란하게 하여 [21]로마 사람인 우리가 받지도 못하고 행하지도 못할 풍속을 전한다 하거늘 [22]무리가 일제히 일어나 고발하니 상관들이 옷을 찢어 벗기고 매로 치라하여”

2. 바울과 실라는 매 맞고 옥중에 갇혀 고난을 당합니다(행 16:22~28).

귀신 들려 점을 쳐주는 여종을 축사해 주고 고쳐준 일로 바울과 실라는 옥중에 갇힙니다. 상관들이 바울과 실라의 옷을 찢어 벗기고 매로 치라하여 많이 친 후에 옥에 가두고 발에 차꼬를 채웠습니다. 매를 맞은 바울과 실라는 온 몸에 심한 상처가 나고 피로 얼룩져 몸은 온통 멍들어 있었습니다. 이러한 핍박과 고난을 당하고서도 그들은 참고 견뎌냈습니다. 상처로 인하여 잠도 들지 못한 그들은 밤중이 되자 오히려 하나님의 은혜에 감격해 기도하다가 찬송을 불렀습니다. 어둡고 답답한 감방에서 한밤중에 기도하고 그들의 찬송하는 소리가 옥중에 울려 퍼졌습니다. 죄수들이 무슨 일인가하여 깨어 그들의 기도와 찬송소리를 들었

1) 귀신을 쫓아냄

습니다. 이때 하나님께서는 그 곳에 초자연적으로 큰 지진을 통하여 역사하셨습니다. 옥터가 움직이고 옥문이 열려졌습니다.

· 함께 읽어요 : 사도행전 16장 26절
"이에 갑자기 큰 지진이 나서 옥 터가 움직이고 문이 곧 다 열리며 모든 사람의 매인 것이 다 벗어진지라."

3. 간수가 회개하고 가족 모두 예수를 믿게 되었습니다(행 13:4~15).

하나님께서 바울과 실라의 기도소리에 초자연적인 역사로 응답하신 것입니다. 그때 갑자기 큰 지진이 일어나서 옥 터가 움직이고 문이 곧 다 열려졌습니다. 그뿐입니까? 모든 죄수들의 매인 것이 다 벗어졌습니다.

① 간수가 자다가 깨었습니다.

옥문들이 열려진 것을 보고 죄수들이 다 도망한 줄로 생각하고 칼을 빼어 자결하려고 했습니다.

② 바울이 큰 소리 지릅니다.

"네 몸을 상하지 말라 우리가 다 여기 있노라." 소리 질러 간수가 자결하려는 순간 그것을 막았습니다.

③ 간수가 등불을 들고 뛰어가 바울과 실라 앞에 엎드렸습니다.

"선생들이여 내가 어떻게 하여야 구원을 받으리까?"

"주 예수를 믿으라." 오직 '구원'은 예수뿐이라는 것을 알려줬습니다.

④ 온 가정이 바울의 말씀을 듣고 순종했습니다. 간수가 그들을 데려다가 맞은 자리를 씻어 주고 온 가족이 세례를 받은 후 대접했습니다. 가족 모두가 회개하고 예수를 영접했던 것입니다.

· 함께 읽어요 : 사도행전 16장 31절
"[31]이르되 주 예수를 믿으라. 그리하면 너와 네 집이 구원을 받으리라 하고 [32]주의 말씀을 그 사람과 그 집에 있는 모든 사람에게 전하더라."

정리하는 말

오늘은 귀신들려 점을 치며 주인에게 돈을 벌어다 주는 여종을, 바울이 귀신 축사를 해줌으로 그녀가 건강하게 되었습니다. 수익의 소망이 끊어진 주인의 고발로 바울과 실라가 옥에 갇혀 고통을 받지만 하나님의 초자연적 역사로 옥문이 열리고 차꼬가 벗어지는 역사가 일어났습니다. 이 일로 인하여 간수와 그 가정이 예수 믿고 구원을 받게 되었습니다. 고난과 역경 중에도 찬송과 기도의 열정으로 무장하셔서 이웃과 온 가정이 구원받는 역사가 일어날 수 있기를 간절히 소원합니다.

평가와 결심

1. 귀신들린 여종 축사해 준 바울 실라가 당한 일은 무엇입니까?
   (행 16:19~23, 고발당하여 매를 많이 맞고 옥에 갇히고 차꼬 채웠음)
2. 매 맞고 갇혀 차꼬에 채워진 그들은 무엇을 했습니까?
   (행 16:25, 한밤중 바울과 실라는 기도하고 하나님을 찬송함)
3. 기도하고 찬송할 때 어떤 초자연적인 역사가 일어났는가?
   (행 16:26~34, ①지진 ②옥문 열림. 차꼬 벗어짐 ③간수 가정구원)

주간 경건의 시간 <7> · 날마다 말씀과 함께

요일 / 내용	주일/월(Mon)	화(Tue)	수(Wed)	목(Thu)	금(Fri)	토(Sat)
찬송	249동 / 146동	428 / 488	407 / 465	391 / 446	406 / 464	415 / 471
성경	행 21:/행 22:	행 23:	행 24:	행 25:	행 26:	행 27:
적용	바울의 체포/ 로마 시민권	바울 살상계획	벨릭스	베스도	아그립바	바울 로마 압송

* 말이 적을수록 훌륭한 기도다. < 마르틴 루터, 1483~1546, 독일 종교개혁자>

제8과

기도에 대한 교훈

찬송 / 326, 327, 205 / 통일 368, 361, 238
성경 / **디모데전서 2:1-15**
요절 / **디모데전서 2:1**
"그러므로 내가 첫째로 권하노니 모든 사람을 위하여 간구와 기도와 도고와 감사를 하되"
목표 / 신앙생활 중 간구와 기도와 도고와 감사하는 태도를 기른다.

시작하는 말

사도행전은 소수의 제자들이 복음을 듣고, 온 유대와 사마리아와 땅 끝까지 가서 복음을 전하는 내용과 일화들을 기록하고 있습니다. 예루살렘과 온 유대와 사마리아와 로마, 즉 세계의 중심부인 이탈리아에 도달하게 되었습니다. 갖은 핍박과 이단들의 도전에도 불구하고 복음의 메시지는 결코 중단되거나 막히지 아니하였으며, 결국, 주 예수 그리스도께서 재림하실 때까지 이 복음의 행진은 계속될 것입니다.

본문에서 바울은 복음의 신실한 일꾼이요, 목회자 디모데에게 복음의 기름이요, 활력소인 기도에 대하여 심도 있게 교훈하고 있습니다.

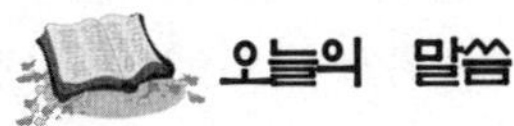

오늘의 말씀

1. 모든 사람을 위해 기도하는 것이 제1의 의무입니다(딤전 2:1~6).

모든 사람은 기도를 필요로 합니다. 단 한 사람도 기도가 생략되거나 제외되어서는 안 됩니다.

① 모든 사람, 남녀노소 귀천을 무론하고, 교육받음의 유무를 떠나서, 중요한 자나 그렇지 않은 자나, 빈부를 막론하고, 지도자와 따르는 모두를 위해서 기도해야 합니다. 중보기도에 심혈을 기울여야 합니다.

② 기도의 내용으로 살펴보면, 간구, 도고, 기도, 감사가 있습니다. 간구(데에세이스; *δεήσεις*)는 특별한 필요 즉 필요에 초점을 두는 기도이고, 기도(프로슈카스; *προσευχάς*)는 헌신과 예배를 목적으로 드리는 기도이며, 도고(엔튝세이스; *ἐντεύξεις*)는 다른 사람을 위해 하나님 앞에 서는 것을 의미합니다. 또한 감사(유카리스티아스; *εὐχαριστίας*)는 기도 응답하심에 대해 감사드리는 기도내용입니다.

③ 공적 지위에 있는 사람들과 위정자들을 위해, 즉 대통령과 높은 지위에 있는 모든 사람들을 위해 기도해야 합니다.

· 함께 읽어요 : 디모데전서 2장 1절

"그러므로 내가 첫째 권하노니 모든 사람을 위하여 간구와 기도와 도고와 감사를 하되"

2. 경건과 평안한 믿음을 위해 모든 사람이 기도 대상입니다(딤전 2:2).

본문에는 모든 사람을 위하여 기도를 권고하고 있습니다.

① 임금들과 높은 지위에 있는 모든 사람을 위해 기도해야 합니다.

② 그들이 선하든 악하든, 도덕적이든 비도덕적이든, 의롭든 의롭지 아니하든 그들을 위해 기도해야 합니다.

③ 공적지위에 있는 사람들을 위해 기도해야 할 것은, 믿는 국민들은 나라의 일에 영향력을 끼치기 때문입니다(도널드 거슬리; Donald Guthrie).

한 국가의 시민들이 고요하고 평안하고 단정한 생활을 하기 위함입니다. 또한 예배의 자유가 평등하게 주어지기 위해 기도해야만 합니다. 뿐만 아니라 종교를 내세우지 말고 종교와 관계없이 기도해야 합니다.

· 함께 읽어요 : 디모데전서 2장 2절
"임금들과 높은 지위에 있는 모든 사람을 위하여 하라 이는 우리가 모든 경건과 단정함으로 고요하고 평안한 생활을 하려함이라."

3. 모든 사람의 구원을 위해 기도해야 합니다(딤전 2:3~7).

지도자는 항상 자신의 명예나 이득을 위해서보다는 주님의 일에 열성을 쏟아야 합니다. 특별히 책망과 비방을 받을만한 일들이 없어야 합니다. 경솔하거나 허영을 부리거나 천박하지 않은 자여야 합니다. 통치자나 국민들, 높은 자나 낮은 자를 막론하고 모든 사람의 구원을 위해 기도해야 합니다. 우리가 통치자를 포함한 모든 사람의 구원을 위하여 기도해야 하는 다섯 가지 이유가 있습니다.

① 하나님께서는 우리의 구주이시요, 모든 사람이 구원을 받으며 진리를 아는데 이르기를 원하십니다.
② 사람들에게는 여러 신들이 아니라 오직 한 분 하나님이 계십니다.
③ 하나님과 사람 사이에는 오직 한 분의 중보자가 계십니다.
④ 인간의 몸으로 오신 예수 그리스도께서 모든 사람을 위한 속전으로 자신을 주셨습니다. 자신의 생명과 인간의 생명을 바꾸셨습니다.
④ 사역자들은 하나님의 구원을 전파하기 위하여 특별히 부름 받아 세움을 받았습니다. 따라서 그 사명을 잘 감당해야 합니다.

사람은 그의 생활 속에서 기도를 중단하지 않고 그들 생활 속에서 종일 기도해야 합니다. 어느 누구라도 안타깝게 죽어가는 생명을 살리고자 하는 사명감으로, 긍휼히 여기고, 한 영혼이 주님께로 돌아올 때까지 사랑하는 마음을 담아 그 영혼과 범사를 위해 기도해야 합니다.

· 함께 읽어요 : 디모데전서 2장 8절
"그러므로 각처에서 남자들이 분노와 다툼이 없이 거룩한 손을 들어 기도하기를 원하노라."

정리하는 말

오늘, 바울 사도가 기도에 대한 중요한 교훈을 주고 있습니다. 기도는 선택이 아니라 필수입니다. 믿는 자들뿐 아니라, 모든 사람들을 위해 기도해야 합니다. 가정과 교회를 위해, 이 나라와 위정자들을 위해 간절히 기도해야 합니다. 그들이 정책을 실책하면 나라가 혼란스럽게 되고, 국민들이 불행하게 됩니다. 정치, 경제, 사회, 문화 등이 균형을 이루고 융성해져야 국민생활이 풍족하고 행복하게 됩니다. 따라서 대통령과 위정자가 바로 서고 잘 통치할 수 있도록 기도의 파수꾼이 됩시다. 이점을 유념하시고 열심히 기도하여 금생 내세에 축복을 누리시기 바랍니다.

평가와 결심

1. 모든 사람을 위한 제1의 의무가 무엇입니까?
   (딤전 2:1~2, 모든 사람을 위한 기도임)
2. 기도의 대상인 '모든 사람'은 누구를 지칭합니까?
   (딤전 2:1~2, 임금들과 높은 지위에 있는 모든 사람을 말함)
3. 기도하고 찬송할 때 감옥 안에 어떤 일이 일어났는가?
   (행 16:26~34, ① 지진, ② 옥문 열림. 차꼬 벗어짐, ③ 간수 가정 구원)

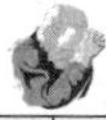

주간 경건의 시간 <8> · 날마다 말씀과 함께

요일 / 내용	주일/월(Mon)	화(Tue)	수(Wed)	목(Thu)	금(Fri)	토(Sat)
찬송	29동 / 74동	361 / 480	333 / 381	254 / 186	406 / 464	360 / 402
성경	행28:/딤전 1:	딤전 2:	딤전 3:	딤전 4:	딤전 5:	딤전 6:
적용	바울의 최후/ 다른 교훈	기도의 교훈	감독 집사 자격	좋은 일꾼	성도를 대할 때	선한 싸움

* 기도는 영혼이 하늘로 올라가는데 필요한 날개요, 명상은 하나님을 보는 눈이다.
< 암브로시우스, A.D. 340?~397, 이탈리아 밀란 주교>

항상 말씀을 전파하라

찬송 / 202, 198, 204 / 통일 241, 284, 379
성경 / 디모데후서 4:1-22
요절 / 디모데후서 4:2
"너는 말씀을 전파하라 때를 얻든지 못 얻든지 항상 힘쓰라 범사에 오래 참음과 가르침으로 경책하며 경계하며 권하라."
목표 / 때를 얻든지 못 얻든지 항상 말씀을 전하는 태도를 기른다.

시작하는 말

디모데후서 4장은 사도 바울이 기록한 성경 중에 마지막 장입니다. 그래서 본장을 바울의 '마지막에 쓴 필적'이라고 합니다. 본장은 신구약 성경 가운데서 가장 엄숙한 장 가운데 하나입니다. 평생을 복음전파에 투신하고 분투하여 혁혁한 승리를 얻은 노장 바울은 임박한 순교를 내다보면서 믿음의 아들 디모데와 성도들에게 주는 귀중한 교훈입니다. 바울은 그의 서신 전반부는 항상 교리 편을 다루고 실천 편에서 전도와 선교를 강조합니다. 여러분! 항상 말씀을 전파하시기 바랍니다.

오늘의 말씀

1. 말씀을 전파하고 전도사역에 임할 것을 명령합니다(딤후 4:1~5).

세상에 모든 메시지나 희망들을 다 합칠지라도 비교할 수 없을 만큼 참으로 중요한 메시지가 있습니다. 그것은 바로 하나님의 말씀의 메시지입니다. 하나님의 메시지는 죽어가는 사람도 살리는 생명이요, 위대한 소망입니다. 우리 영혼을 소성케 하고 믿음을 견고하게 합니다. 그래서 하나님의 종은 하나님의 영원한 생명의 말씀을 전파하고 그 존엄한 명령에 헌신해야 합니다. 이 말씀을 전파해야 할 이유는 무엇입니까?

① 하나님과 그리스도께서 항상 감찰하시고 계시기 때문입니다(1절).

② 하나님의 말씀은 때를 얻든지 못 얻든지, 오래 참고 가르침으로 전파되어야 하기 때문입니다(2절).

③ 사욕을 좇아, 진리에서 돌이켜 큰 배교의 때가 오고 있기 때문입니다(3~4절).

④ 우리는 고난 중에도 전도인의 일을 하고 그 직무를 다해야 하기 때문입니다(5절).

· 함께 읽어요 : 디모데후서 3장 16절

"모든 성경은 하나님의 감동으로 된 것으로 교훈과 책망과 바르게 함과 의로 교육하기에 유익하니"

2. 바울은 최선을 다하고 믿음의 결실을 공표합니다(딤후 4:6~8).

바울은 생의 마지막 때에 직면하여, 자신의 죽음의 사건 속에서 그의 삶이 관제와 같이 부음이 되어 하나님께 드려질 것을 말씀하고 있습니다. 그는 하나님께 드려질 관제(스펜도마이: *σπένδομαι*)[1)]와 같이 부음이 되어 하나님께 바쳐지는 순교제물로서 자신을 드려질 것을 고백합니다. 그의 숭고한 고백은 우리 믿음의 용사들에게 큰 귀감이 됩니다.

① 바울은 충성된 군인으로서 '선한 싸움을 싸웠다'고 합니다.

② 바울은 자신의 삶의 주어진 길을 다 달려서 마쳤다고 말합니다.

---

1) 관제(灌祭)란 각종 희생제사 때 번제와 소제 위에 포도주를 붓는 의식으로서 바울은 이것을 자신의 죽음과 연관시켜 말하고 있다.

③ 바울은 자신이 끝까지 믿음을 지켰다고 말합니다.

이런 바울에게 이제 후로는 상급이 예비 되었다고 말합니다.

① 의의 면류관은 의로우신 재판장이신 주께서 주실 것입니다.

② 의의 면류관은 주의 나타나심을 사모하고 고대하는 모든 자에게도 함께 주실 것입니다.

· 함께 읽어요 : 디모데후서 4장 8절

"이제 후로는 나를 위하여 의의 면류관이 예비 되었으므로 주 곧 의로우신 재판장이 그날에 내게 주실 것이며 내게만 아니라 주의 나타나심을 사모하는 모든 자에게 도 니라."

3. 바울은 세상을 향한 마지막 권면에 주님을 강조합니다(딤후 4:9~22).

디모데후서는 바울의 마지막 편지이며, 마지막 메시지입니다.

① "너는 속히 내게로 오라"는 개인적인 당부의 메시지입니다. 그리스도의 사역자들은 때때로 병고나 어려운 일로 해결방법이 보이지 않을 때 주님을 찾고 도움을 요청해야 합니다. 수많은 이유들로 인하여 스스로 채우지 못하는 고통받고 있는 자를 목격할 때 그들을 도와야 합니다.

② 바울은 이 세상 하직할 때, 곧 바로 천국으로 옮겨주실 것이라는 구원의 확신을 말하고 있습니다(18절).

③ 바울은 믿는 자들의 명예의 전당에 있는 믿음의 형제들에게 문안인사와 함께 다른 이들의 소식을 전하는 성도의 교제를 보여줬습니다.

④ 바울은 다른 이들의 마지막 문안과 권면에서도 그리스도가 그들의 심령에 살아 있기를 소원하며 하나님의 은혜가 함께 하기를 축복했습니다.

· 함께 읽어요 : 디모데후서 4장 9절, 22절

"[9]너는 어서 속히 내게로 오라. [22]나는 주께서 네 심령에 함께 계시기를 바라노니 은혜가 너희와 함께 있을지어다."

정리하는 말

사도 바울은 '죽음의 지하 감옥'에서 외롭게 지내면서 디모데에게 급박한 심정이 담긴 글을 보냈습니다. 가능한 빨리 자신을 방문해 줄 것과 올 때에 두루마리 성경을 가져올 것을 요청했습니다. 바울 사도는 비록 감옥에서 순교를 바라보고 있었지만 사랑과 기도로 디모데에게 확신을 심어주고, 그에게 영적인 유산과 책임을 상기시켰습니다. 여러분! 주님의 일꾼으로써 열정을 다하여 주님께서 오실 최후의 그날까지 충성 봉사하시고, 항상 말씀 전파와 전도하는 일에 최선을 다하시기 바랍니다.

평가와 결심

1. 모든 사람을 위한 제1의 의무는 무엇입니까?
   (딤전 2:1~2, 기도의 의무임)
2. 기도의 대상인 '모든 사람'은 누구를 지칭합니까?
   (딤전 2:1~2, 임금들과 높고 낮은 지위, 신분 계층을 초월한 모든 사람을 말함)
3. 감옥 안에서 기도하고 찬송할 때 어떤 역사가 일어났습니까?
   (행 16:26~34, ①지진 ②옥문 열림. 차꼬 벗어짐 ③간수 가정 구원)

주간 경건의 시간 <9> · 날마다 말씀과 함께

요일 / 내용	주일/월(Mon)	화(Tue)	수(Wed)	목(Thu)	금(Fri)	토(Sat)
찬송	3동 / 28	539 / 483	502 / 259	505 / 268	535 / 325	360 / 402
성경	딤후1: / 2:	딤후 3:	딤후 4:	딛 1:	딛 2:	딛 3:
적용	바울의 최후/ 다른 교훈	기도의 교훈	감독 집사 자격	좋은 일꾼	성도를 대할 때	선한 싸움

* 아침에 하나님으로부터 도망친 자는 하루 종일 그를 발견하지 못한다.
< 존 번연 , 1628~1688, 영국 침례교 목사, 천로역정 저자 >

요나의 니느웨 전도

찬송 / 505, 508, 516 / 통일 268, 270, 265
성경 / **요나서** 3:1-4:11
요절 / **요나서** 4:11
"하물며 이 큰 성읍 니느웨에는 좌우를 분변하지 못하는 자가 십이만여 명이요 가축도 많이 있나니 내가 어찌 아끼지 아니하겠느냐 하시니라."
목표 / 이방 나라에도 하나님의 말씀을 순종하여 전하는 태도를 기른다.

시작하는 말

구약성경에 나오는 대부분의 선지자들은 남왕국 유다나 북왕국 이스라엘을 중심으로 활동했습니다. 그러나 가드 헤벨 출신인 아밋대의 아들 요나 선지자는 북왕국 이스라엘도 아닌 이방 나라인 앗수르, 특히 니느웨에 예언을 선포하고 활동했습니다. 이는 하나님의 강권적인 역사로 되어 진 일이었습니다. 하나님께서는 선민 이스라엘 뿐 아니라 모든 인류를 사랑하고 계심을 알 수 있습니다. 전 인류가 하나님의 말씀을 듣고 회개하고 복음을 믿고 구원을 얻도록 복음 전파하시기를 바랍니다.

오늘의 말씀

1. 처음에는 불순종하다 회개하고 니느웨로 갑니다(욘 3:1~5).

하나님께서 아밋대의 아들 요나를 선지자로 세우시고 니느웨에 가서 회개를 선포하도록 명령하셨습니다. 그러나 요나는 정반대편인 다시스로 가는 배를 타고 도망쳐서 하나님의 뜻을 거슬렀기에 가다가 풍랑을 만나 그를 바다의 큰 물고기가 삼켰습니다. 그는 큰 물고기 뱃속에서 회개하며 하나님께 서원기도를 드렸습니다. 물고기 뱃속에서 구원해 주셨기에 그는 하나님의 두 번째 명령에 순종하여 사흘길이나 되는 니느웨를 걸어 다니며 "니느웨가 무너진다"라고 외쳤습니다.

요나의 민족주의적인 편협성으로 말미암은 그의 불순종은 오늘날 우리들의 지역주의 타파와 극복의 교훈으로 삼아야 할 것입니다.

· 함께 읽어요 : 요나서 2장 9~10절

"[9]나는 감사하는 목소리로 주께 제사를 드리며 나의 서원을 주께 갚겠나이다. 구원은 여호와께 속하였나이다하니라. [10]여호와께서 그 물고기에게 말씀하시매 요나를 육지에 토 하니라."

2. 요나의 외침을 듣고 니느웨 백성이 회개했습니다(욘 3:6~8).

니느웨는 사흘 동안 걸을 만큼 큰 성읍이었습니다. 요나가 하루 동안 다니며 "40일이 지나면 니느웨가 무너지리라" 하고 외쳤습니다. 그때 니느웨 사람들은 그 소리를 듣고 당장 가던 길을 돌이켰습니다.

① 하나님을 믿고, ② 금식을 선포했습니다. ③ 높고 낮은 자를 막론하고 굵은 베 옷을 입었습니다. ④ 왕이 듣고 일어나 왕복을 벗고 굵은 베옷을 입고 재위에 앉았습니다. ⑤ 조서를 내려 사람이나 짐승, 소 떼나 양 떼나 아무 것도 입에 대지 말지니 곧 먹지도 말 것이요 물도 마시지 말라고 했습니다. ⑥ 사람이든지 짐승이든지 다 굵은 베옷을 입을 것이요, ⑦ 하나님께 힘써 부르짖을 것이요, ⑧ 각기 악한 길과 손으로 행한 강포에서 떠날 것이라. 이렇게 하나님은 믿고 철저하게 그들의 잘못을 뉘우치고 부르짖으니 하나님이 뜻을 돌이키셨습니다. 그들에게 내리라고 말씀하신 재앙을 내리지 아니하시고 용서해 주셨습니다.

· 함께 읽어요 : 요나서 3장 9절

"하나님이 뜻을 돌이키시고 그 진노를 그치사 우리가 멸망하지 않게 하시리라 그렇지 않을 줄을 누가 알겠느냐 한지라."

3. 요나의 분노와 하나님의 자비하심이 확연히 대비됩니다(욘 4:1~11).

요나는 자기가 외친 후, 니느웨 사람들은 뉘우치고 왕으로부터 아래 모든 백성은 물론 가축까지 철저하게 회개하고, 각기 악한 길과 손으로 행한 강포에서 떠났습니다. 요나는 매우 싫어하고 오히려 성을 냅니다. 불평하면서 "그럴 줄 알았습니다. 어서 내 생명을 거두어 가시라고요. 사는 것보다 죽는 것이 낫겠습니다." 그때 여호와께서 말씀하셨습니다. "네가 성내는 것이 옳으냐?"라고 요나에게 되물었습니다.

요나의 행동을 보십시오. 요나는 그 성읍에서 나가서 동쪽에 앉아 거기서, ① 자기를 위하여 초막을 짓고, ② 성읍에 무슨 일이 일어나는가를 보려고 그늘 아래 앉아 있었습니다. 하나님께서는 일을 하셨습니다.

① 박 넝쿨을 예비하사 그늘이 요나를 가리게 하셨습니다.
   - (요나가 크게 기뻐했습니다.)
② 하나님이 벌레를 예비하사 박 넝쿨을 갉아 먹게 하시니 시들었습니다.
③ 해가 뜰 때 뜨거운 동풍을 예비 하셔서 요나의 머리에 쪼이매 요나가 혼미해졌습니다.
   - (요나가 "사는 것보다 죽는 것이 나으니이다"라고 불평합니다.)

하나님이 요나에게 "네가 이 박 넝쿨로 말미암아 성내는 것이 어찌 옳으냐?" - (요나의 대답 - "내가 성내어 죽기까지 할지라도 옳으니이다.")

· 함께 읽어요 : 요나서 4장 10절

"여호와께서 이르시되 네가 수고도 아니 하였고 재배도 아니 하였고 하룻밤에 났다가 하룻밤에 말라 버린 이 박 넝쿨을 아꼈거든"

정리하는 말

11절을 함께 읽겠습니다. “하물며 이 큰 성읍 니느웨에는 좌우를 분변하지 못하는 자가 십이만여 명이요, 가축도 많이 있나니 내가 어찌 아끼지 아니하겠느냐 하시니라.” 여러분! 요나의 모습이 바로 여러분이나 저의 모습은 아닌지요? 조그만 이익을 눈앞에 두고 위아래 없이 싸우고 있는 짐승들이나 다른 게 무엇이 있습니까? 주님의 일꾼으로써 요나처럼 두 번째 열정을 가지시기 바랍니다. 세계 여러 민족에게 복음을 전하기 위해 오지도 마다 않고 생명을 다하고 있는 선교사들을 위해 기도하고 존경하는 마음으로 지원하시기 바랍니다.

평가와 결심

1. 요나의 불순종의 이유가 무엇이라고 생각하십니까?
   (욘 4:1~2, 민족적 편협심과 하나님의 깊은 뜻을 알지 못함)
2. 요나의 외침을 들은 니느웨 사람들의 태도는 어떠했습니까?
   (욘 3:5~8, 임금들과 모든 백성들이 모두 믿고 금식, 재에 앉아 뉘우치고 회개)
3. 하나님의 깊으신 뜻은 무엇이라고 생각 하는가?
   (욘 4:10~11, 회개하면 용서하시고, 전 인류 구원받기를 원하심)

주간 경건의 시간 <10> · 날마다 말씀과 함께

요일 / 내용	주일/월(Mon)	화(Tue)	수(Wed)	목(Thu)	금(Fri)	토(Sat)
찬송	25 / 23	361 / 480	333 / 381	254 / 186	406 / 464	360 / 402
성경	욘 1: / 욘 2:	욘 3:	욘 4:	벧전 1:	벧전 2:	벧전 3:
적용	요나의 불순종/ 요나의 회개	니느웨 전도	하나님의 인류사랑	보배로운 피	택하신 족속	옥에 있는 영들

*인간의 삶은 궁핍의 연속이므로 끊임없이 간구함이 당연하다

< 사무엘 오스굿, 1812~1850, 미국 목사, 비평가 >

3단원 전도 열정의 달

제11과

인내와 열정으로 전도

찬송 / 502, 507, 511 / 통일 259 273, 263

성경 / **베드로후서 3:1-18**

요절 / **베드로후서 3:8**

"사랑하는 자들아 주께는 하루가 천년 같고 천 년이 하루 같다는 이 한 가지를 잊지 말라."

목표 / 주께서는 오래 참으사 다 회개에 이르기를 원하시는 분이심을 안다.

시작하는 말

베드로후서의 마지막 부분의 주제는 그리스도의 재림과 종말입니다. 하나님의 아들의 재림과 종말을 말씀하고 있는 것은 인생이 하나님의 아들을 영접하기 위하여 자신을 준비시키기 위한 것입니다.

인생은 그리스도의 재림을 준비해야 합니다. 그렇지 아니하면 멸망에 이른다는 엄연한 사실을 기억해야 할 것입니다. 창조주 하나님께서는 당신께서 지으신 모든 인류가 다 구원받기를 위해서 천년을 하루 같이 기다리십니다. 우리가 해야 할 급선무는 열정으로 전도하는 일입니다.

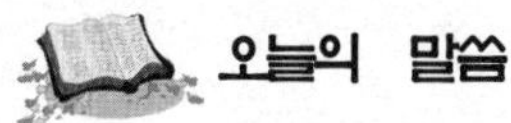

오늘의 말씀

1. 진실한 마음을 일깨워 말씀을 기억하며 전도해야 합니다(벧후 3:1~4).

주님의 재림은 점점 가까이 오고 있습니다. 그러므로 마음을 일깨워 나태한 마음을 품거나 시간을 낭비해서는 안 됩니다. 말세를 살아가는 우리는 먼저 깨어 정신을 차리고 말씀의 예언에 귀기우려야 합니다.

① 선지자들이 예언한 말씀을 기억해야 합니다. 그들은 그리스도께서 세상에 다시 오신다는 사실을 수없이 전했습니다.

② 사도들이 전하고 가르친 주님의 명령을 기억해야 합니다.

말세에 조롱하는 자들이 와서 자기의 정욕을 따라 행하고 조롱합니다. 그들은 예수 그리스도께서 탄생한 후 수많은 세월이 흘렀기에 진실일 수 없다고 조롱합니다. 진화론자들은 창조를 부인하고 유인원이 진화되어 인간이 되었다고 주장합니다. 그들은 하나님께서 천지를 지으셨다고 주장하는 기독교인들을 무차별 공격하고 비방합니다. 그러나 주님은 자신이 창조하신 이 땅에 분명히 다시 오십니다. 우리는 이 사실을 당당하게 전파해야 합니다.

· 함께 읽어요 : 베드로후서 3장 4절

“이르되 주께서 강림하신다는 약속이 어디 있느냐 조상들이 잔 후로부터 만물이 처음 창조될 때와 같이 그냥 있다하니”

2. 복음을 조롱하는 자들은 말씀을 일부러 잊으려고 합니다(벧후 3:5~7).

기독교를 조롱하는 자들은 하나님께서 세상을 창조하시고 운행하시는 분이심을 무시하고, 그분을 합당하게 여기지 않으며, 근본적으로 의심하고 거부합니다. 다음 세 가지 사실을 주목하시기 바랍니다.

① 성경은 세상이 자연발생적으로 생겨서 운행되는 것이 아님을 분명히 선포합니다.(5절)

② 성경은 세상이 현재와 같은 상태로 계속되지 않는다고 분명히 선포합니다.(6절)

③ 성경은 하늘과 땅이 불로 멸하여지기 위해 간수되었다고 분명히 선포합니다.(7절)

세상의 떠도는 풍조나 뜬소문에 움직이지 않아야 합니다. 하나님의 은혜에 이를 수 있도록 인내하고 사랑으로 복음을 전파해야 합니다.

· 함께 읽어요 : 히브리서 12장 14~15절

"[14] 모든 사람과 더불어 화평함과 거룩함을 따르라 이것이 없이는 아무도 주를 보지 못하리라 [15] 너희는 하나님의 은혜에 이르지 못하는 자가 없도록 하고 또 쓴 뿌리가 나서 괴롭게 하여 많은 사람이 이로 말미암아 더럽게 되지 않게 하며"

3. 지식에서 자라가며 복음을 전하며 준비해야 합니다(벧후 3:8~18).

모든 세대의 믿는 자들은 예수 그리스도께서 곧 오신다고 선포했습니다. 오늘날의 믿는 자들도 그분이 재림하시며 그때가 거의 다 되었다고 선포합니다. 그러나 그리스도께서 언제 재림하실지는 아무도 모릅니다. 우리는 재림의 신앙을 가지고 주님을 맞을 준비를 해야 합니다.

① 거룩하고 경건한 삶을 살아야 합니다.(11절)

② 하나님의 날을 바라보고 간절히 사모해야 합니다.(12절)

③ 새 하늘과 새 땅을 바라보아야 합니다.(13절)

④ 그리스도의 오심을 준비해야 합니다.(14절)

주님은 사람과 같은 방식으로 시간을 측정하지 않습니다. 그리스도께서 재림하는 데에 더딘 것이 아니라 오래 참으시고 계신 것입니다. 모든 사람이 죄에서 돌이켜 하나님께로 향하여 돌아오기를 바라고 계신 것입니다. "그리스도의 은혜와 그를 아는 지식에서 자라가라"(18절)는 말씀대로 경건한 삶 속에서 재림을 간절히 사모하며 준비하시기 바랍니다.

· 함께 읽어요 : 베드로후서 3장 12절

"[12]하나님의 날이 임하기를 바라보고 간절히 사모하라 그 날에 하늘이 불에 타서 풀어지고 물질이 뜨거운 불에 녹아지려니와 [13]우리는 그의 약속대로 의가 있는 곳인 새 하늘과 새 땅을 바라보도다."

정리하는 말

지금은 주님께서 곧 오실 재림의 시대입니다. 복음과 관계없는 이단들이 진실한 신자들을 조롱하고 그리스도의 재림을 비웃으며 이단 사이비 사상을 가르치고 침투해서 성도들을 미혹하고 있습니다. 이런 시기에 전도의 사명은 더욱 절박해졌습니다. 오늘날 전도는 열심을 다해 진실한 마음을 일깨워 오직 성경의 가르침을 기억하고 전파해야 합니다. 주님의 사랑을 품고 전파해야 합니다. 오늘이 최후의 날인 것처럼 인내와 열정을 가지고 복음 전하기를 간절히 소망합니다.

평가와 결심

1. 주의 재림을 기다리면서 무엇을 해야 합니까?
   (벧후 3:1~4, 진실한 마음을 일깨워 전도해야 함)
2. 복음을 조롱하는 자들은 어떻게 살아가고 있습니까?
   (벧후 3:4~5, 전하는 말씀을 일부러 잊으려하고 거부합니다)
3. 현대 성도들이 말세 지말에 어떤 태도로 전도해야 하는가?
   (벧후 3:8~18, ①진실한 마음 일깨워 ②말씀기억 ③인내 열정)

주간 경건의 시간 <11> · 날마다 말씀과 함께

요일 / 내용	주일/월(Mon)	화(Tue)	수(Wed)	목(Thu)	금(Fri)	토(Sat)
찬송	29동 / 74동	361 / 480	333 / 381	254 / 186	406 / 464	360 / 402
성경	벧전4: / 5:	벧후 1:	벧후 2:	벧후 3:	요일 1:	요일 2:
적용	선한 청지기/ 양 무리	부르심과 택하심	거짓 선지자	하나님의 날	생명의 말씀	대언자

* 인간의 마음이 벙어리일 때도 하늘은 결코 귀머거리였던 때는 없다.

< 프린시스 칼스, 1592~1644, 영국 작가 >

3단원 전도 열정의 달

믿음과 영생을 전하라

찬송 / 292, 309, 315 / 통일 415, 409, 512
성경 / **요한일서 5:1-21**
요절 / **요한일서 5:12**
"아들이 있는 자에게는 영생이 있고 하나님의 아들이 없는 자에게는 생명이 없느니라."
목표 / 부와 명예를 전하지 말고 믿음과 영생을 전하는 태도를 기른다.

시작하는 말

탤런트들은 무엇을 먹고 삽니까? 인기를 먹고 삽니다. 재벌은 무엇 때문에 삽니까? 돈 때문에 삽니다. 그렇다면 여러분들은 무엇 때문에 삽니까? … 오늘날 교회들이 왜 점점 시들시들 해 갑니까? 세상의 물질 만능주의가 교회에 들어왔기 때문입니다. 교회에서도 돈과 인기와 명예를 위해 살아가는 법을 가르치고 있지는 않은지 반성해야 합니다. 3월 한 달 동안 '복음전도에 힘쓰자'고 배웠습니다. 여러분들의 뇌리 속에 무엇이 남았습니까? 믿음과 영생을 가르치고 전하시기 바랍니다.

오늘의 말씀

1. 여러분은 참으로 하나님께로부터 태어났습니까?(요일 5:1~5).

기독교인 모두가 거의 자기가 하나님을 믿는다고 주장합니다. 친구가 자기가 무신론자라고 주장한다면 화를 낼 것입니다. 세상에 이슬람교도, 불교도, 유대교도, 힌두교도, 그리스도인 등, 얼마나 많은 종교가 있는데 그 중에 무신론자란 말입니까? 어떤 종교든 자신들이 모시는 절대자가 있습니다. 크리스천들은 예수님과 하나님에 대해 분명하게 설명할 수 있어야 하고, 우리가 인격적인 하나님을 믿고 하나님께 대한 우리의 신앙과 인식이 정확한지에 대해 말할 수 있어야 합니다.

본문에서 아버지와 아들에 대해서 말씀합니다. 하나님과 예수 그리스도의 관계를 설명하고 있습니다. 본문은 이를 세 가지로 증명합니다.

① 예수께서 그리스도이심을 믿습니다(1절). 하나님은 예수께서 세상의 구주가 되시도록 기름 부으셔서 그리스도가 되시도록 하셨습니다. 예수를 믿는 순간 우리가 그리스도의 생명으로 다시 태어난 것입니다.

② 하나님의 계명들을 순종하고 지킵니다(2~3절). 그리스도를 믿음으로 새로 태어난 사람은 새로운 피조물이기에 계명들을 지킵니다.

③ 세상을 이깁니다(4~5절). 하나님께로부터 난 사람은 세상을 이깁니다. 세상을 이기게 하는 것은 우리의 믿음입니다. 예수 그리스도께서 하나님의 아들이심을 믿는 사람은 반드시 세상을 이기고 말 것입니다.

· 함께 읽어요 : 요한일서 5장 4~5절

"4 무릇 하나님께로부터 난 자마다 세상을 이기느니라. 세상을 이기는 승리는 이것이니 우리의 믿음이니라. 5 예수께서 하나님의 아들이심을 믿는 자가 아니면 세상을 이기는 자가 누구냐?"

2. 그리스도가 하나님의 아들이심을 믿어야 합니다(요일 5:6~8).

본문에서 우리가 참으로 하나님을 믿고 있다는 사실을 알게 해주는 증거가 무엇입니까? 그것은 우리가 예수를 그리스도, 즉 진정한 메시야, 생명을 주시려고 하나님에 의해 비하의 신분인 인간으로 세상에 보내심을 받은 것을 믿어야 합니다. 즉 하나님의 아들 주 예수 그리스도에 대한 증거를 믿는 것입니다.

① 요한은 예수 그리스도의 사명을 두 가지로 선포합니다.

그분은 물로써 세례를 받으실 때 성령이 임하시고, 하나님의 음성으로 친히 하나님의 아들이심을 선포하셨으니 확실히 믿어야 합니다.(6절)

② 성령의 증거가 있습니다.(6절; 요 15:26 "내가 아버지께로부터 너희에게 보낼 보혜사 곧 아버지께로부터 나오시는 진리의 성령이 오실 때에 그가 나를 증언하실 것이요.") 성령의 증거는 곧 진리입니다.

③ 하늘의 증거가 있습니다.(7절; 마 3:17 "하늘로서 소리가 있어 말씀하시되 이는 내 사랑하는 아들이요 내 기뻐하는 자라 하시니라.")

④ 땅의 증거가 있습니다.(8절) 5절에 "예수께서 하나님의 아들이심을 믿는 자가 아니면 누구냐?" 친히 본 제자들의 증언이 확실합니다.

· 함께 읽어요 : 요한일서 5장 8절
"성령과 물과 피라 또한 이 셋은 합하여 하나이니라."

3. 하나님의 증거는 사람들의 증거보다 더 확실합니다(요일 5:9~15).

우리가 참으로 하나님을 믿고 있다는 증거를 무엇으로 말할 수 있습니까? 본문에서는 다음 두 가지 생생한 증거를 다루고 있습니다.

① 하나님의 증거입니다.(9~12절) 사람의 증거보다 하나님의 증거가 확실합니다. 하나님이 영생을 주셨고, 생명이 그의 아들 안에 있습니다.

② 요한의 증거입니다.(13~15절) 요한이 친히 본 자를 증거합니다, 만진 자를 증거합니다, "무엇을 구하면 들으심이라." 들은 자를 증거합니다.

요한이 "내가 하나님의 이름을 믿는 너희에게 이것을 쓰는 것은 너희로 하여금 너희에게 영생이 있음을 알게 하려 함이라" 했습니다.

· 함께 읽어요 : 요한일서 5장 20절
"또 아는 것은 하나님의 아들이 이르러 우리에게 지각을 주사 우리로 참 된 자를 알게 하신 것과 또한 우리가 참된 자 곧 그의 아들 예수 그리스도 안에 있는 것이니 그는 참 하나님이시요 영생이시라."

정리하는 말

믿음과 영생은 목회자와 선교사와 전도자들에게 주시는 가장 근본적인 증언입니다. 하나님께서는 자신의 아들 예수 그리스도에게 생명을 주셨습니다. 따라서 예수 그리스도를 믿는 자들에게 영생이 주어졌습니다. 그러나 천하를 다 주어도 얻을 수 없는 믿음과 영생을 공짜로 주셨는데도 귀한 줄 모릅니다. 오히려 값싼 인기와 명예와 돈에 현혹되어 구원과 영생은 뒷전으로 하고, 세상의 영달을 위해 안달입니다. 여러분! 인기와 명예, 물질에 현혹되지 말고 믿음과 영생을 전하시기 바랍니다.

평가와 결심

1. 누가 하나님의 아들 그리스도 믿고, 세상을 이기고 승리합니까?
(요일 5:1~4, 하나님께로 나서 그리스도 예수를 믿고 영생을 얻은 자)
2. 하나님을 믿는 증거가 무엇입니까?
(요일 5:6~8, 물과 피로 임하셨고, 진리의 성령, 땅에서 믿는 자들의 증거)
3. 사람의 증거보다 가장 근본적이고 큰 증거가 무엇입니까?
(행 16:26~34, ①하나님으로부터 남 ②하나님의 말씀 즉 성경)

주간 경건의 시간 <12> · 날마다 말씀과 함께

요일 / 내용	주일/월(Mon)	화(Tue)	수(Wed)	목(Thu)	금(Fri)	토(Sat)
찬송	29동 / 74동	361 / 480	333 / 381	254 / 186	406 / 464	360 / 402
성경	요일3 : / 4 :	요일 5 :	요이 1 :	요삼 1 :	유다 1 :	옵 1 :
적용	하나님의 씨/ 하나님의 영	우리이 믿음	그리스도의 교훈	선을 행하는 자	성령이 없는 자	에돔의 심판

* 하나님은 멀리 계시지만 기도가 그를 이 땅으로 끌어내려 그의 능력과 우리의 노력을 연결시킨다. < 가스 피링, 프랑스 작가 >

4단원 영성 충전의 달

거룩, 거룩, 거룩하다!

찬송 / 8, 40, 140 / 통일 9, 43, 130
성경 / **이사야 6:1-13**
요절 / **이사야 6:3**
"서로 불러 이르되 거룩하다 거룩하다 거룩하다 만군의 여호와여 그의 영광이 온 땅에 충만 하도다 하더라."
목표 / 성도로서 언제나 거룩한 신앙의 열정을 회복하여 살아가도록 한다.

시작하는 말

현대교회의 약점은 거룩한 영성을 잃었다는 것입니다. 열린 예배를 선호하면서 예배 복장도 세상에서 입는 평상 옷차림을 하고, 강단에 오릅니다. 세상의 풍조가 예배당 강단까지 들어와 교회의 거룩성이 위협받고 있음은 심히 유감스러운 일입니다. 이번 단원에서는 이사야 선지자가 말씀한 예루살렘 성전을 연구함으로써, 교회의 영성을 회복하는데 도움을 줄 것입니다. 교회는 항상 개혁되어야 하기에, 문화적 차이나 의식, 찬양 등에서 예배의 거룩한 영성을 회복해 나가야 합니다.

오늘의 말씀

1. 웃시야 왕이 죽던 해에 이사야가 소명을 받았습니다(사 6:1~5).

본문 1절에 보면 웃시야 왕이 죽던 해(주전 740년경)에 이사야가 사역을 시작합니다. 그는 요담(739~731), 아하스(731~715), 그리고 히스기야(715~685)의 통치기간 동안 60년간 불타는 사명감을 가지고 사역을 감당했던 인물입니다. 일생을 통한 충성된 하나님의 종이었습니다.

성도 여러분! 여러분의 가정이나 섬기시는 교회와 이웃이 영적으로 거룩하고 건강합니까? 우리 신앙의 생명은 영성에 있습니다. 오늘날 우리들은 영성도, 열정도 너무 빨리 식어버리는 문제를 안고 있습니다. 그래서야 어떻게 이 어려운 시대를 살아 갈 수 있겠습니까? 영성의 온도가 내려가면 내려갈수록 가정과 교회는 사회에 동화되어 세속화되고 맙니다. 영성은 간 데 없고, 영적 혼란상태에 이르러 불행하게 됩니다. 여러분! 금년 한 해 거룩한 영성을 회복하고자 부단히 힘쓰시기 바랍니다. 그래서 거룩하고 성령 충만한 가정과 교회를 이루시기 바랍니다.

· 함께 읽어요 : 이사야 6장 5절

"그 때에 내가 말하되 화로다 나여 망하게 되었도다. 나는 입술이 부정한 사람이요 나는 입술이 부정한 백성 중에 거주하면서 만군의 여호와이신 왕을 뵈었음이로다하였더라."

2. 거룩한 영성을 지닌 열정은 죄 사함으로부터 옵니다(사 6:6~7).

위에서 읽으신 본문 5절에서 이사야는 철저한 죄 의식을 느꼈습니다. 주의 거룩한 영성은 죄를 가진 사람이나, 죄 사함을 받지 못한 사람은 거룩한 영이 뜨겁게 임할 수 없습니다. 마치 녹슨 철선에는 강하고 뜨거운 전류가 통할 수 없거나 흘러갈 수 없는 것처럼 말입니다.

이사야 선지자는 주께서 높이 들린 보좌에 앉으셔서 그분의 옷자락이 성전에 가득한 모습을 보았습니다. 스랍들이 모시고 섰는데 각기 여섯 날개가 있어 둘로는 자기 얼굴을 가리었고, 그 둘로는 자기의 발을 가리었고, 그 둘로는 날며 이렇게 노래합니다. "거룩하다, 거룩하다, 거룩하다 만군의 여호와여! 그의 영광이 온 땅에 가득하도다." 이 화답 소리에 문지방의 터가 요동하며, 성전에 연기가 충만하였다고 했습니다.

이때 이사야는 자신의 초라한 모습을 보고, "화로다 나여 망하게 되었도다"라고 고백합니다. 그 때에 스랍 중 하나가 부젓가락으로 제단에서 집은 바 핀 숯을 손에 가지고 그의 입술에 댑니다. 그 순간 죄가 사하여졌습니다. 여러분! 하나님의 일꾼으로서 가장 선결문제는 죄를 해결하는 거룩한 영성입니다. 하나님 앞에 우리의 죄를 회개하고 거룩한 영성을 회복하여 성공적인 전도와 선교에 동참하시기를 소망합니다.

· 함께 읽어요 : 이사야 6장 7절
"그것을 내 입술에 대며 이르되 보라 이것이 네 입에 닿았으니 네 악이 제하여졌고 네 죄가 사하여 졌느니라하더라."

3. 거룩한 영으로 정결함 받은 후, 사명을 감당하게 됩니다(사 6:8~13).

오늘날 교회의 일꾼들과 사역자들의 가장 근본적인 문제는 거룩한 영성의 열정을 가졌느냐 하는 것입니다. 사역자들이 세상의 재물과 명예나 인기를 탐내면 상대적으로 영성은 바닥이 됩니다. 그래서 하나님의 일꾼들이 돈과 명예와 인기를 한 몸에 누리려고 하면 큰 문제가 발생하는 것입니다. 사탄 마귀는 돈과 명예와 인기를 이용하여 믿음의 사람들을 유혹합니다. 이미 사탄 마귀가 세상의 좋은 것은 다 소유하고 있어서 자신에게 절하는 자에게 미끼로 제공해 주는 것입니다. 그 사실을 전혀 모르고 많은 사역자들이 속임수에 넘어가 있다는 사실입니다.

여러분! 세상의 속된 것을 구하지 말고 거룩성을 간구하시기 바랍니다. 이사야는 철저하게 자신을 쳐서 복종시켰기에 60년이라는 긴 세월 동안 선민 유다 족속에게 회개를 촉구할 수 있었습니다. 여러분도 하나님의 은혜로 구원을 선포하기 위해 부름 받을 때 "내가 여기 있나이다. 나를 보내소서"라고 신앙고백하시기 바랍니다. 이것이 축복입니다.

· 함께 읽어요 : 이사야 6장 8절
"내가 또 주의 목소리를 들으니 주께서 이르시되 내가 누구를 보내며 누가 우리를 위하여 갈꼬? 하시니 그 때에 내가 이르되 내가 여기 있나이다. 나를 보내소서 하였더니"

정리하는 말

사랑하는 성도 여러분! 여러분은 주께서 부르실 때에 이사야 같이 대답할 수 있겠습니까? 하나님께서 부르실 때에 언제나 응답 할 수 있도록 철저하게 준비하시기 바랍니다. 그 날을 기대하며 하나님의 제단에 엎드려 겸손하게 회개하며 부르짖기를 바랍니다. ① '죄의 회개함', ② '거룩한 영으로 채움', ③ '부르심에 대한 응답'이 있어야 합니다. 가정과 일터가 거룩한 영성의 열정으로 거듭나시기를 간절히 축원합니다.

평가와 결심

1. 이사야 선지자가 부름을 받던 때는 언제입니까?
   (사 6:1~5, 웃시야 왕이 죽 던 해)
2. 거룩한 영성의 열정은 어디로부터 옵니까?
   (사 6:6~7, ① 부정함을 버리고, ② 성전에 나와, ③ 회개함)
3. 거룩한 영성을 회복한 후 무엇을 받게 됩니까?
   (사 6:8~13, 사명을 받게 됨)

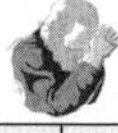

주간 경건의 시간 <13> · 날마다 말씀과 함께

요일 / 내용	주일/월(Mon)	화(Tue)	수(Wed)	목(Thu)	금(Fri)	토(Sat)
찬송	146동 / 93동	312/ 341	436 / 493	298/ 35	435 / 492	455 / 507
성경	사 1: / 2:	사 3:	사 4:	사 5:	사 6:	사 7:
적용	의의 성읍/ 빛에 행하자	예루살렘 멸망	여호와의 싹	포도원 노래	거룩한 씨	임마누엘

* 그 아무리 위대한 일도 열심히 하지 않고 성공된 예는 예부터 없다.

<Ralph Waldo Emerson 1803~1882, 미국 시인>

전능하신 평강의 왕

찬송 / 188, 190, 182 / 통일 180, 177, 169
성경 / 이사야 9:1-7
요절 / 이사야 9:6
"이는 한 아기가 우리에게 났고 한 아들을 우리에게 주시는 바 되었는데 그의 어깨에는 정사를 메었고 그의 이름은 기묘자라, 모사라 전능하신 하나님이라, 영존하시는 아버지라, 평강의 왕이라 할 것임이라."
목표 / 금년에도 거룩한 영성으로 평강을 회복하며 살아가도록 한다.

시작하는 말

이사야 선지자가 부름을 받던 당시에 유다 백성들은 곤고하며 굶주리면서 헤매었고 격분하여 자기의 왕과 자기의 하나님을 저주하는 일까지 벌어졌습니다. 오늘날 우리의 현실에도 이러한 일들이 그대로 나타나고 있습니다. 이때 어둠과 흑암에 거하는 자들이 큰 빛을 보고 사망의 그늘진 땅에 빛을 비추신다는 희망적인 메시지가 전해졌습니다. 이는 메시야를 통한 구원과 생명의 빛이 열려진다는 말씀입니다. 유다에 '평강의 왕'이 임하심이란 메시야의 도래를 말씀하고 있는 것입니다.

오늘의 말씀

1. 평강의 왕이 이방의 갈릴리를 영화롭게 했습니다(사 9:1~5).

"하늘이여 들으라! 땅이여 귀를 기울이라."고 외쳤던 이사야는 밤나무와 상수리나무가 베임을 당하여도 그 그루터기는 남아 있는 것 같이 거룩한 씨가 이 땅의 그루터기라고 하시는 말씀을 들었습니다.

이제 이사야 선지자는 옛적 여호와께서 멸시를 당하게 하신 땅들을 영화롭게 하셨다고 합니다. 흑암에 행하던 백성이 큰 빛을 보고 사망의 그늘진 땅에 거주하던 자에게 빛이 비친다고 하신 것입니다.

사랑하는 성도 여러분! 여러분의 가정이나 교회 그리고 이 사회가 겉으로는 밝고 명랑하게 보이지만, 그 속에는 썩어져 악취를 풍기는 것을 보게 됩니다. 그러나 메시야가 임하시면 상황은 달라집니다. 슬픔이 변하여 주 앞에서 즐거워하고 기쁨의 찬송을 부르게 될 것입니다.

· 함께 읽어요 : 이사야 9장 2~3절

"[2]흑암에 행하던 백성이 큰 빛을 보고 사망의 그늘진 땅에 거주하던 자에게 빛이 비치도다. [3]주께서 이 나라를 창성하게 하시며 그 즐거움을 더하게 하셨으므로 추수하는 즐거움과 탈취 물을 나눌 때의 즐거움 같이 그들이 주 앞에서 즐거워하오니"

2. 장차 태어날 메시야의 사역에 대한 특징과 이름입니다(사 9:6~7).

본문 6절 도입부에 '이는'이란 접속사는 <왜냐하면> '한 아기'가 출생함으로 위대한 구속사가 이루어진다는 말씀입니다.

첫째로, 장차 오실 메시야는 '한 아기'로 태어날 것입니다. 이미 7장에서 예언된 것처럼 이 아기는 예수 그리스도를 가리킵니다. 본문은 이 거룩하신 분의 특징과 이름을 소개하고 있습니다.

① 그는 한 아기로 태어나고 한 아들로 주어질 것입니다. 메시야는 이사야 7장 14절에 예언 된 대로 처녀(동정녀)의 몸에서 '한 아기', 즉 온전한 인간으로서 태어날 것입니다.

② 그는 어깨에 정사를 멜 것입니다. 권세를 가지고 세상을 통치할 것입니다.

③ 그는 자신의 속성과 사역을 나타내는 5개 이름을 가질 것입니다.

· '기묘자'란 불가사의한 자, 놀랍고 경이로운 자라는 의미입니다.
· '모사'란 어떤 계획을 의논하고 세우는데 탁월한 자를 가리킵니다.
· '전능하신 하나님'이란 구약의 전통적인 이름이 아기에게 주어집니다.
· '영존하시는 아버지'는 본질상 하나님이신 그분은 영원성을 비롯하여 하나님의 신적 속성을 모두 가지셨습니다.
· '평강의 왕'은 평화의 왕자라는 말입니다.

· 함께 읽어요 : 이사야 9장 6절
"이는 한 아기가 우리에게 났고 한 아들을 우리에게 주신 바 되었는데 그의 어깨에는 정사를 메었고, 그의 이름은 기묘자라, 모사라, 전능하신 하나님이라, 영존하시는 아버지라, 평강의 왕이라 할 것임이라."

3. 메시야 왕국은 평강 가운데 영원토록 보존될 것입니다(사 9:7).

장차 아기로 오실 메시야는 초월적인 기묘자이며, 모사이고, 전능하신 하나님이며, 영존하시는 아버지이고, 평강의 왕입니다. 그러므로 메시야 왕국은 공평과 정의의 반석 위에 견고하게 건설될 것입니다. 또한 평강 가운데서 영원토록 보존 될 것입니다.

이 사실이 세 가지로 표현되었습니다.

① 정사와 평강의 더함이 무궁할 것입니다.

② 다윗의 위에 앉아서 왕국을 세울 것입니다.

③ 영원토록 공평과 정의로 왕국을 보존할 것입니다.

이 놀라운 일이 반드시 이루어 질 것입니다. 메시야 왕국은 견고할 것이며 영원할 것입니다. 할렐루야!

· 함께 읽어요 : 사무엘하 7장 16절
"네 집과 네 나라가 내 앞에서 영원히 보전되고 네 왕위가 영원히 견고하리라 하셨다 하라."

정리하는 말

성도 여러분! 하나님의 나라는 기쁨과 즐거움이 가득한 곳입니다. 메시야가 통치하실 것입니다. 하나님의 나라는 무엇이든지 속된 것이나 가증한 자나, 거짓말하는 자는 결코 들어가지 못할 것입니다. 오직 어린양의 생명책에 기록된 자들만 들어갈 것입니다(계 21:27). 자기 두루마기를 빠는 자들은 복이 있습니다(계 22:14). 여러분! 세상을 사는 동안 거룩함에 힘쓰셔서 전능하신 평강의 왕을 만날 수 있기를 축원합니다.

평가와 결심

1. 평강의 왕이신 메시야가 오시면 무엇이 달라질 것입니까?
   (사9:2, 거룩한 영성이 회복되고, 흑암의 백성들이 빛을 보게 됨)
2. 한 아기로 태어나실 메시아의 이름은 무엇입니까?
   (사 9:6~7, 기묘자, 모사, 전능하신 아버지, 영존하시는 아버지, 평강의 왕)
3. 메시아 왕국은 궁극적으로 어떻게 될 것입니까?
   (사 9:7, 영원토록 공평과 정의로 왕국이 보전될 것임)

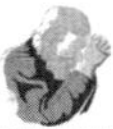

주간 경건의 시간 <14> · 날마다 말씀과 함께

요일 / 내용	주일/월(Mon)	화(Tue)	수(Wed)	목(Thu)	금(Fri)	토(Sat)
찬송	117동 / 118동	438 / 495	347 / 382	407 / 465	360 / 402	397 / 454
성경	사 8: / 9:	사 10:	사 11:	사 12:	사 13:	사 14:
적용	이사야 아들 / 평강의 왕	앗수르를 도구로	평화의 나라	감사 찬송	바벨론 경고	바벨론 멸망 예고

* 영혼만이 우리들을 고상하게 한다. <루시우스 아나이우스 세네카, B.C.~A.D.65, 로마 스토아철학자, 정치가>

제15과

여호와께 경배 하리라

찬송 / 140, 108, 131 / 통일 130, 113, 24
성경 / 이사야 19:14-25
요절 / 이사야 19:21
"여호와께서 자기를 애굽에 알게 하시리니 그 날에 애굽이 여호와를 알고 제물과 예물을 그에게 드리고 경배할 것이요 여호와께 서원하고 그대로 행하리라."
목표 / 거룩한 영성으로 여호와께 경배하며 살아가는 태도를 기른다.

시작하는 말

현대 교인들은 예배의 예식이나 말씀 실천에 그렇게 깊은 관심이 없는 것 같습니다. 이것이 현대 교인의 문제요 약점인 것입니다. 본문은 열방에 대한 하나님의 심판을 선언하시면서 1~15절은 시 형태로 되어 있으며, 애굽의 정치와 경제와 정신에 대한 하나님의 심판이 나타나있습니다. 메시지의 후반부인 16~25절은 산문 형태로 쓰였으며, 이방에 대한 멸망과 심판을 말하는 게 아니라 이방인들도 하나님의 은혜 안에 회개하고 돌아와 이스라엘과 더불어 예배할 때가 온다는 세계적인 비전을 제시하고 있습니다. 따라서 여호와께 경배할 것을 강조합니다.

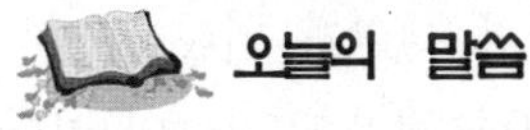

오늘의 말씀

1. 하나님의 심판으로 애굽이 두려워합니다(사 19:14~17).

14절을 함께 읽겠습니다. "여호와께서 그 가운데 어지러운 마음을 섞

으셨으므로 그들이 애굽을 매사에 잘못 가게 함이 취한 자가 토하면서 비틀거림 같게 하였으니" 여러분! 국가의 지도자를 위해 기도해야 할 이유가 여기 있습니다. 애굽의 방백들과 모사들이 아주 어리석게 된 원인은 기도하지 않고 그들의 어리석음대로 내버려두시니 그렇게 어리석게 된 것입니다. 교회 지도자들을 위해 기도하시기 바랍니다. 여러분! 국가의 지도자를 위해 기도하시기를 간절히 부탁드립니다.

애굽을 흔드시는 손으로 말미암아 하나님의 심판 앞에서 애굽은 부녀처럼 떨게 된다고 했습니다. 여호와께서 결심하시면, 그대로 된다는 사실입니다.

· 함께 읽어요 : 이사야 19장 16절
"그 날에 애굽이 부녀와 같을 것이라 그들이 만군의 여호와께서 흔드시는 손이 그들 위에 흔들림으로 말미암아 떨며 두려워할 것이며"

2. 그 날에 애굽의 회복에 대한 메시지가 있습니다(사 19:18~20).

이제까지 이사야 선지자는 애굽에 대한 하나님의 심판을 선포했습니다.(1~17절) 그런데 그것이 끝이 아닙니다. 선지자는 이어서 그날에 이루어질 애굽에 대한 회복에 대한 메시지 5가지를 전했습니다.

① 애굽 땅에 가나안 방언(히브리어)으로 하나님께 맹세하는 성읍이 있을 것입니다.(18절) 이들은 유대인 거류자들로부터 여호와를 소개받고 가나안 방언으로 된 제사 용어로 하나님께 예배드리는 애굽 백성들인 것입니다.

② 애굽 땅에 하나님을 위한 제단과 기둥이 있을 것입니다.(19~20절) 애굽 땅에도 하나님을 위한 제단과 기둥이 있다는 말은 애굽 땅에도 하나님을 경외하고 예배드리는 하나님의 백성이 있다는 것입니다. 하나님의 백성이 되는 조건은 유대인이나 이방인이나 무론하고 '오직 믿음'인 것입니다.

· 함께 읽어요 : 이사야 19장 19~20절

"[19]그 날에 애굽 땅 중앙에는 여호와를 위하여 제단이 있겠고, 그 변경에는 여호와를 위하여 기둥이 있을 것이요 [20]이것이 애굽 땅에서 만군의 여호와를 위하여 징조와 증거가 되리니 이는 그들이 그 압박하는 자들로 말미암아 여호와께 부르짖겠고 여호와께서는 그들에게 한 구원자이자 보호자를 보내사 그들을 건지실 것임이라."

3. 만국이 평강 가운데 영원토록 보존될 것입니다(사 19:21~25).

③ 애굽인이 하나님을 알고 예물을 드리며 경배할 것입니다(21~22절).

하나님께서 애굽에 자기를 심판의 하나님으로 알게 하시지 않는다는 사실을 주목하십시오. 잘못이 있을 때는 징계하시고, 잘못을 회개하면 구원해 주시는 것이 정한 이치요, 하나님께서 선민 이스라엘 백성을 대하시는 방법인 것입니다. 그리고 이제는 애굽 사람들도 하나님의 은혜 안에 거하게 되는 특권을 부여해 주신 것입니다.

④ 애굽인이 앗수르인과 함께 하나님께 경배할 것입니다(23절).

이사야의 눈은 앗수르까지 확대되고 있습니다. '그날에'는 애굽과 앗수르가 더 이상 대적으로 맞서지 않을 것입니다. 서로 용납하고 복음 안에서 하나가 될 것입니다. 공동체의 일원으로서 신앙의 교제를 나누며 자유롭게 왕래할 것입니다.

⑤ 애굽이 이스라엘과 앗수르로 더불어 세계 중에서 복이 될 것입니다.(24~25절) '그날에' 전개될 복음시대의 상황을 조망하는 이사야에게서 더 이상 이스라엘과 애굽과 앗수르 간에 차이를 발견할 수 없습니다. 그들 모두가 하나님의 백성으로 똑같이 인정받고 모두가 함께 축복을 누릴 것입니다. 할렐루야!

· 함께 읽어요 : 이사야 19장 23절

"그 날에 애굽에서 앗수르로 통하는 대로가 있어 앗수르 사람은 애굽으로 가겠고 애굽 사람은 앗수르로 갈 것이며 애굽 사람이 앗수르 사람과 함께 경배하리라."

정리하는 말

사랑하는 성도 여러분! 하나님은 민족적으로나 지역적으로 편협하지 않으신 분이십니다. 애굽 사람이나 앗수르 사람이나 이스라엘 백성이나 모두 다 함께 하나님 여호와께 경배하기를 원하십니다. 만국 백성이 잘못을 뉘우치고 회개하고 돌아오면, 그들도 모두 용서하시고 받으신다는 사실을 깨달아야 합니다. 여러분! 복음 안에서 북한도 중국도 일본도 하나님께서 사랑하시고 그들의 경배를 받으시기를 원하시고 바라신다는 것을 명심하시기 바랍니다.

평가와 결심

1. 국가나 교회의 지도자들을 위해 무엇을 기도해야 합니까?
   (사 19:14, 어지러운 마음 제하시고 정직한 영 부어주소서.)
2. '그 날에' 두려워 떠는 애굽이 어떻게 된다고 하셨습니까?
   (사 19:20~21, 여호와께 부르짖는다고 했으며 건지실 것이라)
3. 복음시대에 온 세계가 어떻게 될 것을 말씀하고 있습니까?
   (사 19:25, 애굽, 앗수르도 이스라엘과 함께 복이 된다고 함)

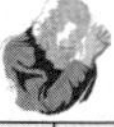

주간 경건의 시간 <15> · 날마다 말씀과 함께

내용 \ 요일	주일/월(Mon)	화(Tue)	수(Wed)	목(Thu)	금(Fri)	토(Sat)
찬송	117동/118동	438/ 495	347 / 382	407/ 465	360/ 402	397 / 454
성경	사 15 : / 16 :	사 17 :	사 18 :	사 19 :	사 20 :	사 21 :
적용	이사야 아들 / 평강의 왕	앗수르를 도구로	평화의 나라	감사 찬송	바벨론 경고	바벨론 멸망 예고

* 영혼들은 무더기로 구원되지 않는다. < 랄프 왈도 에머슨, 1803~1882, 미국 시인, 수필가 >

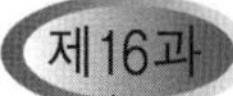

여호와가 연회를 베풀리라

찬송 / 365, 374, 378 / 통일 484, 423, 430
성경 / 이사야 25:1-12
요절 / 이사야 25:8
"사망을 영원히 멸하실 것이라 주 여호와께서 모든 얼굴에서 눈물을 씻기시며 자기 백성의 수치를 온 천하에서 제하시리라 여호와께서 이같이 말씀하셨느니라."
목표 / 종말에 하나님의 심판과 구원을 찬송하며 준비하는 태도를 기른다.

시작하는 말

본문에서 종말에 하나님의 세계적인 심판을 언급하십니다. 심판은 세상의 악인들에게는 최종적인 멸망의 날이지만, 하나님의 백성들에게는 구원이 완성되는 감격의 날입니다. 구원 받는 백성들은 하나님의 심판으로 원수들과의 싸움에서 최종 승리한 날입니다. 그렇기에 하나님의 백성은 감사와 찬양을 드리지 않을 수 없습니다. 여러분! 종말의 심판에서 구원과 생명과 상급을 얻을 주인공들 가운데서 뵙기를 원합니다. 여러분! 구원하시는 하나님을 찬양하고 찬송하시기 바랍니다.

오늘의 말씀

1. 포학한 세상권세를 심판하신 하나님을 찬양합니다(사 25:1~5).

선지자는 단지 하나님의 놀라운 기사에 감격하고 찬양하는 것이 아니라 그분의 거룩하신 속성, 즉 그분의 신실하심을 찬양합니다. 찬양에 앞서 그는 '여호와'를 자신의 하나님으로 인정하고 그것을 고백했습니다. 선지자가 여호와를 자신의 하나님으로 고백하고, 그분의 이름을 높이며 찬송하는 이유가 세 가지로 언급하고 있습니다.(1절)

① 기사를 행하셨다는 것입니다. ② 옛적의 정하신 뜻대로 행하셨다는 것입니다. ③ 성실함과 진실함으로 행하셨다는 것입니다.

하나님께서는 자기 백성의 구원을 위하여 포학한 나라들의 성읍들과 언약 백성을 대적한 원수들의 거처를 철저히 파멸시키셨습니다. 하나님은 빈궁한 자의 요새가 되셨습니다. 폭풍 중에 피난처가 되셨습니다. 폭양을 피하는 그늘이 되어 주셨습니다. 하나님을 찬양하시기 바랍니다.

· 함께 읽어요 : 이사야 25장 5절

"마른 땅에 폭양을 제함 같이 주께서 이방인의 소란을 그치게 하시며 폭양을 구름으로 가림 같이 포학한 자의 노래를 낮추시리이다."

2. 여호와께서 연회를 베푸시리라(사 25:6~8).

전 세계적인 최후 심판을 통해 원수들의 세력을 멸하실 때에 하늘의 시온에서 왕으로 오르시고, 만민을 위해 구원 잔치를 베푸실 것입니다.

① 만민을 위한 잔치가 풍성하게 베풀어질 것입니다.(6절)

이 잔치는 만민을 위한 잔치입니다. 하나님의 주권을 인정하는 하나님의 백성들로서 종족이나 신분과 다른 어떤 차별이 없이 세계 모든 백성들 중에서 초대된 자들입니다.

이 잔치는 풍성한 잔치일 것입니다. 이 잔치의 준비는 하나님께서 준비하신 기름 진 것, 맑은 포도주, 맛있고 영양가 있는 최상품의 음식으로 차려질 것입니다.

② 민족의 면박과 열방의 휘장이 제하여 질 것입니다.(7절)

지금까지 가려졌던 세계 모든 민족들과 열방의 사람들에게서 무지와 단절의 휘장을 걷어내고 교제와 소통의 장소가 되게 할 것입니다.

③ 사망이 멸해지고 수치가 제거될 것입니다.(8절)

이 잔치에서 사망이 영원히 멸하여 질 것이고, 구원 받은 백성의 수치가 온 천하에서 제거될 것입니다. 여호와는 우리를 위해 연회를 베풀어 주실 것입니다. 할렐루야!

· 함께 읽어요 : 이사야 25장 8절

"사망을 영원히 멸하실 것이라 주 여호와께서 모든 얼굴에서 눈물을 씻기시며 자기 백성의 수치를 온 천하에서 제하시리라 여호와께서 이같이 말씀하셨느니라."

3. 하나님의 백성은 원수의 파멸로 인해 기뻐할 것입니다(사 25:9~12).

선지자는 다시 심판의 주제로 돌아와 언약 백성을 대적하는 세력을 대표하는 모압의 파멸에 관해 선포했습니다. 원수의 파멸은 구원받은 하나님의 백성과 극적인 대조를 이루고 있습니다.

① 하나님을 기다린 자들은 그 날에 베풀어 주실 구원으로 기뻐하고 즐거워할 것입니다.(9절)

② 모압이 거름더미 속의 초개같이 밟힐 것입니다.(10절)

③ 모압의 교만이 짓눌려져 낮아질 것입니다.(11~12절)

언약 백성들의 원수이며, 하나님을 거스르고 부인하며 하나님의 언약을 가진 자들을 압제하던 그 모압은 그 교만함이 꺾이고 낮아지게 될 것입니다. 그들의 교만의 성벽이 무너질 것이며, 결국 그 성은 함락될 것입니다. 하나님의 백성은 결국 그들의 파멸로 기뻐할 것입니다. 이것이 하나님의 계획과 섭리인 것을 믿으시기 바랍니다.

· 함께 읽어요 : 이사야 25장 10절, 12절

"10여호와의 손이 이 산에 나타나시리니 모압이 거름 물속에서 초개가 밟힘같이 자기 처소에서 밟힐 것인즉 12네 성벽의 높은 요새를 헐어 땅에 내리시되 진토에 미치게 하시리라."

정리하는 말

사랑하는 성도 여러분! 하나님께서는 주 여호와 하나님을 높이고, 그의 이름을 찬송하되 그의 행적과 기사를 옛적에 정하신 뜻대로 성실함과 진실함으로 행하셨음을 찬송하는 만국 백성들을 모아 큰 잔치를 베풀어주실 것입니다. 하나님의 거룩함이 세세 무궁토록 보존되도록 그의 백성에게 찬양을 준비하여 부르도록 하실 것입니다. 성도 여러분! 여러분도 그 대열에서 소리 높여 영광 돌리고 기쁨으로 함께 노래 부를 수 있기를 바랍니다.

평가와 결심

1. 종말 심판 때에 구원 받은 백성이 해야 될 일이 무엇입니까?
   (사 25:1~5, 주를 높이고 주의 이름을 찬송해야 함)
2. 최후의 심판 후에 주께서 무슨 일을 벌일 것입니까?
   (사 25:6~8, 여호와께 연회를 베푸실 것임)
3. 구원받은 언약 백성들과 원수들의 결말은 어떻게 될 것입니까?
   (사 25:9~12, ① 기쁨으로 연회참여, ② 초개 같이 밟힐 것임)

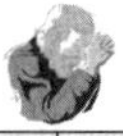

주간 경건의 시간 <16> · 날마다 말씀과 함께

요일 내용	주일/월(Mon)	화(Tue)	수(Wed)	목(Thu)	금(Fri)	토(Sat)
찬송	21동 / 23동	432 / 462	435 / 492	356 / 396	374 / 423	436 / 493
성경	사 22: / 23:	사 24:	사 25:	사 26:	사 27:	사 28:
적용	환상 골짜기 / 칠십 년	땅을 벌하심	찬송하오리니	십지가 견고함	뱀 리워야단	시온의 기초 돌

* 대부분의 사람은 자기의 영혼을 팔아 그 수익금으로 마음 편히 산다.

< 로건 피어슬 스미스, 1833~1899, 영국 작가 >

성령을 부어 주리라

찬송 / 325, 184, 191 / 통일 359, 173, 427
성경 / **이사야** 32:1-20
요절 / **이사야** 32:15
"마침내 위에서부터 영을 우리에게 부어 주시리니 광야가 아름다운 밭이 되며 아름다운 밭을 숲으로 여기게 되리라."
목표 / 종말에 주께서 부어주시는 성령으로 살아가는 태도를 기른다.

시작하는 말

본문의 배경은 유다 백성들이 앗수르의 위협 아래 불안한 삶을 살아가는 상황입니다. 이런 상황에서 선지자는 놀라운 영적 통찰력으로 장차 도래할 메시야 왕국의 복된 상태를 선포합니다. 이로써 백성들에게 놀라운 영적 비전을 심어주었습니다. 어려운 시대를 살아가는 하나님의 언약 백성들에게 용기와 희망을 주는 성령을 부어주시니, 참으로 감사와 찬송을 부르지 않을 수 없습니다. 여러분! 종말의 심판이 다가온다 할지라도 좌절하지 마시고 깨어서 주님 맞을 준비하시기 바랍니다.

오늘의 말씀

1. 메시야가 통치하는 새 시대의 사회상입니다(사 32:1~8).

본문의 시대적 배경은 이스라엘 역사를 살펴볼 때, 앗수르 군대가 예루살렘에서 퇴각한 이후, 유다 왕 히스기야의 선정시대를 배경으로 삼고 있습니다. 구속사적인 관점에서 볼 때, 이 부분은 일찍이 약속된 왕, 메시야의 통치로 실현될 복음시대의 사회상을 이렇게 보여줍니다.

① 공의와 정의로 지배하게 될 것입니다.(1절)

② 가난하고 곤고한 자들이 쉼을 얻게 될 것입니다.(2절)

③ 백성들이 신령한 진리를 깨닫게 될 것입니다.(3~4절)

④ 올바른 도덕적 가치관이 정립될 것입니다.(5~7절)

⑤ 존귀한 일을 계획하고, 존귀한 일에 서게 될 것입니다.(8절)

· 함께 읽어요 : 이사야 32장 8절

"존귀한 자가 존귀한 일을 계획하나니 그는 항상 존귀한 일에 서리라."

2. 당시 안일한 부녀들에 대해 경고하고 있습니다(사 32 : 9~14).

이사야 선지자는 이제 눈을 돌려 타락한 유다의 사회상을 바라봅니다. 그중에서도 특히 부녀들의 삶에 주목해서 그들을 향한 경고의 메시를 선포했습니다.

첫째로, 경고의 대상은 안일한 유다의 부녀들입니다.(9~10절)

유다의 부녀들이 생활의 안락함을 즐기는 가운데 오만한 삶을 살고 있었습니다. 백성들도 부녀들과 똑같이 삶의 나태함과 안일함 속에 빠져 있었습니다. 곧 멸망의 위기가 닥쳐 올 줄도 모르고 말입니다. 그리하여 선지자는 유다 사회의 모든 백성들을 향해 경고했습니다.

둘째로, 경고의 내용은 재난을 대비하라는 것입니다.(11~14절)

이제 선지자는 안일함과 나태함 속에 빠져 있는 유다의 부녀들에게 어떻게 하면 재난을 통과할 수 있다고 했습니까? 떨며 당황해 하고, 옷을 벗어 몸을 드러내고, 베로 허리를 동여야 한다고 했습니다.

왜 그래야 합니까? 외적 앗수르의 침략으로 인해 좋은 밭과 열매 많은 포도원이 짓밟힘을 당하니 가슴을 칠 것이라 했습니다. 그날이 현실로 다가올 것이기 때문입니다. 우리는 하나님의 백성으로서 항상 유비

무환의 자세가 필요합니다. 이 사실을 명심하시기 바랍니다.

· 함께 읽어요 : 이사야 32장 11절

"너희 안일한 여자들아 떨지어다. 너희 염려 없는 자들아 당황할 지어다 옷을 벗어 몸을 드러내고 베로 허리를 동일 지어다."

3. 성령이 충만한 메시야 왕국의 복된 상태입니다(사 32:15~20).

선지자는 안일과 사치 속에 빠진 유다 백성들을 향하여 다가올 전쟁의 재난을 경고(9~14절)하고, 이어서 먼 장래에 도래할 메시야 왕국의 복된 상태를 선포함으로써, 백성을 위로하고 그들에게 새로운 소망을 심어 주었습니다.

① 자연계가 비옥하게 변할 것입니다.(15절)

죄악의 결과로 땅이 황폐화된 반면(13~14)에, 성령의 역사가 충만한 메시야 왕국에서는 땅이 비옥하게 변할 것입니다.

② 온 땅에 공평과 의가 충만할 것입니다.(16절)

성령의 사역이 충만한 메시야 시대에는 메시야의 성품처럼 온 땅에 공평과 의가 충만할 것입니다.

③ 백성들이 화평과 평안과 안전을 누릴 것입니다.(17~19절)

메시야시대에는 성령의 충만한 사역으로 정의와 공의가 온 땅에 뿌리를 내리고(16절), 열매 맺음으로써 화평과 안전을 누리게 될 것입니다.

④ 한 마디로 복된 세상이 될 것입니다.(20절)

그 왕국의 백성들은 하나님께서 예비하신 풍성한 소산과 결실을 기뻐하며 모두 복된 삶을 누리게 될 것입니다.

· 함께 읽어요 : 이사야 32장 16~17절

"[16]그 때에 정의가 광야에 거하며 공의가 아름다운 밭에 거하리니 [17]공의의 열매는 화평이요 공의의 결과는 영원한 평안과 안전이라."

정리하는 말

사랑하는 성도 여러분! 가뭄이나 홍수가 몰아칠 때 곡식이 제대로 열매와 소출을 낼 수가 없습니다. 그러나 메시야 왕국이 도래할 때에는 그 날에 물이 풍부하고 땅이 기름질 것이므로 풍성한 결실을 맺게 될 것입니다. 그 때에 아름다운 세상이 이루어지고 푸른 초장이 펼쳐질 것입니다. 목자들이 기뻐서 찬양하며 소와 나귀와 가축들을 이끌고 자유롭게 방목할 수 있을 것입니다. 하나님께서 친히 예비하신 풍성한 은혜가 차고 넘쳐, 이 땅 위에서 화목하고 평안하게 복된 삶을 누리게 될 것입니다.

평가와 결심

1. 메시야가 통치하는 사회상은 어떻게 이루어질 것입니까?
   (사 32:1~8, 정의와 공의, 곤고한 자 쉼 얻고, 진리를 깨닫게 됨)
2. 안일한 부녀들에게 주시는 경고가 무엇입니까?
   (사 32:9~14, 떨며, 당황하고, 재난을 대비하고 준비하라)
3. 성령이 충만한 왕국의 복된 상태가 어떻다고 했습니까?
   (사 32:15~20, ① 자연계 비옥, ② 온 땅 정의와 공의가 충만, ③ 화평과 평안 안전 누림, ④ 복된 삶 누릴 것임)

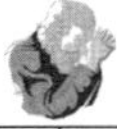

주간 경건의 시간 <17> · 날마다 말씀과 함께

요일 / 내용	주일/월(Mon)	화(Tue)	수(Wed)	목(Thu)	금(Fri)	토(Sat)
찬송	93동 / 29동	421 / 210	362 / 481	273 / 331	358 / 400	542 / 340
성경	사 29 : / 30 :	사 31 :	사 32 :	사 33 :	사 34 :	사 35 :
적용	아리엘 / 패역한 백성	돌아오라	영을 주어주심	여호와 경외함	여호와의 책	사막에 시내

* 영혼의 불멸에 대한 우리의 희망은 종교에서 나온 것이 아니라, 차라리 모든 종교가 그러한 희망에서 온 것이다. <로버트 그린 잉거졸, 1833~1899, 미국 웅변가>

5단원 가족 사랑의 달

제18과

나는 네 하나님이 됨이라

찬송 / 325, 184, 191 / 통일 359, 173, 427
성경 / **이사야 41:1-20**
요절 / **이사야 41:10**

"두려워하지 말라 내가 너와 함께 함이라 놀라지 말라 나는 네 하나님이 됨이라 내가 너를 굳세게 하리라 참으로 너를 도와 주리라 참으로 나의 의로운 오른손으로 너를 붙들리라."

목표 / 하나님 아버지를 모시며 영적 가족으로 살아가는 태도를 기른다.

시작하는 말

이번 단원에서는 신앙과 효(孝)의 원천을 찾아 가족 사랑의 열정을 회복시키는 문제를 다룹니다. 오늘날 '효'를 가르칠 때, '가족은 가족' '하나님은 하나님'이라고 선을 그어버리고 있습니다. 이는 효에 대한 그릇된 가르침입니다. 성경의 요약된 교훈은 구약은 십계명이고, 신약은 예수님의 가르침대로 '하나님을 사랑하고 이웃을 사랑하라'는 말씀입니다. 이것이 기독교의 효도 원리입니다. 성경 전체는 철저한 '효도'를 강조하고 있습니다. 하나님의 말씀을 깨달으시고 '효'를 실천하여 금생 내세에 축복의 주인공이 되시기를 주님의 이름으로 축원합니다.

오늘의 말씀

1. 열방을 소환하시는 분은 창조주이신 하나님이십니다(사 41:1).

본문은 이미 40장에서 하나님 자신이 만물의 창조자이시고, 열방의 주권자 됨을 밝히셨습니다. 만물을 지으시고 그들을 다스리시는 하나님께서 섬들과 민족들을 재판 자리로 가까이 나아오라는 것입니다. 그들을 부르신 이유는, 가까이 나와서 솔직하게 변론을 하자는 것입니다.

민족의 근본도 모르고 예의의 근본도 모르는 현대의 파렴치한 인간들, 애비도 모르고 모친을 발로 차는 짐승만도 못한 인간들을 향하여 하시는 경고요, 최후의 통첩입니다. 세상을 창조하시고 인간을 지으신 창조주 하나님께서 행하실 종말의 심판이 우리들의 눈앞 코앞에 다가와도 '오라! 먹고 마시자, 이 밤이 새기 전 춤을 추고 즐기자~!' 이것이 타락한 인간들의 현주소요, 퇴폐한 사랑의 모습이기 때문입니다.

· 함께 읽어요 : 이사야 41장 1절

"섬들아 내 앞에 잠잠 하라 민족들아 힘을 새롭게 하라 가까이 나아오라 그리고 말하라 우리가 서로 재판 자리에 가까이 나아가자."

2. 하나님께서 한 사람을 불러 열방을 굴복케 하십니다(사 41:2~4).

하나님께서 열방을 불러 변론하자는 내용은 무엇입니까? 동방에서 사람을 일깨워서 그를 불러서 자기 발 앞에, 열국을 그의 앞에 넘겨주어 왕들을 다스리게 하겠다는 것입니다. 이 일은 하나님의 뜻에 따라 분명히 이루어질 것입니다. 그 인물은 고대 바사의 고레스(Cyrus of Persia; 사 44:28; 45:1)를 불러 바벨론 제국을 무너뜨리고, 메대 - 바사의 제국을 건설할 것이라는 것입니다. 그 누구도 상상조차 할 수 없는 일입니다. 이를 결심하시고 이루시는 분이 하나님이심을 명심하시기 바랍니다.

첫째로, 오직 하나님 한분만이 유일하신 '여호와'이십니다.(4절)

둘째로, 열방의 역사를 작정하시고 계획하여 이루시는 분이 하나님이십니다.(4절) 생각해 보십시요. 육신의 부모님도 내가 선택한 것이 아니라 여호와 하나님께서 선택하고 정해 주신 것입니다. 그래서 나의 부모님이 나를 낳아 먹이시고 입히고 기르셨습니다. 그러므로 한 분 하나님 아버지처럼 섬기고 효도하고 섬겨야 마땅하다는 것입니다.

· 함께 읽어요 : 이사야 41장 4절

"이 일을 누가 행하였느냐 누가 이루었느냐 누가 처음부터 만대를 불러 내었느냐 나 여호와라 처음에도 나요 나중 있을 자에게도 내가 그니라."

3. 근본을 알면 부모에게 효도할 수밖에 없습니다(사 41:8~20).

하나님은 이스라엘의 구속자이십니다. 장차 이스라엘은 바벨론의 압제로 환난과 고통을 당할 것입니다. 그러나 그런 상황에서 하나님의 자녀들에게 격려와 구원의 약속을 주시니 큰 위로가 됩니다.

① 이스라엘은 나의 종, 야곱을 나의 벗이라 부르십니다.

② 함께하여 굳세게 하고, 의로운 오른손으로 붙들어 주신다고 했습니다.(10절)

③ 버러지 같은 야곱이지만 새 타작기계로 삼아 산들을 쳐서 부스러기로, 겨같이 만들 것이라고 했습니다.(15절)

그 결과 여호와로 말미암아 즐거워할 것입니다. 이스라엘의 거룩한 이로 말미암아 자랑하리라고 했습니다. 헐벗은 산에 강을 내며 골짜기 가운데에 샘이 나게 하실 것입니다. 광야가 못이 되게 하며 마른 땅이 샘의 근원이 되게 하실 것입니다(18절). 그야말로 사막의 오아시스요, 인생에서 부족함이 없는 아름다운 낙원을 보장해 주신다는 것입니다.

광야에 백향목과 싯딤 나무와 화석류와 들감람나무를 심고, 사막에 잣나무와 소나무와 황양목을 함께 두리니, 무리가 보고 여호와의 손이 지으신 바요 이스라엘의 거룩한 이가 이것을 창조하신 바인 줄 알며 함께 헤아리며 깨달으리라고 했습니다.(19절)

이렇게 위로는 하나님을 섬기고 땅에서는 육신의 부모를 잘 섬기는 효자들에게 축복하사 굳세게 하시고, 도와 주시고, 형통하게 하실 것입니다.

· 함께 읽어요 : 이사야 41장 8절

"그러나 나의 종 너 이스라엘아 내가 택한 야곱아 나의 벗 아브라함의 자손아"

정리하는 말

성도 여러분! 세상에 흐르는 강줄기도 작은 시내가 모여 강을 이루고 바다로 흘러갑니다. 땅에서 솟듯, 하늘에서 떨어지듯 저절로 되는 법은 하나도 없습니다. 이처럼 우리가 우리 된 것은 근본과 근원이 있습니다. 천지를 창조하신 하나님께서 세상을 지으시고 인간을 창조하셔서 지으신 땅을 하나님의 뜻대로 잘 가꾸며 다스리도록 명령하셨습니다. 이렇게 문화명령을 주신 하나님께 영광과 찬송으로 섬기고, 이 땅에 계신 부모님께 효도하는 것은 마땅한 일입니다. 여러분! 우리를 구원하신 하나님의 명령에 따라 효도하셔서 복되고 형통한 삶을 누리시기 바랍니다.

평가와 결심

1. 열방을 재판자리로 나오라고 하시는 분은 과연 누구입니까?
   (사 41:1, 여호와 하나님이심)
2. 하나님께서 부르셔서 열방을 굴복하게 할 사람이 누구입니까?
   (사 44:28; 45:1, 동방의 인물 바사 왕 고레스)
3. 근본을 알면 우리의 도덕율이 어떻게 달라지겠습니까?
   (사 41:8~20, 하나님 아버지와 육신의 부모를 잘 섬기고 효도함)

주간 경건의 시간 <18> · 날마다 말씀과 함께

요일 / 내용	주일/월(Mon)	화(Tue)	수(Wed)	목(Thu)	금(Fri)	토(Sat)
찬송	122동 / 83동	497 / 274	522 / 269	532 / 323	549 / 431	569 / 442
성경	사 36: / 37:	사 38:	사 39:	사 40:	사 41:	사 42:
적용	산헤립 침공 / 히스기야기도	히스기야 발병 회복	이사야 책망	희망의 말씀	놀라지 말라	주의 종

* 어린 아이들이 굶주린 얼굴로 간절히 바라보고 있는 식탁은 단순한 식탁이 아니라 제단이 된다.

< 시미온 스트런스키, 1879~1948, 미국 편집인 >

제19과

거룩하신 여호와 하나님

찬송 / 325, 184, 191 / 통일 359, 173, 427
성경 / **이사야 48:1-22**
요절 / **이사야 48:17**
"너희의 구속자시요 이스라엘의 거룩하신 이이신 여호와께서 이르시되 나는 네게 유익하도록 가르치고 너를 마땅히 행할 길로 인도하는 네 하나님 여호와라."
목표 / 이스라엘 거룩하신 이와 함께 부모를 섬기는 태도를 기른다.

시작하는 말

오늘 본문에서는 이스라엘을 향하신 하나님의 책망을 먼저 말씀하고 있습니다. 오늘날 한국은 교육 천국이라 할 만큼 교육에 대한 학부모의 관심도가 지나치다할 정도입니다. 그러나 교육의 질은 점점 떨어져 인성과 윤리가 실종되어 있는 것이 현실입니다. 태아교육, 유아교육, 유치원교육, 초등교육, 중학교, 고등학교교육, 대학교교육, 대학원교육, 이렇게 단계도 많고 교육과정상 배치되는 과목 또한 다양합니다. 그러나 인구감소현상으로 학교들이 폐교되는 사례가 빈번하고, 교육의 질은 점점 저하되고 있습니다. 하나님의 말씀으로 교육하시기 바랍니다.

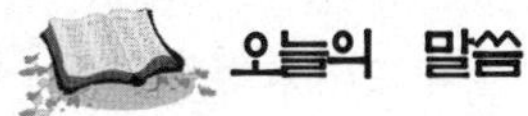

오늘의 말씀

1. 책망을 듣고 반성하며 바르게 자라가도록 해야 합니다(사 48:1~8).

본문에서 하나님께서는 '너희는 들을지어다'라는 명령문으로 시작합니다. 오늘날 그나마 교회교육의 성경공부 방식이 기독교교육의 명맥을 유지하고 있습니다. 그러나 교회가 커지고 주일학교가 부서별로 세분되면서 주일학교 설교는 신학교육에 무지한 자들에게 맡겨질 수밖에 없습니다. 가정에서 칭찬일색으로 떠받들기만 한 어린이들은 적응에 매우 힘듭니다. 책망을 들으면 토라져서 유치원에나 학교에 나가지 않고, 심지어 교육 받기를 거부합니다. 가정에서 교육받지 못한 인성에 대한 부분은 다루지도 못하고, 지식주입식 교육에만 치우치다 보니 청소년들이 문제아가 많고 살해사건이 일어나는 것입니다. 나라 사랑이나 예의도 모른 채 교육 과정만 이수하고 진급하게 됩니다. 칭찬이 교육의 전부는 아닙니다. 책망도 들을 줄 알고 소화시킬 줄 알아야 합니다.

· 함께 읽어요 : 이사야 48장 1절

"야곱의 집이여 이를 들을 지어다 너희는 이스라엘의 이름으로 일컬음을 받으며 유다의 허리에서 나왔으며, 여호와의 이름으로 맹세하며 이스라엘의 하나님을 기념하면서도 진실이 없고 공의가 없도다."

2. 이스라엘을 향한 하나님의 은혜로운 구원 약속이 있습니다(사 48:9~11).

하나님을 믿는다고 하면서도 그분께 성실치 아니하고 의로움이 없으니 책망을 받을 수밖에 없는 것입니다. 하나님께서는 시대마다 장차 이루어질 새 일을 약속하셨습니다. 그러나 그들은 하나님을 기념하고 맹세하면서도 진실이 없고 공의가 없었습니다. 은밀한 일을 듣게 하였지만 야곱의 집은 무쇠 같은 목과 놋 같은 이마로서 완고하게 하나님을 거부했습니다.

그러나 하나님은 참으시고 멸절시키지 않으셨습니다. 오직 하나님께서 긍휼을 베푸사 인내하셨기 때문입니다. 이스라엘을 바벨론 포로라는 '고난의 풀무'에서 택하시고 건져내셨던 것입니다. 70년이라는 고난의 풀무이었습니다. 하나님께서는 자신을 위해 야곱의 집에 구원을 베푸신 것입니다.(11절) 자신의 영광을 다른 자에게 허락하지 않으셨습니다.

· 함께 읽어요 : 말라기 3장 2절

“그가 임하시는 날을 누가 능히 당하며 그가 나타나는 때에는 누가 능히 서리요 그는 금을 연단하는 자의 불과 표백하는 자의 잿물과 같을 것이라.”

3. 하나님의 주권적 사역으로 형통하게 할 것입니다(사 48:12~22).

본문은 두 번째, 세 번째 설교로서, 주제는 ‘하나님의 주권적 사역’이며 그 내용은 ‘바벨론의 멸망과 이스라엘의 회복’입니다.

만물의 창조주이시며 열국의 주권자이신 하나님께서는 자기 백성 이스라엘을 위해 바벨론을 멸망시키시고, 이스라엘을 구속합니다. 그러므로 이스라엘은 이 같은 하나님의 주권적 사역에 주목해야 합니다.

① 하나님께서 바벨론을 심판하시고 자기 백성을 구원하실 것입니다.(48:12~15절) 이는 하나님 계획대로 열방을 벌하시고 택한 백성을 구원하신다는 것입니다. 세계의 강대국, 문명의 발상지인 바빌로니아, 즉 바벨론의 손아귀에서 이스라엘을 극적으로 구원해 내시고 본토인 가나안 땅으로 다시 돌아오도록 해 주실 것입니다. 처음이자 마지막이신 하나님께서 형통하게 하사, 무너진 성벽을 재건하도록 하실 것입니다.

② 하나님께서 자기 백성을 본토로 인도해 들이실 것입니다.(48:16~22절) 하나님께서 대한민국을 일제의 손아귀에서 건지셔서 나라를 세우게 하시고, 선교한국으로 세우신 것 또한 하나님의 놀라운 계획이며, 이 일을 위해 신실한 종들을 보내셔서 다 이루신 것입니다.

③ 자기 백성을 교훈하시는 하나님이십니다.(17절) 자기 백성들인 성도들을 풀무불 같은 상황 하에서 단련시키심은 그들을 자기 백성을 삼아 예비하신 나라의 백성으로서 살아가도록 준비하기 위함이었습니다.

· 함께 읽어요 : 이사야 48장 17절

“너희의 구속자시요 이스라엘의 거룩하신 이이신 여호와께서 이르시되 나는 네게 유익하도록 가르치고 너를 마땅히 행할 길로 인도하시는 네 하나님 여호와라.”

정리하는 말

성도 여러분! 우리나라의 고난과 역경은 이루 말할 수 없이 많았습니다. 외세의 침략, 동족상잔의 비극, 경제적인 IMF 등, 엄청난 어려움을 겪었습니다. 그러나 이제는 세계인이 주목하는 나라가 되었습니다. 이것이 우리들의 힘으로 된 것입니까? 이것은 거룩하신 여호와 하나님의 강권적인 역사로, 이 나라 이 민족의 기상을 충천하게 한 것입니다. 그런데도 우리가 아직도 깨닫지 못한다면 이것은 큰 죄악입니다. 여러분! 하나님의 계획과 뜻을 깨닫고, 기쁨으로 순종하십시요. 그러면 하나님께서 주권적인 사역을 통하여 축복하시고 만사형통하게 하실 것입니다.

평가와 결심

1. 여러분이 하나님의 책망을 들으셨다면 어떻게 하시겠습니까?
   (사 48:1~5, 책망을 달게 받아야 함)
2. 이스라엘을 향한 하나님의 계획이 무엇입니까?
   (사 48:6~11, 고난의 풀무에서 단련시킨 후 은혜로운 구원약속 주심)
3. 하나님의 주권적 사역의 내용이 무엇입니까?
   (사 41:12~22, 바벨론 멸망시키시고, 이스라엘을 회복시켜 주심)

주간 경건의 시간 <19> · 날마다 말씀과 함께

요일 내용	주일/월(Mon)	화(Tue)	수(Wed)	목(Thu)	금(Fri)	토(Sat)
찬송	122동 / 83동	338 / 364	365 / 484	459 / 514	549 / 431	550 / 248
성경	사 43: / 44:	사 45:	사 46:	사 47:	사 48:	사 49:
적용	구원의 약속 / 네 구속자	고레스 세우심	구원 베풀리라	바벨론 심판	은비한 일	이방의 빛 이스엘

* 가정을 거룩하게 하거나 신성하지 못하게 만드는 성향에서 나타나는 인생의 행복이나 불행 같은 것은 다시없다. < 에드윈 헙벨 채핀, 1814~1880, 미국 유일교회 목사>

5단원 가족 사랑의 달

메시야의 구원의 사랑

찬송 / 325, 184, 191 / 통일 359, 173, 427
성경 / **이사야 49:8-26**
요절 / **이사야 49:23**
"왕들은 네 양부가 되며 왕비들은 네 유모가 될 것이며 그들이 얼굴을 땅에 대고 네게 절하고 발의 티끌을 핥을 것이니 네가 나를 여호와인 줄을 알리라. 나를 바라는 자는 수치를 당하지 아니하리라."
목표 / **열 왕들을 통한 하나님의 사랑을, 가족 사랑의 열정으로 삼자!**

시작하는 말

이번 과에서는 하나님을 아버지로 섬기는 참 이스라엘을 향하신 하나님의 사랑을 보게 됩니다. 이스라엘을 이방의 빛으로 삼으시겠다고 약속합니다. 바벨론이라는 고난의 풀무불에서 연단 받게 하신 하나님을 참된 아버지로 섬기도록 하시면서 이방의 왕들을 양부로 세워 이스라엘을 섬기도록 배려하셨습니다. 이 말의 진정한 뜻은 먼저 하나님과의 관계만 제대로 회복되면 만인의 관계가 회복되며 만사가 형통하고, 다 해결된다는 것입니다. 하나님과의 관계를 잘 회복하시기 바랍니다.

오늘의 말씀

1. 여호와의 종의 신분으로 메시야 사역을 완성하십니다(사 49:1~4).

이사야서에서 중요한 주제인 '여호와의 종'에 대한 말씀이 나옵니다. 이 주제가 앞에서도(42:1~9) 언급되었지만 본문에서는 이스라엘 뿐 아니라 만민의 구원자로서 '여호와의 종의 신분과 사명'을 본격적으로 다루십니다. 여호와 하나님께서는 이스라엘과 만민의 구원을 위해서 자신의 종을 부르시고, 그에게 위대한 사명과 더불어 능력을 주셔서, 그의 사역이 온전히 완성될 수 있도록 하셨습니다. 여호와의 종의 신분으로 메시야의 사명을 감당하도록 하셨습니다(49:1~4)

① 여호와께서 태에서 나옴으로부터, 복중에서부터 그 이름을 말씀하셨다는 것입니다.

② 부름 받은 메시야는 사명을 온전히 감당하도록 큰 권능을 받았습니다.

· 함께 읽어요 : 이사야 49장 1절

"섬들아 내게 들으라. 먼 곳 백성들아 귀를 기울이라 여호와께서 태에서부터 나를 부르셨고 내 어머니의 복중에서부터 내 이름을 기억하셨으며"

2. 여호와의 종에게 주어진 사명이 있습니다(사 49:5~7).

본문에서 밝히고 있는 것은 신분입니다. 여러분! 여러분은 위대하신 만군의 여호와 하나님을 아버지로 모시니 신분이 엄청나게 상승되어진 것입니다. 여러분들은 하나님의 아들이요 딸이라는 신분을 꼭 기억하시기 바랍니다. 세상에서 죄악으로 인하여 사탄 마귀의 종으로 전락한 사람들이 많다는 것은 참으로 안타까운 일이며, 비극입니다.

세상에 있는 모든 것이 '육신의 정욕'과 눈에 보이는 '안목의 정욕'과 '이생의 자랑'(요일 2:16) 때문에 하나님과 멀어집니다. 항상 하나님의 상속자의 신분을 망각하지 마시기 바랍니다. 야곱에게 이스라엘이라는 새 이름을 주신 것은, 욕심에 끌려 망가진 인생을 하나님과 겨루어 이기도록 하시고, 오직 '나의 하나님은 나의 힘이 되셨도다'라고 고백하도록 만들어 주시기 위함입니다. 그의 사명은, ① 이스라엘을 모으시고, ② 이방의 빛이 되게 하시고, ③ 열 왕의 경배를 받도록 하시려는 것입니다.

· 함께 읽어요 : 이사야 49장 7절

"이스라엘의 구속자 이스라엘의 거룩한 이이신 여호와께서 사람에게 멸시를 당하는 자, 백성에게 미움을 받는 자, 관원들에게 종이 된 자에게 이같이 이르시되 왕들이 보고 일어서며 고관들이 경배하리니 이는 이스라엘의 거룩하신 이 신실하신 여호와 그가 너를 택하였음 이니라."

3. 여호와의 종의 사역은 전 인류를 구원할 섬김의 사역입니다(사 49:8~13)

이제 여호와 하나님께서 그 종의 사명과 관련하여 자신의 종에게 직접 말씀하십니다. 그 말씀이 이스라엘을 다시 모으고 전 인류를 구원할 종의 사역에 관한 것들입니다.

① 중보자의 사역입니다.(8절) 하나님께서는 그 종 메시야를 '백성의 언약의 중보자'로 삼으셨습니다.

② 구원자의 사역입니다.(9절) 무엇보다도 여호와의 종은 자기 백성을 구원할 것입니다. 장차 메시야가 이 세상에서 죄의 포로 된 자들을 해방시키실 것입니다.

③ 인도자의 사역입니다.(9~12절) 출애굽 여정에서 또한 바벨론 포로 귀환의 여정에서 자기 백성을 인도하셨듯이 여호와의 종은 그러한 인도자의 역할을 감당하실 것입니다.

④ 위로자의 사역입니다.(13절) 하나님께서 그 종 메시야를 통해 큰 구원을 세상에 베푸셨으므로, 천지만물은 그 사실을 기뻐하며 즐거이 노래할 것입니다. 세상에서 고아가 된 서러움은 겪어보지 않은 사람은 모릅니다. 여러분은 하나님의 기업을 이어받을 상속자이니 얼마나 감사합니까? 받은 것을 감사하며 성심껏 섬기시고 충성을 다하시기 바랍니다.

· 함께 읽어요 : 이사야 49장 13절

"하늘이여 노래하라 땅이여 기뻐하라 산들이여 즐거이 노래하라 여호와께서 그의 백성을 위로 하셨은 즉 그의 고난당한 자를 긍휼히 여기실 것임이라."

정리하는 말

사랑하는 성도 여러분! 하나님께서 "여인이 어찌 그 젖 먹는 자식을 잊겠으며 자기 태에서 난 아들을 긍휼히 여기지 않겠느냐 그들은 혹시 잊을지라도 나는 너를 잊지 아니할 것이라"고 말씀하십니다. 여러분들의 가정이 위로 하나님을 공경하며, 육신의 아버지, 어머니를 잘 섬기면, 하나님께서 열 왕들이 양부가 되게 하시고, 왕비들은 유모가 되게 하셔서 하나님의 가족의 극진한 대우를 받게 할 것입니다. 성도 여러분! 위로 하나님 사랑! 좌우로 이웃 사랑! 그리고 하나님께서 창조하신 자연을 사랑하면 축복이 임하고 형통한 삶이 열릴 것입니다. 할렐루야!

평가와 결심

1. 이사야서의 중요한 주제가 무엇입니까?
   (사 49:5~7, 여호와의 종)
2. 여호와의 종의 사명이 무엇입니까?
   (사 49:5~7, 이스라엘 모음, 이방의 빛이 되며, 열 왕의 경배 받게 함)
3. 여호와의 종의 사역 네 가지가 무엇입니까?
   (사 49:8~13, ① 중보자, ② 구원자, ③ 인도자, ④ 위로자의 사역임)

주간 경건의 시간 <20> · 날마다 말씀과 함께

요일 / 내용	주일/월(Mon)	화(Tue)	수(Wed)	목(Thu)	금(Fri)	토(Sat)
찬송	91동 / 93동	501 / 255	549 / 431	459 / 514	526 / 316	358 / 400
성경	사 50 : / 51 :	사 52 :	사 53 :	사 54 :	사 55 :	사 56 :
적용	학자의 혀 / 위로의 말씀	좋은 소식	기뻐하시는 뜻	영원하신 자비	하나님의 긍휼	기도하는 내 집

* 영혼만이 우리들을 고상하게 한다.
  <루시우스 아나이우스 세네카, B.C.~A.D.65, 로마 스토아철학자, 정치가>

5단원 가족 사랑의 달

하나님은 나의 구원자

찬송 / 325, 184, 191 / 통일 359, 173, 427
성경 / **이사야 60:1-22**
요절 / **이사야 60:16**

"네가 이방 나라들의 젖을 빨며 뭇 왕의 젖을 빨고, 나 여호와는 네 구원자, 네 구속자, 야곱의 전능자인 줄 알리라."

목표 / 이방나라 뭇 왕을 통한 하나님의 사랑을 깊이 생각하고 감사하자.

시작하는 말

이번 과에서는 요절의 말씀처럼, 하나님께서 회복된 이스라엘을 향하여 "나 여호와는 네 구원자 되셔서 이방 나라, 뭇 왕들의 젖을 빨고"라는 흐뭇하고, 포근한 말씀으로 위로해 주십니다. 요즘은 출산율이 저하 되어 시골에서는 아기 울음소리를 거의 들을 수 없는 세상이 되어버렸습니다. 엄마 품에서 어린이들이 젖을 빨며 자랄 수 있는 평온한 나라가 되도록 출산에 관심을 갖고 기도하시기 바랍니다. 하나님께서 이방 나라 뭇 왕을 통하여 자기 백성을 위로하심에 감사하시기 바랍니다.

오늘의 말씀

1. 일어나라 빛을 발하라고 선포하셨습니다(사 60:1~3).

이 말씀은 곧 교회의 사명을 말하고 있습니다. 사명에 대한 올바른 인식은 교회로 하여금 교회 되게 하고, 성도로 하여금 성도 되게 합니다. 요즘 출산율 저하로 국력이 걱정되는가하면 교육에 비상이 걸렸습니다. 교사와 스승은 있는데, 가르칠 학생이 없는 불행한 세상이 되어버렸습니다. 교회다운 교회란 교육의 사명을 잘 감당하는 교회입니다.

① 선교의 사명을 다해야 합니다.

주께서 승천하시기 전 제자들에게 부탁하신 내용입니다.(막 16:15) 땅 끝까지 전파하라는 지상명령입니다.

② 세상과 타협해서는 안 됩니다.

하나님의 진리는 절대적입니다. 진리에 근거한 성경교육이 제대로 되지 않으면 말씀이 사라져 세상과 타협하고 세상에 흡수되고 맙니다.

③ 세상 열 왕들이 그리스도의 빛으로 나아옵니다.

결국, 진리가 승리합니다. 진리는 진리로 남아 있는 것입니다. 정권을 쥐기 위해 교회를 이용해서도 안 되고, 교회가 이용당해서도 안 됩니다.

· 함께 읽어요 : 이사야 60장 1절, 3절

"[1]일어나라 빛을 발하라 이는 네 빛이 이르렀고 여호와의 영광이 네 위에 임하였음이니라. [3]나라들은 네 빛으로, 왕들은 비치는 네 광명으로 나아오리라."

2. 가정에서부터 세계의 선교 비전이 열려야 합니다(사 60:4~9).

선교에 대한 명령은 그리스도의 몸인 교회가 감당해야 합니다. 그런데 1970~80년대만 보더라도 교회학교에 학생들이 많았습니다. 그러나 출산율이 저하되면서 교회의 양적 부흥은 축소되기 시작했습니다.

지금은 인구감소로 인하여 시골 초등학교가 문을 닫고, 교회가 더 이상 교인을 채울 수 없어서, 문 닫는 교회가 속출하고 있으며, 다만 수평적으로 이동하고 있을 뿐입니다. 기독교의 인구가 통계상으로 늘어났다고 하지만, 그것은 비정상적인 교파들의 교세가 늘어났기 때문이며, 통계적 분석에 지나지 않습니다.

① 세계 선교지역은 매우 넓습니다. 인종이나 피부 색, 언어, 생활관습이라는 장벽을 초월해 복음으로 정복해야 할 땅이 넓습니다.

② 선교 사역의 결과 수많은 사람들이 원근 각처에서 돌아옵니다.
③ 수많은 사람들이 헌신하며 주를 영화롭게 할 것입니다.
이제 가정에서부터 세계를 향한 선교 비전을 갖고 열어가야 합니다.

· 함께 읽어요 : 이사야 60장 4절
"네 눈을 들어 사방을 보라 무리가 다 모여 네게로 오느니라. 네 아들들은 먼 곳에서 오겠고 네 딸들은 안기어 올 것이라."

3. 하나님의 은혜로 시온의 회복과 영광이 있을 것입니다(사 60:10~21).

은혜의 하나님은 예루살렘을 회복하시고, 멍에 아래 있는 백성들의 삶을 회복하실 것입니다. 잃어버린 자를 찾아 구원하실 것입니다. 죄인들이 의를 회복하고, 죽었던 자들이 생명을 회복할 것입니다. 이는 예수 그리스도의 복음의 사역의 영광된 결과이기도 합니다.
① 죄로 인하여 진노하셨으나 은혜로 불쌍히 여겼습니다.(10절) 범죄는 악한 행위를 동반하기 때문에 주의 진노를 사게 됩니다. 그래서 범사에 우리의 행동을 삼가야 하며 회개하고 죄 짐을 벗어버려야 합니다.
② 시온의 성문이 항상 열려있게 될 것입니다.(11절)
이 문으로 들어오는 자마다 하나님의 백성이 될 것입니다.
③ 교회를 통하지 않고는 구원의 믿음이 불가능함을 알아야 합니다.(12절) 왜냐하면 교회를 떠나서는 그리스도와 연합할 수 없기 때문에 구원에 이르지 못하게 될 것입니다. 이 사실을 명심해야 합니다.
④ 시온의 영광이 충만할 것입니다.(19~21절)
그러나 세상에 속한 사람들은 눈이 어두워서 그 영광을 볼 수 없지만, 믿음의 눈을 가진 사람들은 그것을 보고, 그 영광을 알 것입니다.

· 함께 읽어요 : 이사야 60장 19절
"다시는 낮의 해가 네 빛이 되지 아니하며 달도 네게 빛을 비추지 않을 것이요 오직 여호와가 네게 영원한 빛이 되며 네 하나님이 네 영광이 되리니"

정리하는 말

사랑하는 성도 여러분! 하나님의 영광이 비추는 날 "황폐와 파멸이 네 국경 안에 다시는 없을 것이며, 네가 네 성벽을 구원이라, 네 성문을 찬송이라 부를 것이라"(18절)고 말씀했습니다.

우리 고사성어에 '가화만사성'(家和萬事成)이란 말이 있습니다. 집안이 화목하면 만사가 잘 되어 간다는 뜻입니다. 신앙생활도 하나님을 잘 섬기고, 이 땅에서 육신의 부모를 잘 섬기면, 하나님께서 형통의 복을 주실 것입니다. 여러분! 신앙생활 잘하셔서 귀한 축복을 누리시기 바랍니다.

평가와 결심

1. 교회가 교회되게 하려면 성도가 어떻게 살아야 합니까?
   (사 60:1~3, 교회가 빛을 발하여 선교의 사명을 다해야 함)
2. 선교적 비전을 성취하려면 가정에서 해야 할 일이 무엇입니까?
   (사 60:4~9, 가정에서부터 선교 헌신의 비전으로 만방에 복음 전해야 함)
3. 교회와 신자들이 해야 할 중대한 일은 무엇입니까?
   (사 60:10~14, ① 예루살렘 회복, ② 열린 선교, ③ 시온의 영광회복)

주간 경건의 시간 <21> · 날마다 말씀과 함께

요일 / 내용	주일/월(Mon)	화(Tue)	수(Wed)	목(Thu)	금(Fri)	토(Sat)
찬송	146동 / 144동	177 / 164	273 / 331	188 / 180	325 / 359	313 / 352
성경	사 57: / 58:	사 59:	사 60:	사 61:	사 62:	사 63:
적용	우상숭배 / 기쁜 금식	나의 언약	거룩한 이의 시온	여호와의 영	헵시바 쀨라	여호와의 승리

* 영혼만이 우리들을 고상하게 한다. <루시우스 아나이우스 세네카, B.C.~A.D.65, 로마 스토아철학자, 정치가>

회개를 촉구하시는 하나님

찬송 / 8, 40, 140 / 통일 9, 43, 130
성경 / **예레미야 3:1-25**
요절 / **예레미야 3:22**

"배역한 자식들아 돌아오라 내가 너희의 배역함을 고치리라 하시니라."

목표 / 회개함으로써 새롭게 거룩한 신앙의 열정을 회복하도록 한다.

시작하는 말

본문에서 하나님을 떠나 우상을 섬기는 이스라엘의 죄악상을 음란과 행악에 빠진 부정한 아내의 행위에 비유하여 꾸짖고 있습니다. 요즘 정치권에도 옳으니, 그르니 싸웁니다. 그러나 대다수의 국민은 나라가 평온하기를 원합니다. 그래서 사도 바울은 평온한 신앙생활을 할 수 있도록 "각 사람은 위에 있는 권세들에게 복종하라"(롬 13:1)고 했습니다. 오늘날 거짓 신자들은 어떤 때는 교회에 나와서 하나님께 복을 달라고 구하고, 어떤 때는 세상의 우상에게 가서 점을 치고 복을 달라고 굿을 합니다. 이런 잘못을 회개하고 바른 신앙생활을 가져야 합니다.

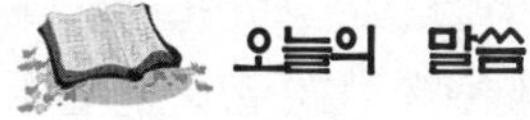

오늘의 말씀

1. 변치 않는 하나님의 사랑을 기억하시기 바랍니다(렘 3:1~5).

본문을 보면 유다 백성들이 우상 숭배로 많은 무리와 행음한 음녀 같지만 여호와께서는 내게로 돌아오기를 원하십니다. 오늘날 동족상잔의 상처로 남북이 아직까지도 대치상태에 있는 가운데 핵무기를 개발하지만 동족인 북한을 위해 기도해야 합니다. 굶어 죽기 직전의 헐벗은 북한 백성들에게 인도적 차원에서 구조를 해야 합니다. 현실은 답답하기만 합니다. 동독과 서독이 하나의 독일로 통일되기까지는 수많은 희생자들이 있었고 서독에서 많은 재정적 지원을 담당했습니다. 남과 북은 하나님의 사랑, 곧 십자가의 사랑의 해법이 최선의 방법입니다.

· 함께 읽어요 : 예레미야 3장 3절
"그러므로 단비가 그쳤고 늦은 비가 없어졌느니라. 그럴지라도 네가 창녀의 낯을 가졌으므로 수치를 알지 못하느니라."

2. 하나님은 회개하고 돌아오라고 촉구하십니다(렘 3:6~10).

북왕국 이스라엘은 하나님을 거역하다가 앗수르에 멸망당한지 벌써 1세기가 흘렀습니다. 남왕국 유다는 예루살렘 성전을 중심으로 므낫세의 오랜 악정을 거치는 동안 부패와 배도에 깊이 빠져 있었습니다.

이 같은 암울한 상황 속에서 예레미야 선지자는 자기 백성에 대한 하나님의 신실하심을 강조하면서 유다 백성들로 하여금 회개하고 하나님께로 돌아올 것을 촉구하고 있습니다.

한 국가의 흥망성쇠는 그 나라의 종교적 부흥과 타락에 직결되어 있습니다. 부요와 풍요함이 오히려 퇴폐적인 문화를 양산하기도 합니다. 물질물량주의는 신앙과 정신력 약화로 멸망의 철퇴를 맞게도 합니다. 한국 기독교가 타락하면 이 나라는 망합니다. 뜨거운 영성을 일깨워 나라와 민족이 철저하게 회개하고 주께로 돌아오도록 해야 합니다. 건국 초기 기독교인이 소수였지만 건국을 위해서, 그리고 삼일운동의 거사와 함께 독립을 이끌어내는 데 견인차 역할을 했던 것입니다. 이것이 하나님의 은혜였습니다. 우리는 하나님의 촉구하시는 회개를 명심하고 돌이켜 순종해야 할 것입니다.

· 함께 읽어요 : 예레미야 3장 8절

"내게 배역한 이스라엘이 간음을 행하였으므로 내가 그를 내쫓고 그에게 이혼서까지 주었으되 그의 반역한 자매 유다가 두려워하지 아니하고 자기도 가서 행음함을 내가 보았노라."

3. 하나님께서는 회개하고 돌아올 때 복을 주십니다(렘 3:11~18).

북왕국 이스라엘이 하나님께 버림을 받는 것을 보았음에도 불구하고 깨닫지 못하는 남왕국 유다는 계속 패역의 길을 걷고 있었습니다. 하나님께서는 그래도 돌아오라고, 포기하지 않으십니다. 이 두 나라가 회개하고 돌아오기를 고대하고 계셨습니다. 오늘날도 그렇습니다. 타락한 교회나 사역자들이 돌아오기를 고대하고 징계하십니다. 그런데 하나님의 사랑의 채찍을 받고도 돌이키기를 거부합니다.

하나님의 자기 백성을 향한 긍휼은 크시기에 진노를 덮기에 충분했습니다. 예레미야 선지자는 심판을 당한 하나님의 백성들이 이 사실을 알기를 원했습니다. 올바른 회개를 위해서는 그들 자신이 무슨 죄를 지었는지를 깨달아야 했습니다. 그들이 하나님의 진노와 형벌을 당하게 된 원인이 되었던 죄는 바로 하나님을 배반하고 이방신에게 절한 것입니다. 남편인 하나님께, 이혼 당해 이혼증서까지 써 주었어요. 이제 죄를 자복하고 회개해야 합니다. '배역한 자식들아 돌아오라 내가 너희 남편임이라.' 하시면서 그들을 시온으로 데려가겠다는 것입니다. '배역한 자식들아 돌아오라 내가 너희의 배역함을 고치리라'고 하셨습니다. 하나님께서 회개하고 돌아 올 때 분명히 축복해 주실 것을 믿으시기 바랍니다.

· 함께 읽어요 : 예레미야 3장 14절, 22절

"14여호와의 말씀이니라. 배역한 자식들아 돌아오라 나는 너희 남편임이라 내가 너희를 성읍에서 하나와 족속 중에서 둘을 택하여 너희를 시온으로 데려오겠고, 22배역한 자식들아 돌아오라 내가 너희의 배역함을 고치리라 하시니라."

정리하는 말

사랑하는 성도 여러분! 하나님은 남편의 위치에서 이혼증서까지 써주었던 음란한 여인을 끝까지 사랑하시고 '돌아오라!'고 부르십니다. 이것이 우리를 향하신 하나님의 사랑입니다. 참으로 있을 수 없는 일입니다. 하나님은 대한민국을 지금까지 사랑하셔서 지켜주시고, 돌아오기를 고대하고 계십니다. '오! 하나님 세계에서 최후의 분단국가인 남과 북이 십자가 복음으로 하나 되게 하옵소서.' 남과 북이 하나님의 말씀과 십자가 복음으로 거룩한 영성이 회복되어 통일되기를 간절히 소원합니다.

평가와 결심

1. 하나님 아버지의 사랑은 어떠하십니까?
   (렘 3:1~5, 변하지도 않고 한이 없으심)
2. 하나님 아버지가 고대하고 계시는 것이 무엇입니까?
   (렘 3:6~10, 나라와 민족이 회개하고 돌아오는 것)
3. 하나님 아버지가 회개하고 돌아올 때 어떻게 하십니까?
   (렘 3:11~18, 고치시고 복을 주심)

주간 경건의 시간 <22> · 날마다 말씀과 함께

내용 \ 요일	주일/월(Mon)	화(Tue)	수(Wed)	목(Thu)	금(Fri)	토(Sat)
찬송	144동/146동	255/ 187	285 / 209	287/ 205	305 / 405	214 / 349
성경	사 64: / 65:	사 66:	렘 1:	렘 2:	렘 3:	렘 4:
적용	토기장이 / 새하늘 새땅	민족들 심판하심	살구나무 가지	생수의 근원	유다의 음란	돌아오라

* 기도는 모든 유혹을 물리치는 효능을 가지고 있다.

<성 베르나르, 1091~1153, 프랑스 성직자>

나라와 민족을 위한 절규

찬송 / 140, 108, 131 / 통일 130, 113, 24
성경 / 예레미야 9:1-26
요절 / 예레미야 9:18
"그들로 빨리 와서 우리를 위하여 애곡하여 우리의 눈에서 눈물이 떨어지게 하며 우리 눈꺼풀에서 물이 쏟아지게 하라."
목표 / 나라와 민족을 위해 쏟아지는 눈물로 기도하는 삶의 태도를 기른다.

시작하는 말

예레미야 선지자는 유다 백성을 향하여 심판의 메시지를 외쳐야 했지만, 자기 민족의 죄악과 참상을 냉정하게 바라볼 수 없었습니다. 그는 그들이 화를 면하기를 바라는 안타까운 심정으로 죄악에 빠진 백성들을 향해 하나님의 무서운 심판을 선포했습니다. 그 심판으로 인해 당할 동족의 재난과 아픔으로 인해 깊은 슬픔에 빠졌습니다. 나라와 민족을 위한 눈물의 기도를 간절히 계속해야 합니다. 성도 여러분들이 '이 민족의 생명과 구원'을 위해 눈물로 기도하시기를 간절히 소망합니다.

오늘의 말씀

1. 나라와 민족에 대한 하나님의 종들의 탄식이 있습니다(렘 9:1~9).

예레미야는 유다 백성을 떠나고 싶은 자신의 안타까운 심정을 광야에서 나그네의 유할 곳을 얻을 수 있었으면 좋겠다는 말로 표현합니다.

"어찌하면 내 머리는 물이 되고 내 눈은 눈물의 근원이 될꼬? 죽임을 당한 딸 내 백성을 위하여 주야로 울리로다." 눈물의 선지자 예레미야는 그의 깊은 영의 샘 근원에서 쏟아지는 눈물을 주체할 수 없었습니다.

하나님의 성령이 충만해 있으면 나라와 민족의 아픈 상처를 그대로 방관할 수 없는 것입니다. 그 상처를 치유해주시는 여호와 '라파'(רָפָא) 이신 여호와 하나님께 기도할 수밖에 없습니다. 북쪽 이스라엘은 이미 앗수르에 망해 버렸고, 남쪽 유다마저 우상을 섬기면서 회개할 기미조차 보이지 않자, 이를 보고 견딜 수 없는 눈물이 쏟아집니다. 사랑하는 성도 여러분! 이 나라 이 민족이 이렇게나마 남아있는 것은 한국교회의 탄식과 기도 때문인 줄 알아야 합니다. 성도 여러분! 이 민족이 하나님 앞에 거룩한 영성이 회복되기를 간절히 기도하시기 바랍니다.

· 함께 읽어요 : 이사야 9장 2~3절

"[2]내가 광야에서 나그네가 머무를 곳을 얻는다면 내 백성을 떠나가리니 그들은 다 간음하는 자요 반역한 자의 무리가 됨이로다. [3]여호와의 말씀이니라. 그들이 활을 당김같이 그들의 혀를 놀려 거짓을 말하며 그들이 이 땅에서 강성하나 진실하지 아니하고 악에서 악으로 진행하며 또 나를 알지 못하느니라."

2. 하나님의 심판과 예루살렘의 황폐로 슬피 울었습니다(렘 9:10~16).

광야의 목장은 불에 탔고, 지나가는 자가 없으며 가축의 소리가 들리지 않습니다. 유다의 황폐함은 배역의 결과입니다.(9:10~14) 하나님께서 유다를 치셨습니다.(15~16) 선지자는 예루살렘에 대하여 애도하고(9:17~22) 철저한 하나님의 심판으로 크게 울 수밖에 없었을 것입니다.

생각해 보면, 이 나라 이 민족이 살아남을 수 있었던 것은 많은 하나님의 종들의 눈물과 교회의 부르짖음이 있었기 때문일 것입니다.

사랑하는 성도 여러분! 처음 믿었을 때의 감격과 눈물이 지금 있습니까? 은혜로운 간증이 여러분들의 삶 가운데 있습니까? 육신의 눈질환도 그렇지만 신앙생활에서 눈물이 마르면 빽빽하고 힘들기만 합니다.

· 함께 읽어요 : 예레미야 9장 18절
"그들로 빨리 와서 우리를 위하여 애곡하여 우리의 눈에서 눈물이 떨어지게 하며 우리 눈꺼풀에서 물이 쏟아지게 하라."

3. 사랑과 정의와 공의를 행하시는 하나님이십니다(렘 9:17~26).

선지자는 '잘 생각해 보고'라는 말로 애곡하는 부녀를 불러오라고 합니다. 사람은 슬프게 우는 장면을 떠올리거나 흐느껴 우는 사람을 보면 자연히 눈물이 나옵니다. 조건반사처럼 울음이 터져 나오는 것입니다. 그러나 애도의 도가 지나치면 그 눈물조차 말라 버립니다.

이때 슬픔을 더하기 위해 곡하는 사람을 불러다가 울게 하는 것입니다. 하나님께서는 사랑과 정의가 강물처럼 흐르는 사회를 기대했습니다. 공의를 행하시는 하나님께서 철저한 심판의 채찍을 드시고, 채찍에 맞아 우는 백성들의 모습을 보시고 아픔을 통해 돌아오기를 바라십니다.

하나님은 사랑과 정의와 공의의 하나님이십니다. 우리는 하나님의 뜻을 잘 헤아리고, ① 감히, 자랑치 말아야 합니다. ② 명철한 판단으로, 하나님 여호와는 인애와 공평과 정직을 땅에 행하는 자인 줄 깨달아야 합니다. ③ 세상적인 할례의 무가치함을 알고, '마음의 할례'를 행하여 믿음과 순종으로 하나님의 사랑과 정의와 공의를 행하시는 하나님의 주권적인 통치에 순응해야 합니다. 이것이 하나님의 대언자인 선지자가 우리를 향해 울면서 선포하는 절규의 메시지입니다. 하나님 앞에서 말씀에 순종하겠다는 신앙고백으로 살아가시기를 바랍니다.(25~26절)

· 함께 읽어요 : 예레미야 9장 26절
"곧 애굽과 유다와 에돔과 암몬 자손과 모압과 및 광야에 살면서 살쩍을 깎은 자들 에게라. 무릇 모든 민족은 할례를 받지 못하였고 이스라엘은 마음에 할례를 받지 못하였느니라 하셨느니라."

정리하는 말

사랑하는 성도 여러분! 애도할 때 울음꾼들처럼 남을 의식하고 애곡의 소리만 높이는 거짓에서 벗어나야 합니다. 예레미야 선지자는 유다 민족의 참된 회개와 하나님께 돌아오기를 바라며, 눈에서 쏟아져 나오는 눈물을 주체할 수 없었습니다. 여러분은 이 나라의 영적 파수꾼입니다. 사탄 마귀의 신봉자, 돈과 명예에 눈이 먼 지도자들, 죄악의 늪에서 허우적거리는 자들을 위해 예레미야처럼 간절히 회개하며 기도하시기 바랍니다.

평가와 결심

1. 예레미야는 무엇 때문에 눈물을 한없이 흘려야 했습니까?
   (렘 9:1, 예루살렘과 백성이 회개하고 돌아오기 위해서)
2. 예레미야의 애곡의 근본적인 이유가 무엇입니까?
   (렘 9:10~16, 하나님의 심판으로 인한 예루살렘의 황폐함)
3. 심판을 행하시는 하나님은 어떤 분이십니까?
   (렘 9:17~26, 사랑과 정의 그리고 공의를 행하시는 분)

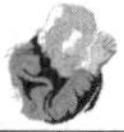

주간 경건의 시간 <23> · 날마다 말씀과 함께

요일 / 내용	주일/월(Mon)	화(Tue)	수(Wed)	목(Thu)	금(Fri)	토(Sat)
찬송	146동 / 93동	521 / 253	527 / 317	549 / 431	360 / 402	575 / 302
성경	렘 5: / 6:	렘 7:	렘 8:	렘 9:	렘 10:	렘 11:
적용	나의 말/ 평강 없도다	기도하지 말라	여호와의 규례	눈물이 쏟아지게	우상의 가르침	언약의 말

* 식물이 햇빛과 우로를 받지 못하면 시들어 죽듯이 우리가 받은 은혜도 열렬한 기도 없이는 시들어 버리고 만다. <존 에봇, 1805~1877, 미국 목사>

6단원 애국 헌신의 달

제24과

생수의 근원이신 하나님

찬송 / 140, 108, 131 / 통일 130, 113, 24

성경 / **예레미야 17:1-27**

요절 / **예레미야 17:13**

"이스라엘의 소망이신 여호와여 무릇 주를 버리는 자는 다 수치를 당할 것이라 무릇 여호와를 떠나는 자는 흙에 기록이 되오리니, 이는 생수의 근원이신 여호와를 버림이니이다."

목표 / 생수의 근원이신 여호와 하나님을 섬기며 살아가는 태도를 기른다.

시작하는 말

여러분! 이 나라 이 민족의 살길은 생사화복을 주장하시는 아버지 하나님을 섬기는 것입니다. 본문은 유다 백성들의 죄악이 얼마나 심각한 것인지, 하나님을 떠나간 자의 운명이 어떠할 것인지, 그리고 사람의 깊은 곳을 살피시는 하나님에 관해서 말씀해 주고 있습니다. 비가 오지 않을 때 지하의 샘을 연결해 물을 뿜어 올려 농사를 짓습니다. 여러분들의 영적 생수는 어떠하십니까? 이 나라와 이 민족이 유다 백성들처럼 생수가 되신 여호와를 떠나지 않고 섬기기를 기도하시기 바랍니다.

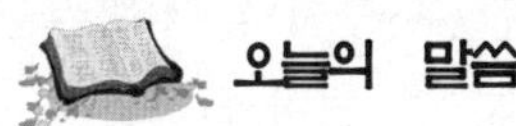

오늘의 말씀

1. 하나님을 의뢰하는 자가 복을 받을 것입니다(렘 17:1~4).

예레미야 선지자는 유다의 죄악의 심각성을 세 가지로 말씀하고 있습니다. 이 사실에 주목하시기 바랍니다.

① 유다의 죄는 지워질 수 없다고 했습니다.(1절) 금강석 철필로 기록되되 그들의 마음판과 그들의 제단 뿔에 새겨졌다고 했습니다. 철필 끝으로 돌에 새겨진 것처럼 그들의 양심에 새겨져 지워지지 않는다는 것입니다.

② 그들의 죄는 우상 숭배입니다.(2절) 자녀들조차 우상에게 찾아가 섬기도록 강요했습니다. 어처구니없는 일입니다.

③ 유다가 심판의 불을 초래했습니다.(3~4절) 하나님의 노를 맹렬하게 하여 영원히 타는 불을 일으켰습니다. 참으로 무서운 결과입니다.

· 함께 읽어요 : 예레미야 17장 4절

"내가 네게 준 네 기업에서 네 손을 뗄 것이며 또 내가 너로 하여금 너의 알지 못하는 땅에서 네 원수를 섬기게 하리니 이는 너희가 내 노를 맹렬하게 하여 영원히 타는 불을 일으켰음이라."

2. 하나님을 떠난 자와 하나님을 의뢰하는 자는 결과가 확연합니다. (렘 17:5~8)

결코 지워질 수 없는 유다의 심각한 죄악을 지적한 예레미야는 하나님을 떠난 자와 하나님을 의뢰하는 자의 인생을 비교하고 있습니다.

① 하나님을 떠난 자는 저주를 받습니다.(5~6절) 여호와 하나님을 떠난 자는 광야의 떨기나무에 비유되었습니다.

② 하나님을 의지하며 의뢰하는 자는 복을 받습니다.(7~8절) 하나님을 의뢰하는 자는 물가에 심겨진 나무처럼 그 뿌리를 강변에 뻗치고 더위가 올지라도 마르지 아니하고, 그 잎이 청청하며 가뭄에도 걱정 없고 결실이 그치지 아니함 같다고 했습니다.(시 1:3)

사랑하는 성도 여러분! 여러분의 가정이나 이 나라가 어떻다고 생각하십니까? 하나님을 떠난 심령은 물을 떠난 고기와 같습니다. 성령의 가르침을 멀리하는 자는 사탄 마귀가 물질과 돈으로 유혹하여 영적 성장을 묶어버립니다. 하나님을 의뢰하는 자가 되시기를 바랍니다.

· 함께 읽어요 : 예레미야 17장 8절
"그는 물가에 심어진 나무가 그 뿌리를 강변에 뻗치고 더위가 올지라도 두려워하지 아니하며 그 잎이 청청하며 가무는 해에도 걱정이 없고 결실이 그치지 아니함 같으리라."

3. 예레미야의 탄원과 주일성수의 권면입니다(렘 17:12~27).

본문에는 두 가지 내용이 나옵니다. 예레미야 선지자의 메시지를 거부하는 유다 백성들을 향해 선지자의 탄원과 주일성수의 권면입니다.

① 예레미야 선지자의 탄원입니다.(17:12~18절)

선지자의 계속되는 경고와 유다 백성들의 죄에 대한 지적으로 인하여 예레미야 선지자는 유다 백성들의 비난과 박해를 받게 됩니다. 하나님을 떠난 자는 반드시 수치를 당하게 될 것입니다.

② 여호와 하나님께 치료와 구원을 호소합니다.(14~16절)

"여호와여 주는 나의 찬송이시오니 나를 고치소서. 그리하시면 내가 낫겠나이다. 나를 구원하소서. 그리하시면 내가 구원을 얻으리이다" 라고 부르짖었습니다.

③ 하나님의 위로를 간구합니다.(17~18절)

④ 안식일(주일)을 거룩하게 지킬 것을 권면합니다.(17:19~27절)

안식일에 짐을 지고 예루살렘 문으로 들어오면 성문에 불을 놓아 예루살렘 궁전을 삼키게 하리니, 그 불이 꺼지지 아니하리라고 경고합니다. '주일(안식일)성수'란 하나님 백성이라는 사실을 인식하고 하나님 백성답게 살아가는 모습을 세상 사람에게 보여주며 실천하라는 것입니다.

· 함께 읽어요 : 예레미야 17장 22절
"안식일에 너희 집에서 짐을 내지 말며 어떤 일이라도 하지 말고 내가 너희 조상들에게 명령함 같이 안식일을 거룩히 할지어다."

정리하는 말

생수의 근원이신 하나님을 떠난 자들은 목말라 죽고, 열매를 맺지 못합니다. 예레미야 선지자는 하나님을 떠난 유다 백성들과 지도자들에게 천지의 주재 여호와 하나님을 버리고, 우상 숭배 하는 길에서 급히 돌아오라고 탄식합니다. 세상의 돈과 권력과 명예를 사랑하며, 물질 만능주의에 빠진 백성에게 안식일을 거룩히 지키는 여호와 신앙을 권면합니다. 여러분! 생수의 근원이신 하나님만 섬기기를 간절히 축원합니다.

평가와 결심

1. 유다의 죄악은 무엇이었습니까?
   (렘17:1~4, 예레미야 선지자 경고를 무시하고 우상 숭배에 열심)
2. 하나님을 의뢰하는 자가 어떤 복을 받습니까?
   (렘 17:5~8, 하나님께서 베푸시는 복을 받음)
3. 예레미야 선지자의 간절한 권면이 무엇이었습니까?
   (렘 17:19~27, 안식을 거룩히 지킬 것을 권면함)

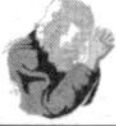

주간 경건의 시간 <24> · 날마다 말씀과 함께

요일 / 내용	주일/월(Mon)	화(Tue)	수(Wed)	목(Thu)	금(Fri)	토(Sat)
찬송	117동 / 118동	438 / 495	347 / 382	407 / 465	360 / 402	397 / 454
성경	렘 12: / 13:	렘 14:	렘 15:	렘 16:	렘 17:	렘 18:
적용	뽑아내리라/ 썩게하리라	복 구하지 말라	놋 성벽 되게	요새와 피난처	생수의 근원	토기장이의 손

* 기도하는 한 사람은 기도하지 않는 한 민족보다 낫다.

<존 녹스, John Knox, 1513?~1572, 스코틀랜드 종교개혁자, 목사>

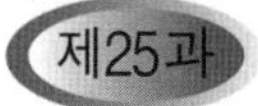

제25과

내가 택한 백성이라

찬송 / 595, 570, 567 / 통일 372, 453, 436
성경 / 예레미야 24:1-10
요절 / 예레미야 24:7
"내가 여호와인줄 아는 마음을 그들에게 주어서 그들이 전심으로 내게 돌아오게 하리니 그들은 내 백성이 되겠고 나는 그들의 하나님이 되리라."
목표 / 하나님의 백성으로서 거룩한 열정으로 살아가는 태도를 기른다.

시작하는 말

유다를 향한 심판의 경고가 실제로 성취되어 두 차례의 바벨론 침공과 그로 인한 바벨론 유수(幽囚)[1]가 있었으며 유다 왕국의 최후가 될, 3차 바벨론 침공을 앞두고 백성들은 깊은 절망감에 빠져있었습니다.

바벨론으로 포로로 잡혀간 자들이나 유다에 남아있는 저들이나 다 형언할 수 없는 민족의 비극이었습니다. 그러나 이 또한 하나님의 경륜가운데 되어진 일들임을 알아야 할 것입니다. 먼저는 우리의 영원한 근원이 되시는 하나님을 버린 죄의 결과요, 역사를 주관하시는 하나님의 강권적인 섭리임을 부인할 수 없을 것입니다.

오늘의 말씀

1. 앞으로의 일들의 의미를 환상으로 보여주셨습니다(렘 24:1~3).

예레미야의 경고를 무시하고 친 바벨론정책을 편 여호야김 왕은, 한

1) 유수(幽囚)란 잡아다가 가둠을 의미함.

때, 애굽을 의지하면서 바벨론에 대항하다가 결국 침공을 자초하게 됩니다. 그의 아들 여고냐(여호야긴의 다른 이름) 역시 같은 정책을 펴다 즉위 3개월 만에 바벨론 침공을 받아 포로로 끌려갔습니다(주전 597년, 제2차 바벨론 침공). 이때 하나님께서는 예레미야에게 성전 앞에 놓인 두 광주리 환상을 보여주셨습니다. 이 두 광주리는 매래의 일을 보여주는, 좋은 무화과 한 광주리와 나쁜 무화과 한 광주리의 환상이었습니다.

· 함께 읽어요 : 예레미야 24장 1절, 3절

"[1]바벨론의 느부갓네살 왕이 유다 왕 여호야김의 아들 여고냐와 유다 고관들과 목공들과 철공들을 예루살렘에서 바벨론으로 옮긴 후에 여호와께서 여호와의 성전 앞에 놓인 무화과 두 광주리를 내게 보이셨는데 [3]여호와께서 내게 이르시되 예레미야야 네가 무엇을 보느냐 하시매 내가 대답하되 무화과이온데 그 좋은 무화과는 극히 좋고 그 나쁜 것은 아주 나빠서 먹을 수 없게 나쁘니 이다하니"

2. 환상의 의미는 앞으로 될 일에 대한 예언입니다(렘 24:4~7).

성전 앞에 놓인 무화과 광주리에 대한 환상의 의미는 매우 의미가 깊습니다. 나쁜 무화과로 상징된 자들은 유다 땅에 남은 자들 곧 선지자의 경고를 무시한 자들인데, 그들은 결국 적국의 군대들에 의해 멸절될 것이라는 것입니다. 그러나 하나님의 미움을 받아 바벨론 땅에 포로로 잡혀가는 자들, 곧 이들이 좋은 무화과로 상징된 자들입니다. 포로로 잡혀간 자들은 그곳에서 생존하다가 70년 후에 다시 본토로 귀환하여 회복되리라는 의미 깊은 환상이었던 것입니다.

개인적인 일이나 가정의 혼사문제, 자녀들의 진학 문제, 취직문제 등 무슨 일이든 내 생각대로 속단하는 것은 금물입니다. 하물며 나라의 장래에 대한 중대사는 오랫동안 기도하면서 구상하고, 하나님께 여러 번 묻고 계획을 세워 실습을 거쳐서 실행하고 실천하는 것이 가장 바람직한 일입니다. 또한 이사를 가는 문제, 교회를 선택하는 문제, 부동산의 매입매도 처리문제 등, 세상만사가 내 뜻대로 되는 것이 아닙니다. 보이지 아니하는 하나님의 간섭과 주도하심이 있다는 사실입니다. 이런 사실을 믿으시기 바랍니다. 하나님께서 직접 역사하시는 도구가 기도입니다. 어떤 현대의 관심사와 정치 이슈보다도 더 소중하고 시급한 일입니다. 따라서 애국 · 애족을 위한 기도의 열정으로 살아가시기를 소망합니다.

· 함께 읽어요 : 예레미야 24장 5절
"이스라엘의 하나님 여호와께서 이와 같이 말씀하시니라 내가 이곳에서 옮겨 갈대아인의 땅에 이르게 한 유다 포로를 이 좋은 무화과 같이 잘 돌볼 것이라."

3. 나쁜 무화과가 담긴 광주리에 대한 환상의 의미입니다(렘 24:8~10).

언뜻 보기에는 유다 땅에 남은 자들이 더 안전하다고 보일 것입니다. 그리고 예루살렘 성전과 함께 여호와 하나님의 보호하심과 인도하심을 받을 것 같은 생각이 듭니다. 이것은 하나님께서 선지자들이나 당신의 종들을 통하여 주신 말씀이 있기 때문입니다. 모세의 인도로 출애굽하게 하시고, 그들을 가나안 땅에 이르게 하실 때에 "네가 가서 그 땅을 차지함은 네 공의로 말미암음도 아니며 네 마음이 정직함으로 말미암음도 아니요 이 민족들이 악함으로 말미암아 네 하나님 여호와께서 그들을 네 앞에서 쫓아내심이라 여호와께서 이같이 하심은 네 조상 아브라함과 이삭과 야곱에게 하신 맹세를 이루려 하심이니라"(민 9:5절)고 말씀하셨습니다. 그러나 하나님의 백성이라고 하는 자들이 한심하게도, 여호와께서 세우신 율례와 법도를 어기고 하나님의 말씀을 배신하고 이방 신들과 우상을 섬겨 하나님의 진노를 만들어 냈던 것입니다.

· 함께 읽어요 : 예레미야 24장 10절
"내가 칼과 기근과 전염병을 그들 가운데 보내 그들이 내가 그들과 그들의 조상들에게 준 땅에서 멸절하기까지 이르게 하리라 하시니라."

정리하는 말

여러분! 6·25의 민족상잔의 비극으로 민족의 뿌리까지 뽑힐 뻔했습니다. 그때 하나님이 역사하셔서 유엔군을 파병케 하시고, 낙동강까지 밀려간 육군을 붙들어 세우시고, 맥아더 장군의 인천상륙작전과 함께 9·28수복을 맞이하게 해 주셨습니다. 세상을 살아가면서 정치가는 정치논리로, 종교지도자들은 그들의 시각으로 살아가지만, 분명한 것은 하나님은 역사를 운행하는 궁극적인 원칙에 따라 주관하신다는 사실입니다. 그 뜻을 잘 헤아려 애국·애족하시고 기도하시기를 부탁드립니다.

평가와 결심

1. 유다의 위기는 근본적으로 어디에 있다고 생각하십니까?
   (렘 24:1~3, 하나님의 뜻과 예레미야 선지자의 경고 무시함)
2. 예레미야에게 주신 환상에서 그는 무엇을 보았습니까?
   (렘 24:4~7, 좋은 무화과와 나쁜 무화과가 담긴 광주리를 봄)
3. 나쁜 무화과가 담긴 광주리의 환상은 무슨 뜻입니까?
   (렘 24:8~10, 포로지만 주께서 돌봄으로 귀환시켜 회복될 것임)

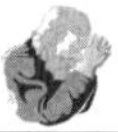

주간 경건의 시간 <25> · 날마다 말씀과 함께

요일 / 내용	주일/월(Mon)	화(Tue)	수(Wed)	목(Thu)	금(Fri)	토(Sat)
찬송	88동/ 89동	445 / 502	420 / 212	478 / 78	453 / 506	452 / 505
성경	렘 19: / 20:	렘 21:	렘 22:	렘 23:	렘 24:	렘 25:
적용	깨진 옹기 / 찬양하라	여호와께 간구하라	유다 왕의 집	의로운 가지	내 백성 되고	칠십년 동안

* 사람은 빵만으로 살지 않고, 신앙과 찬양과 동정으로 산다.
< 랄프 왈도 에머슨, Ralph Waldo Emerson, 1803~1882, 미국 사상가 >

새 언약의 말씀을 가르쳐라

찬송 / 267, 205, 200 / 통일 201, 236, 235
성경 / **예레미야 31:23-40**
요절 / **예레미야 31:31**
"여호와의 말씀이니라. 보라 날이 이르리니 내가 이스라엘 집과 유다 집에 새 언약을 맺으리라."
목표 / 여호와 하나님께서 주신 새 언약 말씀대로 살아가는 태도를 기른다.

시작하는 말

성경에서 하나님의 약속은 변치 않고 신실하게 지켜지고 일관성 있게 시행됩니다. 인간은 밥 먹듯이 입만 벌리면 거짓말을 내뱉으면서 살아가지만 하나님께서는 한 번 말씀하시고 약속하신 것은 꼭 지키시고 이루시는 분이십니다. 인간은 눈앞의 조그만 이익을 위해 양심을 팔고 거짓말을 하면서 살아갑니다. 여러분! 약속하시면, 끝까지 신실하게 지키시는 하나님께서 언약을 깨뜨린 유다 백성에게 긍휼히 여기시고 새 언약을 주셨습니다. 그 여호와 하나님을 의지하고 살아가시기 바랍니다.

오늘의 말씀

1. 남왕국 유다의 회복의 약속을 이행하실 것입니다(렘 31:23~30).

앞서 예레미야 선지자가 북왕국 이스라엘의 회복에 대해서 강조한 것은 이유가 있습니다. 이스라엘의 회복뿐만 아니라 조만간 이방 군대에 의해 멸망할 유다 백성들에게도 같은 회복의 소망을 주기 위해서였습니다. 이제 예레미야 선지자는 남왕국 유다의 회복에 대해서 직접적으로 선포합니다. 이 예언을 선포할 당시 유다는 아직 멸망하지 않은 상태였습니다. 그러나 멸망하여 이방의 포로가 된 상황을 설정하고 메시지를 선포합니다. 그것은 이미 여러 차례 말씀하신 대로 유다의 멸망이 확실하게 임할 것이기 때문입니다. 이와 같이 유다가 이방 나라 바벨론에 의해 멸망당하고 포로로 잡혀갈 것이 확실 한 것처럼, 때가 이르면 포로되었던 유다 백성들을 반드시 돌아오게 할 것입니다. 개개인의 죄과가 말씀대로 성취되며 이루어질 것을 분명히 선포하고 있습니다.

· 함께 읽어요 : 예레미야 31장 28절, 30절
"[28]깨어서 그들을 뿌리 뽑으며 무너뜨리며 전복하며 멸망시키며 괴롭게 하던 것과 같이 내가 깨어서 그들을 세우며 심으리라 여호와의 말씀이니라. [30]신 포도를 먹는 자마다 그의 이가 신 것 같이 누구나 자기의 죄악으로 말미암아 죽으리라."

2. 이스라엘과 유다와 새 언약을 맺으십니다(렘 31:31~37).

옛 언약은 이스라엘이 하나님의 백성이 되어 순종하면 복을 받고 불순종하면 저주를 받을 것이라는 것입니다. 그러나 이스라엘이 계속해서 불순종함으로 그 언약을 파기했습니다. 이제 하나님께서는 새 언약을 맺으시고 이스라엘을 계속 하나님의 백성으로 살아남게 하셨습니다.

① 새 언약의 성격은 하나님의 법이 그 백성들의 마음에 기록되어 집니다.(33~34절) 새 언약 아래서는 더 이상 "너는 여호와를 알라." 할 필요가 없습니다. 돌비나 책에 기록된 옛 언약 아래서는 선지자들이 백성들에게 "여호와를 알라"라고 거듭 강조해야 했지만 이제 하나님의 말씀이 마음에 새겨진 상태라서 이런 가르침이 없어도 성령의 내적인 역사로 인해 남녀노소 모두가 여호와를 알게 될 것이기 때문입니다.

② 이스라엘에 대한 하나님의 끝없는 신실함입니다.(35~37절)

옛 언약이 파기된 것은 이스라엘의 불순종 때문이었습니다. 이제 옛 약속은 효력이 없습니다. 그러므로 새 언약을 세워주신 것입니다. 하나님은 법을 그들의 마음속에 기록하고 지키게 하겠다고 하나님의 끝없는 사랑과 신실함을 표현했던 것입니다.

· 함께 읽어요 : 예레미야 31장 33절

"그러나 그날 후에 내가 이스라엘 집과 맺을 언약은 이러하니 곧 내가 나의 법을 그들의 속에 두며 그들의 마음에 기록하여 나는 그들의 하나님이 되고 그들은 내 백성이 될 것이라 여호와의 말씀이니라."

3. 예루살렘 성읍이 다시 재건 될 것입니다(렘 31:38~40).

신실하신 하나님의 약속은 그대로 시행되어집니다. 유다의 회복에 대한 선지자의 메시지는 예루살렘 성읍의 재건으로 마무리가 됩니다.

선지자는 예루살렘 성읍이 아직 바벨론 군대에 의해 파괴되지 않은 상태에서, 바벨론 군대에 의해 파괴되어질 이후에 있을 재건을 바라보았습니다.

① 자연계를 보존하고 운행하시는 여호와 하나님이십니다.(35절)

여호와께서 해를 낮의 빛으로 주셨고, 달과 별들을 밤의 빛으로 정하셨고, 바다를 뒤흔들어 파도를 치게 하시는 경륜(經綸: 천하를 다스리심)의 하나님이십니다.

② 이 법도가 깨어지면 이스라엘과의 언약도 깨어질 것입니다.(36절)

③ 예루살렘 성읍이 영영히 굳건히 세워진다는 것은 하나님과 이스라엘 백성들의 관계가 끊어지지 않고 굳건히 지켜진다는 것입니다. 바벨론에 의해 파괴된 성읍이 재건되고 회복될 것이라는 확실한 약속입니다

· 함께 읽어요 : 예레미야 31장 38절

"보라, 날이 이르리니 이 성은 하나넬 망대로부터 모퉁이에 이르기까지 여호와를 위하여 건축될 것이라 여호와의 말씀이니라."

정리하는 말

성도 여러분! 시대가 불안하고 하루가 멀다 하고 터지는 사건, 사고의 현실 속에서 무엇을 의지하며 살아가시겠습니까? 도덕이 무너지고 세상 법률이 다 깨어진다 할지라도 여호와께서 당신의 백성들과 세워주신 '새 언약'이야말로 시작부터 세상 끝날까지 변치 않을 것입니다. 돌비나 책에 기록된 것들이 다 파괴된다 할지라도 성도들의 마음에 깊이 새겨졌으니 그 약속의 말씀 꼭 믿으시고 자녀에게 잘 가르치기 바랍니다.

평가와 결심

1. 남왕국 유다와의 맺은 언약을 주께서 어떻게 하실 것입니까?
   (렘 31:23~30, 맺으신 약속을 다 이루시고 성취하실 것임)
2. 그러나 여호와께서 유다와 왜 새 언약을 맺으십니까?
   (렘 31:31~37, 이스라엘이 옛 언약을 파기했기 때문임)
3. 언약을 맺은 백성과의 언약은 언제까지 지속될 것입니까?
   (렘 31:35~40, 세초부터 세말까지 영원히 지속될 것임)

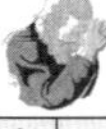

주간 경건의 시간 <26> · 날마다 말씀과 함께

요일 / 내용	주일/월(Mon)	화(Tue)	수(Wed)	목(Thu)	금(Fri)	토(Sat)
찬송	146동 / 144동	288 / 204	293 / 414	303 / 403	302 / 408	336 / 383
성경	렘 26: / 27:	렘 28:	렘 29:	렘 30:	렘 31:	렘 32:
적용	실로 같이 / 거짓 선지자	예레미야 하나냐	칠십 년이 차면	고쳐 주리라	새 언약 맺으리라	아나돗의 밭

* 우리는 성인이 아니지만 약속을 지켰다고 자신 있게 자랑할 수 있는가?
< 사무엘 베케트, 1906, 아일랜드 시인, 소설가 >

말씀의 은혜를 사모하라

찬송 / 309, 298, 320 / 통일 409, 35, 350
성경 / **데살로니가전서 1:1-10**
요절 / **데살로니가전서 1:6**
"또 너희는 많은 환난 가운데서 성령의 기쁨으로 말씀을 받아 우리와 주를 본받는 자가 되었으니"
목표 / 하나님의 말씀 공부의 열정을 회복하여 지키며 살아가도록 한다.

시작하는 말

데살로니가는 바울이 제2차 선교여행 중 찾았던 곳으로 이곳에서 실라와 디모데도 사역을 했던 곳이기도 합니다.(행 17장) 완전히 이교도들만 살던 곳에 복음의 말씀이 전해져 열매 맺는 사역의 현장이 되었습니다. 교회부흥의 비결이 무엇이라고 보십니까? 두말할 것 없이 복음을 전하고 성경말씀을 잘 교육시키는 것이 그 비결이라 할 수 있습니다. 여러분들의 가정도 구역도 교회도 말씀공부 열정을 회복하여 가정마다 구역마다 속회마다 교회마다 형통한 한 해가 되시기를 바랍니다.

오늘의 말씀

1. 데살로니가 교회는 기쁨으로 말씀을 받는 교회였습니다(살전 1:1~6).

본문에 나오는 데살로니가 교회는 바울 사도의 칭찬대로 "믿음의 역사와 사랑의 수고와 소망의 인내"가 있는 교회였습니다. 우리가 섬기는 교회는 어떠한 장점을 가지고 있는지? 역사와 전통이 얼마나 되는지? 어떤 인물을 배출한 교회인지, 자랑할 수 있습니까? 본문에 나오는 데살로니가교회는 바울 사도의 기억에 남을 만한 교회요, 칭찬의 대상이 될 만한 교회였습니다. 그 배경에는 복음이 말로만이 아니라 성령의 능력과 큰 확신으로 된 교회라고(5절) 밝혀주고 있습니다. 오늘날 영국이나 미국 유럽 등지의 커다란 교회들이 옛 화려했던 예배의 모습은 사라지고, 형식과 건물만 남아 보는 이들의 마음을 안타깝게 합니다. 금년 한 해 하나님의 말씀공부에 열심을 내셔서 견고한 믿음을 이루시고, 길이 기억될 형통한 복을 받으시고, 칭송받는 성도로 살아가시기를 부탁드립니다.

· 함께 읽어요 : 데살로니가전서 1장 3절
"너희의 믿음의 역사와 사랑의 수고와 우리 주 예수 그리스도에 대한 소망의 인내를 우리 하나님 아버지 앞에서 끊임없이 기억함이니"

2. 말씀 순종으로 주님과 사도를 본받는 교회여야 합니다(살전 1:6~7).

본문 6절을 함께 읽겠습니다. "또 너희는 많은 환난 가운데서 성령의 기쁨으로 말씀을 받아 우리와 주를 본받는 자가 되었으니." 데살로니가교회는 말씀을 받기만 하고 안일하게 주저앉아 있는 교회가 아니었습니다. 성령의 기쁨으로 말씀을 받았습니다. 본문의 말씀대로 주를 본받는 자가 되었습니다. 여러분! 여러분도 데살로니가 교회처럼, 사도들의 삶의 모습을 본받아 칭송받으시기 바랍니다. 그러나 현대교회는 말씀의 내실이 없고 외형만 번지르르한 교회가 있습니다. 여러분! 모든 거짓과 위선을 버리시고 말씀에 순종하시기 바랍니다. 라오디게아 교회처럼 부자라 부요하다면서 영적으로는 가난하고 헐벗고 추한 모습처럼 살지 마시고, 화려한 겉포장과 위장으로 살아가지 않기를 바랍니다. 심령이 새롭게 되어 거룩한 모습으로 변화 받아 살아가시기를 소원합니다.

· 함께 읽어요 : 에베소서 4장 22~24절

"[22]너희는 유혹의 욕심을 따라 썩어져가는 구습을 따르는 옛 사람을 벗어버리고, [23]오직 너희의 심령이 새롭게 되어 [24]하나님을 따라 의와 진리의 거룩함으로 지으심을 받은 새 사람을 입으라."

3. 데살로니가 교회는 믿음의 소문이 퍼지는 교회였습니다(살전 1:8~10).

아름다운 꽃은 그 아름다운 모습으로 많은 이들의 안목을 끌기도 합니다. 그러나 그러한 꽃의 자태야말로 '화무십일홍'(花無 十日紅)이라고 합니다. 그 아름다운 붉음이 열흘 못 간다는 말입니다. 때문에 가슴에 오래 간직되는 것은 그 꽃의 아름다움이라기보다 향기일 것입니다.

백합화의 향기는 행인의 걸음을 붙잡습니다. 향기가 천리까지 간다는 천리향(千里 香)도 있습니다. 아무리 꽃의 향기가 짙다한들 기쁨으로 말씀을 받아 삶의 현장에서 성령의 꽃을 피우는 삶의 향기야말로 어찌 세상의 꽃향기에 비하겠습니까?

데살로니가 교회의 아름다운 소문은 마게도냐와 아가야에 있는 모든 믿는 자의 본이 되었습니다. 이 교회의 믿음의 소문이 각처에 퍼졌다고 했습니다(7~8절). 그들이 우상을 버리고 하나님께로 돌아와서 살아계시고 참 되신 하나님을 섬겼다는 말씀입니다.

여러분! 어렵고 힘드시겠지만 믿음으로 참고 기다리시면, 분명히 살아계신 하나님께서 여러분들을 지켜 주시고 인도해 주실 것입니다.

불신가정에서 자라 고된 역경을 이기고, 사명을 감당하기 위해 노력한 한국의 위대한 거성들이 있습니다. 그들은 몸 바쳐 헌신하다가 순교까지 했습니다. 그들은 기쁨으로 헌신의 제물이 되었습니다. 참고 기다리시면 하나님께서 함께하사 형통의 복을 내려 주실 것입니다.

· 함께 읽어요 : 데살로니가전서 1장 8절

"주의 말씀이 너희에게로부터 마게도냐와 아가야에만 들릴 뿐 아니라 하나님을 향하는 너희 믿음의 소문이 각처에 퍼졌으므로 우리는 아무 말도 할 것이 없도다."

정리하는 말

사랑하는 성도 여러분! 여러분은 성경을 몇 번이나 통독하셨습니까? 금년 지금부터 일생 동안 자기 나이만큼 성경을 읽어가는 결심이 있으시길 바랍니다. 이 일은 우리를 풍요롭게 하는 축복입니다. 명심하시고 꼭 실천하시기 바랍니다. 데살로니가 교회처럼 ① '믿음의 역사', ② '사랑의 수고', ③ '소망의 인내'를 소유하시고, 여러분들이 '말씀공부'에 열정을 회복하셔서 갈급한 세상에서 흡족한 삶을 영위하시기를 소망합니다.

평가와 결심

1. 데살로니가 교회의 돋보이는 점 첫째가 무엇입니까?
   (살전 1:6, 성령의 기쁨으로 말씀을 받는 교회)
2. 데살로니가 교회 성도의 돋보이는 점 둘째가 무엇입니까?
   (살전 1:5~6, 사도와 주를 본받는 교회 성도)
3. 데살로니가 교회의 돋보이는 점 셋째가 무엇입니까?
   (살전 1:8~10, 믿음의 소문이 각처에 퍼진 교회)

주간 경건의 시간 <27> · 날마다 말씀과 함께

요일 / 내용	주일/월(Mon)	화(Tue)	수(Wed)	목(Thu)	금(Fri)	토(Sat)
찬송	28동 / 29동	95 / 82	43 / 57	82 / 90	457 / 510	459 / 514
성경	살전1: / 2:	살전 3:	살전 4:	살전 5:	살후 1:	살후 2:-3:
적용	믿음의 역사/ 복음 위탁	디모데 보냄	하나님의 뜻	범사에 감사	은혜와 평강	미혹 역사/ 평강의 주

* 우리는 다른 어떤 방법보다 선하게 되는 것이 좀 더 선을 행하는 것이다.

〈 로우랜드 힐, 1744~1833, 영국 목사, 부흥사, 복음전도자 〉

말씀을 지켜 행하라

찬송 / 199, 202, 204 / 통일 234, 241, 379
성경 / 여호수아 1:1-18
요절 / 여호수아 1:8
"이 율법책을 네 입에서 떠나지 말게 하며 주야로 그것을 묵상하여 그 안에 기록된 대로 다 지켜 행하라 그리하면 네 길이 평탄하게 될 것이며 네가 형통하리라."
목표 / 말씀을 주야로 묵상하며 지켜 행하는 태도를 기른다.

시작하는 말

이번 과부터는 여호수아서를 공부하면서 가나안 정복에 이르기까지 보여준 지도력의 원천을 살펴보겠습니다. 이스라엘의 대 지도자 모세의 후계자로서 가나안 입국과 가나안 칠 족속을 몰아내며 가나안 정착의 기초를 닦아준 분은 여호와 하나님이십니다. 현대 크리스천의 문제점은 말씀의 내면화와 생활화를 도외시하고 외형적인 모습만 가꾸는데 있습니다. 우리는 말씀을 지켜 행하는 신앙을 가져야 합니다. 그 신앙이 믿음을 더욱 견고하게 합니다. 그것이 성공적인 신앙이며 형통의 길임을 깨달으시고, 말씀을 지켜 행할 수 있도록 가르치시기 바랍니다.

오늘의 말씀

1. 여호와께서 여호수아에게 사명을 주시고 격려하십니다(수 1:1~9).

애굽의 종살이에서 벗어난 후 40년간 광야에서 방황했던 이스라엘은 이제 약속의 땅 가나안으로 들어가게 됩니다. 그러나 이제껏 모세만 바라보면서 불순종하던 세대들은 광야에 묻히게 되고, 젊은 차세대들이 새로운 지도자 여호수아를 중심으로 가나안 입국을 준비했습니다.

모세에 이어 이스라엘 백성들을 인도해 가나안 땅에 정착해야 할 여호수아에게 하나님께서는 "너와 함께 할 것이라"는 말씀으로 약속의 성취를 확신시켜 주시고 격려해 주셨습니다. 지도자가 바뀌었고 시대는 흘렀어도 하나님께서 함께 하시겠다는 신실한 약속으로 재차 격려해 주셨습니다. 여러분들이 광야와 같은 세상을 살아갈 때도, 지금 이 요단을 건너고 통과하여 가나안으로 입국하는 이스라엘 백성들처럼 여러분들의 생애 고비 고비마다 '하나님 언약의 말씀'으로 보호 인도하실 것입니다.

· 함께 읽어요 : 여호수아 1장 7절

"오직 강하고 극히 담대하여 나의 종 모세가 네게 명령한 그 율법을 다 지켜 행하고 우로나 좌로나 치우치지 말라 그리하면 어디로 가든지 형통하리니"

2. 여호수아가 백성들에게 하나님께 받은 명령을 전합니다(수 1:10~11).

어려운 일을 만나면 사람들은 본능적으로 피합니다. 그러나 오랫동안 모세의 후계자 수업을 충실하게 받은 여호수아는 하나님께서 주신 명령을 하나도 오차 없이 이행하려고 당황하지 않고 침착하게 준비하고 있었습니다.

첫째로, 하나님의 명령을 즉시 이행합니다.(10절) 하나님께서 명령이 끝나자마자 즉시 이행합니다.

둘째로, 군사적인 준비를 시킵니다.(11절) 철저한 유비무환 정신으로, 먼저 요단을 건너기 전에 양식을 점검합니다. 육신적으로 가장 필요한 부분이 양식이기 때문입니다. 영적 전쟁을 할 때나, 육신의 전쟁을 할 때에도 전쟁을 위한 철저한 준비를 해야 승리할 수 있는 것입니다.

셋째로, 마음의 준비를 시킵니다.(11절) 애굽 땅에서 나온 지 40여년을 광야에서 방황했지만, 이제 삼일이면 가나안 땅으로 들어간다는 감격적인 순간입니다. 신앙과 육신의 준비를 다할 수 있도록 시간을 주신 것입니다. 여러분! 먼저 불신앙으로 얼룩진 마음을 정결케 하시기 바랍니다. 하나님께서 주시겠다는 약속의 믿음이 내게 임할 수 있도록 거룩한 열정으로 내 삶을 정화하고 재확인하시기 바랍니다.

· 함께 읽어요 : 여호수아 1장 11절
"진중에 두루 다니며 그 백성에게 명령하여 이르기를 양식을 준비하라 사흘 안에 너희가 이 요단을 건너 너희의 하나님 여호와께서 너희에게 주사 차지하게 하시는 땅을 차지하기 위하여 들어갈 것임이니라 하라."

3. 두 지파 반에게 책임과 의무를 확인시켰습니다(수 1:12~18).

여호수아는 요단을 건너기 전에 확인해야 할 중요한 사실을 기억했습니다. 미리 분배받은 두 지파 반에게 해당되는 것이었습니다. 12지파 중 나머지 지파에게도 알려야 할 사항이었습니다.

첫째로, 약속은 반드시 지켜져야 됩니다.(12~13절; 민 32:16~19절)

둘째로, 그렇기 때문에 요단을 함께 건너가서 가나안 평정을 해야 남겨두고 온 처자와 땅을 차지할 권리가 주어진다는 것입니다.(14절)

430년에 걸친 오랜 애굽의 종살이와 40년에 걸친 광야의 유랑생활을 겪은 그들로서는 마음 놓고 정착할 자신들의 땅을 먼저 보장받았다는 것은 매우 큰 특권이었습니다.

셋째로, 공동체 의식을 가져야 합니다.(15절) 두 지파 반에게 '너희 형제', '너희 하나님'이라는 표현은 두 지파 반과 아홉 지파 반은 모두 같은 하나님을 섬기고 있는 형제요, 공동체임을 나타내는 것입니다.

· 함께 읽어요 : 여호수아 1장 16절
"그들이 여호수아에게 대답하여 이르되 당신이 우리에게 명령하신 것은 우리가 다 행할 것이요 당신이 우리를 보내시는 곳에는 우리가 가리이다."

정리하는 말

사랑하는 성도 여러분! 민족의 대 지도자 모세를 이어, 후계자 여호수아에게 주어진 일은 대단히 보람 있고 약속의 성취가 완성되는 시점입니다. 이제 가나안 입성을 앞두고 모세와 함께 하셨던 여호와 하나님께서 여호수아와 함께 하시겠다는 약속과 격려가 힘을 더해 주었을 것입니다. 여호수아는 하나님께서 주신 명령과 받은 말씀과 일들을 백성들과 지도자들에게 빈틈없이 처리해 갔습니다. 여러분도 하나님의 말씀과 명령을 순종하셔서 실천하고 형통한 삶을 살아가시기를 바랍니다.

평가와 결심

1. 하나님께서 모세의 후계자 여호수아에게 어떻게 하십니까?
   (수 1:1~9, 너와 함께 하겠다고 위로하시고 격려하심)
2. 여호수아가 하나님께 받은 명령을 어떻게 이행합니까?
   (수 1:10~11, ① 군사적인 준비, ② 마음의 준비를, ③ 즉시 이행)
3. 여호수아가 두 지파 반에게 약속을 재확인 한 것이 무엇입니까?
   (수 1:12~18, ① 먼저 분배 받은 것 기억, ② 공동체 의식을 가질 것)

주간 경건의 시간 <28> · 날마다 말씀과 함께

내용 \ 요일	주일/월(Mon)	화(Tue)	수(Wed)	목(Thu)	금(Fri)	토(Sat)
찬송	91동 / 93동	325 / 359	337 / 363	339 / 365	491 / 543	214 / 349
성경	수 1: / 2:	수 3:	수 4:	수 5:	수 6:	수 7:
적용	준비하라 / 정탐꾼 파송	요단강 건넘	요단강물 멈춤	길갈에서 할례	여리고 성 무너짐	아간의 범죄

* 사랑은 판단보다 더 정의롭다. < 헨리 워드 비처, 1813~1887, 미국 목사, 설교가>

예배하고, 말씀을 선포하라

찬송 / 197, 202, 143 / 통일 178, 241, 141
성경 / **여호수아 8:18-35**
요절 / **여호수아 8:34**
"그 후에 여호수아가 율법 책에 기록된 모든 것 대로 축복과 저주하는 율법의 모든 말씀을 낭독하였으니"
목표 / 예배하고 말씀을 받은 대로 순종하는 삶의 태도로 살아간다.

시작하는 말

아이 왕은 이스라엘을 대적하는 것은 하나님을 대적하는 것이라는 사실을 몰랐습니다. 우리는 때로 이런 실수를 저지를 수 있다는 것을 알아야 합니다. 하나님의 택하신 백성 이스라엘을 위하여 기도해야 합니다. 이스라엘 백성은 전통적인 예배의식을 전수해준 백성이며, 하나님의 말씀을 전수해 준 택한 백성임을 알아야 합니다. 본문에서 하나님께서는 친히 이스라엘을 위해 싸우시는 모습을 목격하게 됩니다.

오늘의 말씀

1. 아이 성 2차 전투에서 하나님께서 친히 역사하셨습니다(수 8:18~23).

이스라엘 백성이 제1차 아이 성 전투에서 실패한 원인은 하나님의 인도하심이 없었기 때문입니다. 앞선 전투에서 대승을 거둔 이스라엘은 자만했습니다. 그래서 3천 명만 나가서 싸우게 하더니 패하고 말았습니다. 하나님의 백성도 이렇게 실패할 수 있다는 사실을 알아야 합니다. 제2차 전투에서는 하나님이 함께 하사 승리했습니다.

① 하나님께서 직접 전쟁을 지도하시고 지휘하셨습니다.(18절)

제2차 전투에서는 하나님이 이스라엘의 군대 장관이 되셔서 여호수아에게 전쟁에 따른 모든 명령을 친히 내리셨습니다. 이스라엘의 지도자 여호수아는 명령에 철저히 순종했습니다.

② 주도면밀한 전략과 온 이스라엘이 싸움에 참여해 성공을 거두었습니다.(19~20절)

이 전략은 병사들을 매복 시킨 후에 유인하여 양쪽에서 협공하는 전략이었습니다. 하나님의 명령을 좇아 여호수아는 주도면밀하게 이 같은 전략을 따랐고, 온 이스라엘이 힘을 다해 대승을 거두었습니다.

· 함께 읽어요 : 여호수아 8장 18~19절

"[18]여호와께서 여호수아에게 이르시되 네 손에 잡은 단창을 들어 아이를 가리키라 내가 이 성읍을 네 손에 넘겨주리라 여호수아가 그의 손에 잡은 단창을 들어 그 성읍을 가리키니 [19]그의 손을 드는 순간에 복병이 그들의 자리에서 급히 일어나 성읍으로 달려 들어가서 점령하고 곧 성읍에 불을 놓았더라."

2. 하나님의 명령대로 아이 성을 진멸했습니다(수 8:24~29).

아이 성은 믿는 사람들이 정복하고 진멸해야 될 사탄의 세력을 상징하는 가나안 족속의 일부로서 철저히 진멸되어야 했습니다.

여리고 성에서와는 달리 아이 성에서는 가축과 노략물을 취할 수 있었습니다. 전체 노략물을 모은 후에 각 지파와 가족에 따라 공평하게 분배되었을 것입니다. 이는 스스로의 판단에 의한 것이 아니라 하나님의 명령에 따른 것이었습니다.(8:2절) 그들은 철저히 진멸되었습니다.

아이 성이 정복된 후에 두 개의 무더기가 만들어졌습니다. 하나는 아이 성이 황폐되어 무더기가 된 것이고, 또 하나는 아이 왕의 시체 위에

쌓여진 돌무더기였습니다. 아이 왕의 비참한 몰락과 수치를 보면서 우리 성도들은 ① 악인의 형통을 부러워하지 말아야 합니다.

② 악인의 권세를 부러워하지 말아야 합니다.

오직 하나님의 명령대로 순종하고 하나님의 뜻을 헤아려 그 일을 위해 최선을 다해야 합니다.

· 함께 읽어요 : 시편 37편 1절

"악을 행하는 자들 때문에 불평하지 말며 불의를 행하는 자들을 시기하지 말지어다."

3. 에발 산에서 예배를 드리고 율법을 선포했습니다(수 8:30~35).

여리고와 아이와 베델을 정복하여 가나안 정복 전쟁이 한창 진행되는 상태였습니다. 여호수아는 모든 백성들을 세겜 골짜기에 모이라고 했습니다. 이것은 요단강을 건너 약속의 땅 가나안으로 들어가려면 에발 산 위에 제단을 쌓으라고 한 모세의 명령을 지키려는 것이었습니다.(31절)

에발 산(Mt. Ebal)은 저주의 율법이 선포될 장소로 지정된 곳이었습니다.(신 27:13) 에발 산의 제단 위에서 드려진 제사는 후일에 갈보리 산에서 죽임을 당하신 예수 그리스도의 십자가 사건을 예표합니다.

예수 그리스도는 형벌을 받아 마땅한 죄인인 우리들을 위하여 갈보리 산의 십자가 제단 위에서 대신 죽으셨습니다. 자신을 하나님과 죄인인 우리 사이의 번제물과 화목 제물로 내어주셨던 것입니다.

에발 산에 세워질 제단은 특별히 다듬지 아니한 자연석(돌단)이어야 했습니다. 당시 가나안 족속들의 제단은 사람의 기교로 잘 다듬어진 것들이었으니, 이들과 구별되게 자연석으로 만들도록 한 것입니다.

· 함께 읽어요 : 여호수아 8장 32절

"여호수아가 거기서 모세가 기록한 율법을 이스라엘 자손의 목전에서 그 돌에 기록하매"

정리하는 말

사랑하는 성도 여러분! 일에 쫓겨 하나님과의 올바른 관계를 위한 시간이 부족한 경우가 얼마나 많습니까? 그러나 하던 일들을 멈추고 헌신과 예배시간을 가지십시오. 이 시간은 어떤 것보다 우선되어야 합니다. 돌에 율법을 기록한 후에 여호수아는 모세의 명령을 좇아 엄숙한 말씀낭독 예식이 거행되었을 것입니다. 여러분도 말씀을 낭독하시고, 신령과 진정의 예배를 통하여 하나님께 영광을 돌리는 삶을 사시기 바랍니다.

평가와 결심

1. 아이 성 제1차 전투에서 패배한 원인이 무엇이었습니까?
   (수 8:18~23, ① 하나님 도움 없이했음 ② 자만심 ③ 3천 명만 나감)
2. 아이 왕의 진멸을 보면서 얻어야 할 교훈이 무엇입니까?
   (수 8:24~29, 악인의 형통이나 권세를 부러워하지 말아야 함)
3. 아무리 바쁘고 힘들더라도 회복되어야 할 것이 무엇입니까?
   (수 8:30~35, 하나님께 헌신과 예배 시간 회복해야 함)

주간 경건의 시간 <29> · 날마다 말씀과 함께

요일 / 내용	주일/월(Mon)	화(Tue)	수(Wed)	목(Thu)	금(Fri)	토(Sat)
찬송	144동 / 146동	487 / 535	482 / 49	461 / 519	420 / 212	419 / 478
성경	수 8: / 9:	수 10:	수 11:	수 12:	수 13:	수 14:
적용	율법 낭독 / 기브온 주민	태양이 머물고	가나안 북방 취함	모세가 정복한 왕	정복하지 못한 지역	요단 서쪽 기업 분배

* 모본에는 탁월한 힘이 있다. 우리는 우리가 올바로 걸으면 부지중에 다른 사람을 개혁할 수 있다. <스베치 부인 1782~1857, 러시아 신비주의자>

그리스도를 예표한 도피성

찬송 / 325, 184, 191 / 통일 359, 173, 427
성경 / **여호수아 20:1-9**
요절 / **여호수아 20:3**
"부지중에 실수로 사람을 죽인 자를 그리로 도망하게 하라 이는 너희를 위해 피의 보복 자를 피할 곳이니라."
목표 / 부지중에 살인을 저지른 자에게 피할 곳을 주는 참사랑을 가진다.

시작하는 말

이스라엘 백성의 땅 분배가 마무리 되면서 하나님께서는 여호수아에게 도피성을 만들 것을 지시하셨습니다. 도피성은 하나님의 공의와 사랑을 나타내 주는 제도로서, 하나님께서는 이 제도를 통하여 이스라엘 공동체 안에 피의 보복자를 피할 장소를 만들어 비극이 없이 하나님의 공의가 세워지도록 하셨습니다. 도피성은 레위 인들에게 주어진 성읍 중에서 택하도록 했습니다. 이는 레위 인들이 제사장 직분을 수행하는 자들로서 도피성으로 피한 자들을 보호할 수 있었기 때문입니다.

오늘의 말씀

1. 하나님의 말씀은 도피성을 즉시 설치하라는 것입니다(수 20:1~2).

도피성 제도는 일찍이 모세를 통하여 말씀하셨습니다. 도피성에 관하여 말씀하신 하나님께서 이제 구체적으로 그 도피성 선정에 관하여 명령하십니다.(출 21:12~14; 민 35:9~34; 신 4:41~43; 19:1~13) 주목해야 할 사실은, 하나님께서 도피성 문제에 대하여 지속적인 관심과 함께 그것을 이루고자 하시는 적극적인 의지를 가지셨다는 점입니다. 그래서 각 지파에 대한 땅 분배가 완료되자마자, 지체 없이 "여호수아에게 일러 … 모세로 말한 도피성을 택정하라"고 지시 하신 것입니다. 좋은 도피성 제도가 있어도 잘 가르치지 않으면 무용지물일 것입니다.

· 함께 읽어요 : 여호수아 20장 2절
"이스라엘 자손에게 말하여 이르기를 내가 모세를 통하여 너희에게 말한 도피성들을 너희를 위해 정하여"

2. 도피성 제도를 확립하고 택정하라고 지시하셨습니다(수 20:3~4).

땅을 분배하는 일을 마친 다음(19:51), 하나님께서는 여호수아에게 즉시 '도피성을 택정하라'고 지시했습니다. 따라서 여호수아는 앞서 모세를 통하여 이미 주어진 하나님의 지시 사항들을 기억하면서, 도피성 제도를 구체적으로 세워야 했습니다. 요단 동편 땅을 정복하고 그 땅을 갓, 르우벤, 므낫세 반 지파에게 기업으로 주었습니다. 그 땅을 분배한 후에 모세는 그 세 지파들이 사용할 도피성 셋을 마련해 주었습니다. 요단을 건너가 집과 성읍들을 지어 정착하게 되면 그곳에서 성읍 셋을 택해 도피성을 만들라고 명령했습니다. 그러한 도피성을 세울 때 살인한 사람이 신속하게 피할 수 있는 거리에 위치하도록 했음에 주목하십시오. 그렇습니다. 남들 보라고 하는 전시행정(展示行政)이 아니라 살인을 저지르고 급히 피신할 곳을 찾을 때 피신하기 가장 편리한 장소에 세우도록 하신 것입니다. 이렇게 하나님은 우리의 피난처가 되셨습니다.

여러분들은 전시행정처럼 선행이나 구제를 형식적으로 하고 있지는 않습니까? 하나님의 마음을 잘 읽고, 거짓이 아니라, 하나님의 뜻에 합당한, 영혼의 깊은 곳에서 우러나오는 진심어린 신앙생활을 하시기를 간절히 소망합니다.

· 함께 읽어요 : 여호수아 20장 3절
"부지중에 실수로 사람을 죽인 자를 그리로 도망하게 하라. 이는 너희를 위해 피의 보복 자를 피할 곳이니라."

3. 부지중 살인한 실례를 들어 설명하고 있습니다(수 20:5~9).

본문에 부지중에 살인한 분명한 실례를 보여주고 있습니다. 그 사람이 그의 이웃과 함께 숲 속에서 도끼를 들고 벌목을 하다가 도끼날이 빠져나와 그의 이웃을 쳐서 이웃이 죽게 되었습니다.

이럴 경우에는 그 사람은 '피의 보복자'로부터 피하기 위하여 도피성으로 도망할 수 있었습니다. '피의 보수자'로 불리는 가장 가까운 가족이 살인자를 찾아 죽이는 것은 친족의 의무였습니다. 이렇게 구약의 율법에 따라 희생당한 친척의 피를 갚아야 했습니다.(민 35:19; 신 19:6)

친족은 죽임을 당한 사람의 보수자가 되었습니다. 율법에 의하여 살인을 저지른 사람에게 공의를 집행하는 것은 그 보수자의 책임이었습니다. 따라서 부지중에 살인한 자를 위한 도피성이 없다면, 보수하는 일로 공동체 전체가 피의 보복에 휩싸이게 될 것입니다. 그러므로 지경이 넓혀지게 되면 또 다른 도피성들을 세 개 더 세워야 했습니다.(8~10절)

고의적으로 도피성에 피하는 경우에는 도피성에 머무는 것이 허용되지 않았습니다. 하나님은 공의의 하나님인 동시에 사랑의 하나님이셨습니다. 우리의 가장 안전한 피난처이십니다. 이 제도는 영원한 죄악의 피난처가 되시는 '우리의 구주'이신 예수 그리스도를 예표하고 있습니다.

· 함께 읽어요 : 시편 71편 3절
"주는 내가 항상 피하여 숨을 바위가 되소서. 주께서 나를 구원하라 명령하셨으니 이는 주께서 나의 반석이시요 나의 요새이심 이니 이다."

정리하는 말

사랑하는 성도 여러분! 아무리 좋은 제도와 법이 있어도 시행령을 제대로 가르쳐주지 않으면 무용지물입니다. 하나님의 율법도 마찬가지입니다. 모든 성도들에게 범죄하지 않도록 잘 가르쳐주어야 합니다. 말씀교육을 제대로 받지 못하면 편리한 제도가 있어도 사용할 수 없을 것입니다. 우리 자녀들에게 하나님의 말씀은 생명이요, 보호자요, 안전한 산성이십니다. 말씀교육의 열정으로 죽어가는 생명을 살리시기 바랍니다.

평가와 결심

1. 도피성 제도를 누가 기획하시고 운영하도록 하셨습니까?
   (수 20:1~2, 여호와 하나님께서 관심을 가지시고 시행케 하심)
2. 도피성은 그 지역 어떤 곳에 세우도록 하였습니까?
   (수 20:3~4, 도피하기에 가장 가깝고 편리한 곳에 세워졌음)
3. 고의적으로 살인을 저지른 자에게는 어떻게 됩니까?
   (수 20:5~9, 고의적으로 살인을 저지른 자는 적용되지 않음)

주간 경건의 시간 <30> · 날마다 말씀과 함께

요일 내용	주일/월(Mon)	화(Tue)	수(Wed)	목(Thu)	금(Fri)	토(Sat)
찬송	89동 / 93동	303 / 403	302 / 408	336 / 383	363 / 479	378 / 430
성경	수 15: / 16:	수 17:	수 18:	수 19:	수 20:	수 21:
적용	갈렙 정복/ 에브라임	서쪽 므낫세 기업	나머지 땅 분배	시므온자손 기업	도피성	레위 성읍

* 쉬운 승리는 값싼 것이다. 값진 승리는 고전의 결과로 오는 것이다.

< 헨리 워드 비처, 1813~1887, 미국 목사, 설교가>

건강하려면, 찬양하세요

찬송 / 526, 471, 456 / 통일 316, 528, 509
성경 / 시편 30:1-12
요절 / 시편 30:2
"여호와 내 하나님이여! 내가 주께 부르짖으매 나를 고치셨나이다."
목표 / 부르짖으매 고쳐주시는 하나님께 찬양하는 태도를 기른다.

시작하는 말

본문은 다윗이 지은 시로 큰 위험에서 여호와의 은혜를 찬양하고 구원받은 기쁨을 노래한 시입니다. 히스기야 왕이 병들어 죽게 되자 식음을 전폐하고 벽을 향하여 부르짖었을 때 병 고침과, 수명을 15년이나 연장 받았습니다. 여러분들의 생애에 고통과 죽음의 그늘이 드리웠다면 어떻게 하시겠습니까? 시인은 자신이 해결할 수 없는 생사의 기로에서 하나님께 찬양하매 고쳐주셨습니다. 심신건강의 충전은 먼저 마음의 즐거움을 주는 찬송으로 시작됩니다. 건강하려면 찬송하시고, 하나님께서 주시는 건강으로 사명을 잘 감당하시기를 소망합니다.

오늘의 말씀

1. 건강의 제1법칙은 믿고 구원을 찬양하는 것입니다(시 30:1~3).

본문의 시는 개인적인 감사, 또는 찬양의 시입니다. 시인은 그를 죽음의 자리에까지 이끌어간 질병으로부터 하나님의 구원을 경험했습니다. 그 고난의 경험이 삶에 대한 그의 전환점이 된 것입니다. 삶의 온전한 토대는 인간의 건강이나 형통함을 의지하는데 있는 것이 아니라 오로지 하나님의 은혜에 있다는 사실을 깨달아야 합니다. 다윗의 깨달음은 그를 겸손한 자리로 이끌었습니다. 하나님께서 구원하시고 보호 인도하시므로 찬양과 감사로 충만하게 만들었습니다. 거친 세상에서 감사하고 찬양하는 마음과 행동은 우리를 담대하게 하고 건강하게 만들어 줍니다. 여러분! 가정에서 일터에서 그리고 자연을 거닐면서 하나님을 찬양하시기 바랍니다. 나도 모르게 강건해지고 건강이 좋아질 것입니다.

· 함께 읽어요 : 시편 30편 3절
"여호와여 주께서 내 영혼을 스올에서 끌어내어 나를 살리사 무덤으로 내려가지 아니하게 하셨나이다."

2. 건강의 제2법칙은 찬송으로 건강합창곡을 부르는 것입니다(시 30:4~5).

하나님께서 구원을 베풀어 주신 은혜를 찬양하면서, 시인은 구원으로 인한 기쁨의 찬양에 성도들도 동참하도록 초청합니다. 복음찬송을 연구해보면 찬송이 복음전파와 교회부흥에 지대한 역할을 했음을 확인할 수 있습니다. 이는 찬양을 통해 하나님께 영광을 돌리는 동시에 찬송을 부르는 성도들에게는 마음과 육신이 치료되고 힐링케 해 준다고 합니다. 이와 같이 찬양과 음악이 건강에 큰 도움을 준다는 사실이 연구결과 밝혀졌습니다.

찬양을 부르다보면 맥박의 흐름이 정상화되어지고 심혈관 계통의 건강을 회복시켜줍니다. 화를 자주 내고 불평불만으로 화의 불씨를 일으키면 질병이 찾아옵니다. 음악가들의 생애를 보면 대부분 장수한 분들이 많습니다. 그들의 건강비결은 클래식음악을 연주하거나 감상하다 보면 좋은 엔돌핀이 활성화되기 때문입니다. 그러나 록 음악이나 비정상적인 비트나 강한 비트의 음악들을 즐기는 사람들은 호흡이나 맥박의 흐름이 불규칙이어서 단명한 경우도 생깁니다. 찬송과 찬양을 기쁘고 즐겁게 부르시면, 여러분을 건강하게 하는 건강합창곡이 될 것입니다.

· 함께 읽어요 : 시편 30편 4~5절

"[4]주의 성도들아 여호와를 찬송하며 그의 거룩함을 기억하며 감사하라 [5]그의 노염은 잠깐이요 그의 은총은 평생이로다. 저녁에는 울음이 깃들일지라도 아침에는 기쁨이 오리로다."

3. 건강의 제3법칙은 좋은 기억을 살려서 진정한 신앙의 마음으로 은혜찬양을 부르는 것입니다(시 30:6~12).

여러분! 세속적인 노래들을 들어 보세요. 슬픔이 담긴 단조로 된 노래들이 많습니다. 그 주제도 이별, 실연, 버림받은 상처, 세속적 사랑의 고뇌, 질병, 파멸, 보복과 복수심을 불태움, 미움 시기 질투 등 좋지 않은 감정들, 깊은 탄식이 담겨진 가사의 노래들을 부르면서 외로움, 슬픔, 분노 등을 표출하고 있어서 감정의 상처를 부추기고 있습니다. 말하자면 그런 상처를 노래하므로 만족을 얻으려하나 상처만 깊어집니다.

음악을 작곡하는 분들이 건전한 사랑과 행복한 고백 그리고 성취를 경험한 분들이어야 합니다. 정반대의 가사에다 곡을 붙인다면 치유될 수 없습니다. 우리의 민요나 가요 곡들도 이런 경우가 많습니다. 그러므로 건전한 가사와 곡조로 진취적이며 장엄한 곡조로 찬송이 다시 태어나야 합니다. 리듬도 당김 음이나 비정상적인 경우나, 불협화음을 많이 사용하고 있는 것이 사실입니다. 하나님의 구원의 은총을 감사와 찬양과 영광, 기쁨과 환희를 함께 노래함이 건강의 지름길임을 명심하시기 바랍니다. 진정한 신앙의 마음으로 깊이 찬양하시기 바랍니다..

· 함께 읽어요 : 시편 30편 11절

"주께서 나의 슬픔이 변하여 내게 춤이 되게 하시며 나의 베옷을 벗기고 기쁨으로 띠 띠우셨나이다."

정리하는 말

사랑하는 성도 여러분! 하루에도 수십 번씩 듣고 노래하는 대중가요 홍수 속에 살고 있습니다. 어린이들의 동요마저 사라진지 오랩니다. 가곡 대신 가요가 자리 잡고 세속 가요가 클래식음악 위에 군림하고 있습니다. 이제 가요 가수들이 클래식 가수들보다 돋보입니다. 교회 안에서까지 세상 가수들이 인기몰이를 위해서 복음가수로 활동하고 있는 것이 현실입니다. 가수나 탤런트들이 인기를 누리기 위해 교회를 기웃거립니다. 사랑하는 성도 여러분! 예배찬송가와 감사와 시편 찬송가가 계속 창작되고, 살아나기 위해 성도들이 함께 힘써 기도하여 주시기 바랍니다.

평가와 결심

1. 건강을 위한 찬양의 제일 법칙은 무엇입니까?
   (시 30:1~3, 건강의 청신호인 구원을 찬양하세요)
2. 건강을 위한 찬양의 제이 법칙은 무엇입니까?
   (시 30:4~5, 건전한 찬송 찬양 곡을 함께 찬양하세요)
3. 건강을 위한 찬양의 제삼 법칙은 무엇입니까?
   (시 30:6~12, 좋은 기억 살려내어 은혜로운 찬양을 부르세요)

주간 경건의 시간 <31> · 날마다 말씀과 함께

요일 / 내용	주일/월(Mon)	화(Tue)	수(Wed)	목(Thu)	금(Fri)	토(Sat)
찬송	86동 / 85동	546 / 399	545 / 344	380 / 424	423 / 213	421 / 210
성경	수 22: / 23:	수 24:	시 30:	시 31:	시 32:	시 33:
적용	동쪽 지파/ 선한 말씀	여호와만 섬겨라	고치셨나이다	여호와 찬송하라	허물의 사함	수금과 열줄 비파

* 건강을 잃은 삶은 삶이 아니다. 그것은 무기력하고 고통당하며, 죽은 송장의 모습과도 같기 때문이다. < 프랑수아 라브래아 1490~1553, 프랑스 풍자가>

생명과 연수를 즐겨라

찬송 / 325, 184, 191 / 통일 359, 173, 427
성경 / 시편 34:1-22
요절 / 시편 34:12-13
"[12]생명을 사모하고 연수를 사랑하여 복 받기를 원하는 사람이 누구뇨 [13]네 혀를 악에서 금하며 네 입술을 거짓말에서 금할지어다."
목표 / 생명을 사랑하고 연수를 사랑하며 살아가는 태도를 기른다.

시작하는 말

이 시는 다윗이 가드 왕 아기스 앞에서 미친 체하다가 쫓겨나서 지은 시입니다(삼상 21:10~15). 이 시는 선과 악은 그 자체로 복된 결과와 불행한 결과를 가져온다는 사실을 보여줍니다. 이 시에서 배울 수 있는 가장 중요한 사실은 바로 '여호와를 경외함'이 선과 악을 규정하는 절대적인 기준이 된다는 것입니다. 이와 같이 우리의 믿음은 선악뿐만 아니라, 육신의 건강에 지대한 영향을 미칩니다. 하나님을 경외함으로 영과 육이 건강해져서 생명과 연수를 행복하게 즐기시기 바랍니다.

오늘의 말씀

1. 먼저 하나님을 찬송하겠다는 결심이 있어야 합니다(시 34:1~2).

시인은 단지 지식적으로 만이 아니라 체험을 통하여 하나님을 알게 되었습니다. 그는 하나님을 찬양하고, 그 구원의 경험을 사람들에게 간증하면서 참된 하나님의 위대하심을 전하고 권고했습니다.

여러분! 여러분들이 찬양을 제대로 하려면, 먼저 선하고 아름다운 삶을 살아야 합니다. 이렇게 하나님을 사모하는 영이 있어야 여러분이 선하고 아름다운 찬양이 터져 나오는 것입니다. 본문에서 시인은 내가 항상 여호와를 송축하고 계속 찬양하겠다고 약속하고 있습니다. 이처럼 찬송은 신앙의 감동과 감화 속에서 저절로 콧노래처럼 흘러나와야 합니다. 마음에 어떤 생각을 품느냐에 따라 찬송의 선곡도 부르는 노래의 제목도 달라집니다. 그래서 찬송은 신앙고백인 것입니다. 하나님의 은총과 사랑과 은혜를 담아 기쁜 마음으로 찬송하시기 바랍니다. 하나님을 향해 찬송으로 신앙을 고백하는 것은 그 자체가 곧 행복이 될 것입니다.

· 함께 읽어요 : 시편 35편 18절
"내가 대회 중에서 주께 감사하며 많은 백성 중에서 주를 찬송 하리이다."

2. 찬송할 이유가 있기에 찬양을 권유하고 있습니다(시 34:3~7).

시인은 찬양을 함에 있어서 믿음의 친구들을 초청합니다. 3절을 함께 읽겠습니다. "나와 함께 여호와를 광대하시다 하며 함께 그의 이름을 높이세"라고 합니다. 또한 하나님의 위대하심을 찬양함으로서 그분의 놀라우신 성품을 더 풍성하고 충만하게 알게 됩니다. 그리고 찬양을 함께 부를 때 성령께서 역사하사 강건한 믿음을 만들어 줍니다.

함께 모여 찬양하는 것은, 개인과 함께 공동체에 큰 힘이 되고 위로가 됩니다. 하나님께 드리는 찬양이 은혜가 충만하면, 그를 통하여 다른 사람들에게 신앙의 확신과 헌신의 열정이 전이(轉異)됩니다. 믿음이 약한 분들에게 다시 힘을 얻는 계기가 되기도 합니다. 공동으로 드려지는 찬양은 고갈된 심령을 회복시키며, 영적인 감정을 고양시키고, 함께 신앙고백하고 하나님의 위대하심을 노래 할 수 있게 해줍니다.

그러므로 다윗은 "이스라엘의 찬송 중에 계시는 주여 주는 거룩하시나이다"(시 22:3)라고 노래합니다.

시인은 자신의 경험을 고백합니다. '그 모든 환난에서 구원받은 은혜'라고 간증하고 있습니다. 찬송할 수밖에 없는 자신의 개인적인 경험을 밝히면서, 찬송할 이유를 강조하며 찬양을 권유하고 있습니다.

· 함께 읽어요 : 시편 34편 6~7절
"[6]이 곤고한 자가 부르짖으매 여호와께서 들으시고 그의 모든 환난에서 구원하셨도다. [7]여호와의 천사가 주를 경외하는 자를 둘러 진치고 그들을 건지시는 도다."

3. 건강한 삶의 방식은 여호와를 경외하는 것입니다(시 34:8~22).

하나님의 구원의 능력과 선하신 은혜를 직접 맛보았기에 이제 다른 사람들도 그러한 경험을 나눠 가지기를 원합니다. 8절을 함께 읽겠습니다. "너희는 여호와의 선하심을 맛보아 알지어다. 그에게 피하는 자는 복이 있도다." 그렇습니다. 여호와 하나님께서 베풀어 주신 은혜의 맛을 본 사람들은 그 맛을 평생 잊을 수 없는 것입니다.

시인은 이제까지 자신의 경험을 밝혔습니다. 이제 그 경험을 이룬 자신의 삶의 방식이 무엇인지 구체적으로 말합니다. 그것은 '여호와를 경외함'이라고 말합니다.

① 여호와를 경외함이 복의 근원임을 교훈합니다.(11~12절)
② 인간관계에서 경외심이 드러나야 합니다.(13~14절) 부부 간에도 경어를 사용하세요. 언어생활에서 악을 버리고 선을 행하며 화평을 찾아 따라야 합니다. 그래야 치유가 되고 행복하게 됩니다.
③ 여호와를 경외하며 부르짖는 자에게 하나님께서 응답하십니다.(17절) 하나님은 종들의 영혼을 속량하사 하나님께 피하는 자에게 벌을 받지 않게 하셨습니다.(15~22절)

· 함께 읽어요 : 시편 34편 18절
"여호와는 마음이 상한 자를 가까이 하시고 충심으로 통회하는 자를 구원하시는 도다."

정리하는 말

사랑하는 성도 여러분! 하나님께서는 당신의 백성들에게 관심을 가지시고, 구원의 손길을 펴주십니다. 하나님을 경외하는 자들을 책임지시고, 의인이 환난 중에 있을 때 특별이 나타나셔서 보호해 주십니다.

세상에서 의인도 환난을 당합니다. 그러나 그 어려움이 '여호와를 경외하는 태도'를 바꿀 수 없습니다. 하나님을 경외하는 자라도 자신의 죄로 내면의 고통을 당할 수 있고, 사악한 공격에 희생될 수도 있습니다. 그러나 의인의 결국은 하나님께서 구원하시기에 찬양을 드려야 합니다.

평가와 결심

1. 생명을 사모하는 자가 먼저 무엇을 어떻게 해야 합니까?
   (시 34:1~2, 항상 어떤 상황에서도 주를 찬양하겠다는 결심해야 함)
2. 믿는 자들의 찬양이 주변에 어떤 영향을 줍니까?
   (시 34:3~7, 찬양을 함께 부르면서 위로와 상호 믿음의 상승작용을 줌)
3. 다윗이 가르쳐 주고 있는 건강한 삶의 방식이 무엇입니까?
   (시 34:8~22, 여호와를 경외하며 찬양에서 드러나야 됨)

주간 경건의 시간 <32> · 날마다 말씀과 함께

요일 / 내용	주일/월(Mon)	화(Tue)	수(Wed)	목(Thu)	금(Fri)	토(Sat)
찬송	122동/ 83동	338/ 364	365 / 484	459/ 514	549/ 431	550 / 248
성경	시 34: / 35:	시 36:	시 37:	시 38:	시 39:	시 40:
적용	생명을 사랑/ 대회 중 감사	복락의 강물	의인의 적은 소유	버리지 마소서	나의 소망 주께	새 노래 찬송

* 나태는 녹과 같다. 그것이 몸을 부식시킴은 노동이 이를 피폐하게 하는 것보다 빠를 것이다.

<리처드 1157~1199, 영국 왕>

영혼 회복을 사모하라

찬송 / 309, 302, 303 / 통일 409, 408, 403
성경 / 시편 42:1-11
요절 / 시편 42:1
"하나님이여 사슴이 시냇물을 찾기에 갈급함 같이 내 영혼이 주를 찾기에 갈급하니 이다."
목표 / 주를 찾기에 갈급함으로 영혼까지 회복되는기쁨으로 살아간다.

시작하는 말

이번 과에서는 영적인 곤경 가운데서 하나님을 사모하는 시인의 마음이 하나님의 성소에 대한 갈망으로 귀결되는 개인적인 시입니다. 현대를 살아가면서 우리 성도들이 겪는 고통의 일면을 시로 표현한 부분이기도 합니다. 참으로 아무리 발버둥을 쳐봐도 해결의 실마리가 보이지 않을 때의 안타까움이란 당해 보지 않은 사람은 알 수가 없습니다. 그러나 시인은 신앙적인 면에서 쉽게 해결의 실마리를 제공해주고 있습니다. 그것은 하나님을 간절히 사모하라! 그러면 모든 문제를 해결해 준다는 것입니다. 갈급한 영혼을 해결하면 문제가 저절로 풀릴 것입니다.

오늘의 말씀

1. 시인은 곤궁하기에 주를 더욱 사모하게 되어 집니다(시 42:1~2).

하나님께서는 인간에게 곤고함을 통해서 하나님의 위로의 손길을 찾도록 인도하십니다. 현대인들에게는 너무 풍족하고 풍요롭기에 하나님을 찾아 나서지 않습니다. 그저 입만 벌리면 먹을 것이 공급되어지는 어린아이와 같습니다. 그러나 배가 고프면 웁니다, 그때 젖을 물려줍니다. 그러면 젖을 물고 잠이 듭니다. 곤경에 처한 시인은 주님을 간절히 사모하게 됩니다. 주님을 간절히 사모하다보니 문제가 저절로 풀려졌습니다. 사랑하는 성도 여러분! 고난과 역경의 자리에서 허우적거릴 때, 주님께서 손을 내밀어 건져 구원해 주실 것을 믿으시기 바랍니다.

· 함께 읽어요 : 이사야 49장 15~16절

"[15]여인이 어찌 그 젖 먹는 자식을 잊겠으며 자기 태에서 난 아들을 긍휼히 여기지 않겠느냐 그들은 혹시 잊을지라도 나는 너를 잊지 아니할 것이라 [16]내가 너를 내 손바닥에 새겼고 너의 성벽이 항상 내 앞에 있나니"

2. 여호와께서 주시는 고통을 통해 더 가까이 가게 됩니다(시 42:3~5).

찬송가 338장(통찬 364장) 가사에 "내 주를 가까이 하게 함은 십자가 짐 같은 고생이나 / 내 일생 소원은 늘 찬송하면서 주께 더 나가기 원합니다" 그렇습니다. 내 주를 가까이 하게 함이 십자가 짐 같은 고생일 수 있지만 나의 일생 소원은 늘 찬송하면서 주께 더 나가기 원하는 것이 참 신앙인의 모습입니다. 다윗은 여러 가지 어려움을 당합니다.

① 조롱당합니다.(3절) 네 하나님이 어디 있느냐 하고 조롱합니다.

② 이전 일을 회상합니다.(4절) 성일을 지키는 무리와 함께 동행 하며 기쁨의 찬송을 불렀던 기억이 아련히 떠오릅니다.

③ 과거의 회상이 시인 자신에게 격려가 됩니다.(5절) 여러분들도 과거에 뜨겁게 신앙생활 했던 기억을 떠올리시면서 이기십시오.

과거가 항상 아름다워야 이길 수 있는 것은 아닙니다. 오히려 어렵고 힘들게 했던 과거의 기억들이 오히려 새 힘을 솟아나게도 할 수 있는 것입니다. 젊을 때 일찍 고생은 신앙 인생의 연륜을 굵게 하며, 인생여정을 알알이 여물게 합니다. 고생과 역경의 터널을 지나면서 빛을 사모하며 잘 통과하셔서 형통한 삶으로 살아가시기를 소망합니다.

· 함께 읽어요 : 데살로니가후서 1장 6~8절
"[6]너희로 환난을 받게 하는 자들에게는 환난으로 갚으시고 [7]환난을 받는 너희에게는 우리와 함께 안식으로 갚으시는 것이 하나님의 공의시니 주 예수께서 자기의 능력의 천사들과 함께 하늘로부터 불꽃 가운데에 나타나실 때에 [8]하나님을 모르는 자들과 우리 주 예수의 복음에 복종하지 않는 자들에게 형벌을 내리시리니"

3. 확신 속에서 회복을 위해 간절히 기도를 드립니다(시 42:9~11).

다윗은 자신의 마음을 있는 그대로 하나님 앞에 아룁니다. 하나님을 '내 반석'이라고 부릅니다. 그의 회복 되어가는 심성은 하나님께서 자신에게 등을 돌린 것이 아니라는 것을 확신하게 됩니다. 신앙인에게 있어서 다윗같이 하나님께서 자신을 절대로 잊어버리거나 버리지 않으신다는 강력한 확신을 갖는 자세가 필요합니다.

다윗은 환난 때에 오히려 하나님은 자신의 도우심을 위한 유일하고 영원한 반석이심을 새롭게 발견합니다. 시인은 다시 자신이 받고 있는 깊은 상처, 그를 향하여 내뱉는 비난과 비웃음은 마치 그를 칼로 찌르는 고통과도 같았습니다. 이 고통의 간절한 호소를 통하여 부르짖으며 그는 하나님의 응답을 촉구하고 있는 것입니다. 하나님의 응답과 도우심에 모든 것을 건 시인은 다시 자신을 찬송으로 격려합니다. 자신의 영혼이 낙심하고, 불안해 할 이유가 없으며, 오직 하나님께 소망을 두고, 하나님의 도우심으로 말미암아 계속해서 찬송할 것을 다짐하고 있습니다.

· 함께 읽어요 : 시편 42편 11절
"내 영혼아 네가 어찌하여 낙심하며 어찌하여 내 속에서 불안해하는가. 너는 하나님께 소망을 두라 나는 그가 나타나 도우심으로 말미암아 내 하나님을 여전히 찬송하리로다."

정리하는 말

사랑하는 성도 여러분! 금년 전반기를 살아오면서 심신이 지쳤을 것입니다. 의의 태양 되시는 주 예수님을 바라보시고 힘내시기 바랍니다. 영혼을 밝히시는 성령충만으로 힘과 능력, 그리고 쉼과 안식을 되찾으시기를 소망합니다. 세상의 거친 세파에서 시달릴지라도 오히려 연단이 되어 정금같이 되는 축복을 받으시기 바랍니다. 인간이 제아무리 뛰어나다 하더라도 하나님의 위대하심에 비교할 수 있겠습니까? 위로 하나님의 얼굴을 사모하며 사랑과 은혜로 새 힘을 얻으시기를 소망합니다.

평가와 결심

1. 시인이 곤경에 처하자 어떻게 하여 회복을 얻었습니까?
   (시 42:1~2, 하나님을 사모하며 주를 찾기에 갈급하였음)
2. 시인은 당하는 고통과 역경을 통해서 어떻게 되었습니까?
   (시 42:3~8, 하나님께 더 가까이 나아가게 되었음)
3. 시인은 고통과 역경 가운데 어떻게 헤쳐 나갔습니까?
   (시 42:9~11, ①불안을 신앙으로 극복, ②하나님께 소망을 둠)

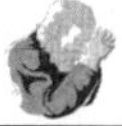

주간 경건의 시간 <33> · 날마다 말씀과 함께

요일 / 내용	주일/월(Mon)	화(Tue)	수(Wed)	목(Thu)	금(Fri)	토(Sat)
찬송	86동 / 87동	220 / 278	254 / 186	292 / 415	314 / 511	325 / 359
성경	시 41: / 42:	시 43:	시 44:	시 45:	시 46:	시 47:
적용	가까운 친구 / 밤엔 찬송	하나님께 소망 두라	마음의 비밀 아심	주의 나라의 규	새벽에 도우심	하나님을 찬송하라

* 늦게 일어난 사람은 종일 총총 걸음을 걸어야 한다. < 벤저민 프랭클린 1706~1790, 미국 발명가, 정치가, 저술>

영화롭고 치유함의 예배

찬송 / 546, 550, 383 / 통일 399, 248, 433
성경 / 시편 50:1-23
요절 / 시편 50:23
"감사로 제사를 드리는 자가 나를 영화롭게 하나니 그의 행위를 옳게 하는 자에게 내가 하나님의 구원을 보이리라"
목표 / 감사로 치유함을 얻고 예배 찬양을 드리는 태도를 기른다.

시작하는 말

'예배'는 하나님을 경배하고, 하나님을 만나는 축복의 통로입니다. 하나님은 예배를 통해 용서하시고, 치료하시고, 축복하십니다. 예배자로 삼아주신 하나님께 감사하며 신령과 진정의 예배를 드리시기 바랍니다. 현대 성도들의 문제는 하나님께 할 도리를 하지 않고, 성공과 출세를 구하는 기복 신앙에 머물러 있다는 것입니다. 여러분! 감사함으로 하나님을 영화롭게 하는 참된 예배를 드리시기 바랍니다. 그리하면 하나님은 우리에게 성령충만하게 하사, 치유하시고 축복하실 것입니다.

오늘의 말씀

1. 예배는 심판자이신 하나님의 소집입니다(시 50:1~6).

세상의 모임은 소집자에 따라서 가지각색입니다. 교회의 여러 가지 모임이 있겠지만 예배만큼은 하나님 아버지의 요구요 소집임을 깨달아야 하겠습니다. 담임목사님이 자리를 비울 때면 예배에 모인 수가 확연하게 차이가 난다는 것은 비정상적인 것입니다. 예배만큼은 사람이 아니라 오직 하나님께 드려지는 예배라는 사실을 깨달아야 합니다.

본문에서 예배를 소집하는 분은 '전능하신 여호와 하나님'이신 것을 깨달아야 합니다. 예배드리는 곳과 모이는 범위는 '해 돋는 데서부터 지는 데까지'라고 했습니다. 대상은 '온 세상'인 것입니다(1절).

· 함께 읽어요 : 시편 50편 1절
"전능하신 이 여호와 하나님께서 말씀하사 해 돋는 데서부터 지는 데까지 세상을 부르셨도다."

2. 즐겁고 자발적인 예배를 열납하시고 기뻐하십니다(시 50:7~15).

하나님께서 자신의 백성들을 소환하고 계십니다. 내 백성 이스라엘을 부르시고, '들을지어다!' 라고 선포하시면서 순종을 요구하십니다.

이스라엘은 수소나 숫염소의 제물로 하나님이 정하신 대로 제사 드렸습니다. 하나님께서 외형적인 면은 인정하셨으나 내면적인 잘못을 책망하고 있습니다. 사실 제사는 죄인 된 인간이 하나님과의 언약 관계 안에서 하나님께 나아갈 수 있도록 만든 방편이었습니다. 그래서 절실히 필요한 것은 하나님이 아니라 사람입니다. 내면적인 준비 없는 제물은 예배의 의미를 충족시켜주지 못하고 피와 고기에 불과한 것입니다. 하나님은 이런 예물을 거절하실 것입니다. 왜냐하면 삼림의 짐승, 천산의 생축이 다 하나님의 소유이듯이 세상이 하나님의 것이기 때문입니다.

형식적인 예배를 질책하시면서 참된 예배의 의미와 목적을 교훈하십니다. 감사로 제사를 드리며 서원을 갚는 그런 제사를 드리라는 것입니다. 그러면서 환난 날에 나를 부르면 건져주시겠다고 약속하십니다. 현대교회는 예물이 넘치고 예배 참석인원도 많습니다. 그러나 그것으로 하나님께서 원하시는 신령과 진정의 예배가 될 수 없습니다. 그것은 '마음의 감사가 없다'는 것입니다. 어렵고 힘들었던 환난의 때에 하나님께 맹세나 서원했던 것을 지키기를 원하십니다. 마땅히 돌려야 할 영광을 하나님께 돌리시기 바랍니다. 하나님은 자발적인 예배를 기뻐하십니다.

· 함께 읽어요 : 시편 50장 14~15절
"[14]감사로 하나님께 제사를 드리며 지존하신 이에게 네 서원을 갚으며 [15]환난 날에 나를 부르라 내가 너를 건지리니 네가 나를 영화롭게 하리로다."

3. 악한 자들의 예배를 책망하십니다(시 50:16~21).

오늘날 교회는 진정한 예배의 의미를 성도들에게 가르쳐야 합니다. 교회는 예배가 중심이 되어야 합니다. 그런데 이벤트나 행사 위주로 운영되다 보니 예배가 유명무실합니다. 봉사도 그렇습니다. 사람들이 관심을 가지면 많이 참석하고, 자기 이름을 드러내고, 기관이나 속회의 임원이나 대표로서 명예를 표출할 수 있는 곳에 사람들이 많이 모입니다. 이런 마음을 가지면 하나님의 말씀이 담겨질 공간이나 공백이 없습니다. 요즘 나라나 직장이나 교회까지도 부정부패가 한 몫을 하고 있습니다. 그러다 보니 교회가 교회답지 못한 상태가 되었습니다. 일반 회사에서도 하지 못할 일들이 교회 안에서 사랑이란 너울을 쓰고 뻔뻔스럽게 행해지고 있는 것입니다. 악인들도 형식적인 예물을 드리고 예배드릴 수 있습니다. 사업가들은 교회의 조직력과 추진력에 금력을 싣기만 하면 쉽게 돈도 벌 수 있는 손쉬운 길을 선택합니다. 다단계 같은 고질적인 방법으로 교회를 파고듭니다. 세상과 편승하다보면 엄청난 손해와 함께 교회를 부도 낼 수도 있다는 사실을 명심하고 경계해야 할 것입니다.

· 함께 읽어요 : 시편 50장 22절
"하나님을 잊어버린 너희여 이제 이를 생각하라 그렇지 아니하면 내가 너희를 찢으리니 건질 자 없으리라."

정리하는 말

사랑하는 성도 여러분! 몸은 예배당에 있고, 마음은 장터나 사업장에 있다면, 그 예배가 제대로 드려질리 없습니다. 몸만 예배당에 있으니 찬송을 불러도, 말씀을 들어도, 은혜받을 그릇이 없으니 다 흘러 떠내려 보내는 것입니다. 그런 사람들은 하나님과 교제하기보다는 악한 자들과 교제하며, 도적을 본즉 연합하고 악한 자들과 같이 동행한다는 것입니다.

여러분! 제대로 드린 한 시간의 예배가 내 영혼과 내 인생을 바꾸고, 찬송과 말씀이 회복되면 치유와 축복이 된다는 사실을 아시기 바랍니다.

평가와 결심

1. 예배의 소집 자는 누구입니까? (시 50:1~6, 만유 주 하나님)
2. 하나님께서 원하시는 예배는 무엇입니까?
   (시 50:7~15, 형식적인 예배를 원치 않으시고, 바른 예배를 원함)
3. 하나님께서 어떤 자들과 그들의 무엇을 책망하십니까?
   (시 50:16~21, 악한 자들과 그들이 드리는 예배)

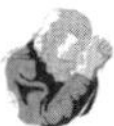

주간 경건의 시간 <34> · 날마다 말씀과 함께

요일 / 내용	주일/월(Mon)	화(Tue)	수(Wed)	목(Thu)	금(Fri)	토(Sat)
찬송	145동 / 91동	524 / 313	451 / 504	420 / 212	325 / 359	527 / 317
성경	시 48: / 49:	시 50:	시 51:	시 52:	시 53:	시 54:
적용	정의 충만/ 오묘한 말	감사로 제사	정직한 영	재물 풍부함	어리석은 자	내 기도

* 전력을 다하여 생각하고 전력을 다하여 일하라.

< 토머스 에디슨, 1847~1831, 미국 발명가 >

제35과 예물로 기쁘게 하라

찬송 / 526, 471, 456 / 통일 316, 528, 509
성경 / 시편 66:1-20
요절 / 시편 66:13
"내가 번제물을 가지고 주의 집에 들어가서 나의 서원을 주께 갚으리니"
목표 / 예물을 들고 하나님의 집(성전)에 들어가 예배하는 태도를 기른다.

시작하는 말

본문은 시편 기자가 자기 백성을 구원하시는 하나님의 은혜를 찬양하고, 기도 응답에 감사하는 찬양 시입니다. 하나님께서는 미래에 왕이 될 저자를 적의 위험으로부터 구해주셨습니다. 그의 구원은 또한 나라 전체의 구원이기도 했습니다. 이러한 이유로 이 시편의 배경을 유다가 앗수르로부터 구원받은 때로 보는 사람들도 있습니다.(왕하 19장)

본시는 두 종류의 찬송으로, 앞부분은 민족적인 찬송이며(1~12절), 뒷부분은 개인적인 찬송입니다.(13~20절) 여러분! 하나님께 예배드릴 때 예물을 가지고 나아가서 하나님을 기쁘게 하시기를 바랍니다.

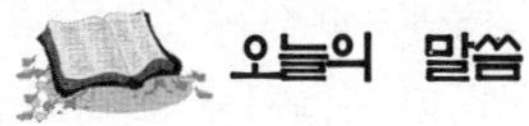

오늘의 말씀

1. 하나님께 예배하는 것이 최상의 봉사입니다(시 66:1~7).

본문에서 시인은 하나님이 행하신 놀라운 일들로 인해 그분의 이름을 찬양합니다. 예배에서 찬송과 찬양은 예배를 감동 감화시키고 영광돌리게 하는 예배의 소중한 도구입니다. 오늘날 예배가 세속화된 데는 세속적인 문화의 달콤함을 추구하는 데서 왔다고 봅니다. 그러나 진정한 예배는 기도의 향연과 찬송의 은혜가 더해져 절정을 이루게 하고 구원과 생명을 고백하게 합니다. 세상을 창조하시고 인간을 지으신 창조주 하나님께서 타락한 인간을 위해 예수 그리스도를 속죄의 제물로 삼으셨음을 알게 하고 예배를 통해 그 위대하신 하나님을 경외하게 하셨습니다.

시인은 찬양하라고 사람들을 부릅니다.(1~2절) 주님의 하시는 일이 매우 놀랍고 찬송 받으실 만하기 때문입니다.(3~4절) 과거에 행하신 구원의 역사를 돌아봅니다.(5~6절) 그러나 교만한 열방을 경고하시기도 하십니다.(7절) 여러분! 교만을 버리고 영원히 다스리시는 생사화복의 하나님께 영광 돌리기 바랍니다.

· 함께 읽어요 : 시편 66편 7절

"그가 그의 능력으로 영원히 다스리시며 그의 눈으로 나라들을 살피시나니 거역하는 자들은 교만하지 말 지어다(셀라[1])."

2. 평온 할 때나 환난 때에 주시는 은혜를 찬양합니다(시 66:8~15).

본 단락은 가나안 정착 후 이스라엘 국가의 시련의 시기를 말하면서 환난 때에 하나님께서 베푸신 은혜를 찬양하고 있습니다.

① 위기에 처한 자를 보하십니다.(8~9절) 시인은 송축하라고 촉구하면서 그는 우리 영혼을 살려 두시고 우리의 실족함을 허락지 아니하시는 주님이시라고 강조합니다. 하나님은 위기에서 그들을 건져내셨습니다.

② 단련을 통해 풍성케 하십니다.(10~12절) 하나님께서는 역경과 시련을 통해서 성도를 연단하시고 단련시키십니다. 호박 넝쿨을 단단한 밧줄처럼 만드시고 꽃이 피고, 호박을 알차게 자라게 하고, 점점 커다란

---

1) 셀라(Selah ; סֶלָה) 시편에서 73회 나타나고, '소리를 높여라', '떠받치다', '쉼', '들어올리다', '막간의 주악' 등의 의미를 가진다. 시적인 문장 끝 부분에 붙는다.

호박이 매달려도 끄떡 없이 만들어주시는 것처럼 말입니다.

③ 서원을 이행하도록 선포하십니다.(13~15절) 하나님의 구원의 신실함과 그 은혜의 풍성함을 노래한 시인은 서원을 지키겠다고 고백합니다.

· 함께 읽어요 : 시편 66편 13~14절

"[13]내가 번제물을 가지고 주의 집에 들어가서 나의 서원을 주께 갚으리니 [14]이는 내 입술이 낸 것이요 내 환난 때에 내 입이 말한 것이니 이다."

3. 하나님이 하신 일을 선포해야 합니다(시 66:16~20).

이제 시인은 하나님께서 자기를 위하여 하신 일을 선포합니다.

① 개인적인 구원의 체험을 들려줍니다.(16~17절) 시인은 하나님이 자신의 영혼을 위하여 행하신 일을 선포하고자 자신의 입으로 부르짖고, 혀로 찬송했다고 고백합니다.

② 위선자의 기도는 듣지 않으십니다.(18절) 하나님은 함께 하사 굳세게 하고, 의로운 오른손으로 붙들어 주신다고 했습니다.(10절) 이사야를 통해서 "내가 너를 굳세게 하리라. 너를 도와주리라. 오른손으로 너를 붙들리라"라고 한 고백과 마찬가지입니다.(사 41:10절)

③ 시인은 응답된 기도에 대해 감사합니다.(19~20절) 자신이 기도한 것을 기억하고 시인은 "하나님이 들으셨도다. 하나님을 찬송하리로다." 라고 고백합니다. 기도하는 사람은 바로 이런 자세가 중요합니다. 이미 응답되었는데도 불구하고 모르고 있다면 하나님께서 얼마나 답답해하시겠습니까? 영적으로 깨어 있어서 세미한 음성을 들으시기 바랍니다.

· 함께 읽어요 : 이사야 41장 10절

"두려워하지 말라 네가 너와 함께 함이라 놀라지 말라 나는 네 하나님이 됨이라. 내가 너를 굳세게 하리라 참으로 너를 도와주리라. 참으로 나의 의로운 오른 송으로 너를 붙들리라."

정리하는 말

사랑하는 여러분! 여러분을 예배의 사람으로 만들어 주셨음을 감사하시기 바랍니다. 예배는 곧 하나님을 알현(謁見)[2]하는 시간이며, 우리의 간구와 소원을 아뢰는 시간입니다. 서원을 이행할 수 있는 장소와 시간이 예배 시간인 것입니다. 하나님께 인간의 최상의 예물은 감사의 마음이 담긴 찬송과 찬양의 예물일 것입니다. 하나님께서 우리를 찬송을 받으시기 위하여 만드셨기 때문입니다.(사 43:21) 예배드리는 것이 마땅한 일이며, 예물을 가지고 나아가 예배한다면 더욱 기뻐하실 것입니다.

평가와 결심

1. 하나님께 최상의 봉사가 무엇이겠습니까? (시 66:1~7, 하나님께 예배 함)
2. 하나님께 언제 찬양해야 되겠습니까?
   (시 66:8~15, 환난 때나 평온할 때 언제나 찬양해야 함)
3. 하나님을 믿는 성도들이 무엇을 해야 하겠습니까?
   (시 66:16~20, 하나님께서 하신 일을 선포해야 함)

주간 경건의 시간 <35> · 날마다 말씀과 함께

요일 / 내용	주일/월(Mon)	화(Tue)	수(Wed)	목(Thu)	금(Fri)	토(Sat)
찬송	21동 / 25동	286 / 218	329 / 267	387 / 440	410 / 468	445 / 502
성경	시62 : / 63 :	시 64 :	시 65 :	시 66 :	시 67 :	시 68 :
적용	하나님만 / 작은 소리	나의 생명 보존	서원을 이행하리	서원을 갚으며	민족들이 찬송케	고아의 아버지

* 사랑으로 거리낌 없이 구하는 소박한 심령은 응답을 받는다.<존 그린리프 위티어, 1807~1892, 미국 시인>

2) 알현(謁見): 지체 높은 사람을 찾아가 뵘.

9단원 성전 사랑의 달

주의 힘을 후대에 전하라

찬송 / 342, 309, 535 / 통일 395, 409, 325
성경 / **시편 71:1-24**
요절 / **시편 71:18**
"하나님이여 내가 늙어 백발이 될 때에도 나를 버리지 마시며 내가 주의 힘을 후대에 전하고 주의 능력을 장래의 모든 사람에게 전하기까지 나를 버리지 마소서."
목표 / 성전 봉사를 통하여 주의 힘을 후대에 전하며 살아가는 태도를 기른다.

시작하는 말

이 시편은 일생을 통하여 주의 인도하심과 보호하심이 지속되기를 바라는 기도입니다. 시인은 지금까지 신앙 가운데 지켜주신 하나님께서 앞으로도 계속 보호하시고 인도해 주실 것을 바라는 기도입니다. 특별히 시인은 늙어 기력이 쇠하고 사람들로부터 버림을 받게 되어도 하나님께서 떠나지 마시고 함께 해 주시기를 간구하고 있습니다. 육적으로는 쇠하고 약해질지라도 하나님의 은혜로우신 돌보심이 있기에 확신하면서 주님을 영화롭게 할 것을 다짐하고 있습니다.

오늘의 말씀

1. 현재 처한 어려운 상황을 고하며 도우심을 호소합니다(사 48:1~4).

본문에서 시인은 자신이 처한 어려운 상황 가운데서 하나님께서 보호하시고 구원해 주실 것을 호소하고 있습니다. 어쩌면 젊었을 때는 자신의 힘과 지식과 환경을 믿고 큰 소리 치면서 살아왔을 것입니다. 그러나 지금 늙어보니 기력이 쇠하고 상황이 엄청 달라졌음을 깨닫고 하나님의 도우심을 호소하고 있습니다.

① 구원을 호소합니다.(1~2절) 젊었을 때는 이리 저리 피해 다녔지만 이제 늙고 보니 도망할 힘도 없고 피할 곳도 보이지 않는다는 것입니다.

② 시인은 자신의 믿음을 고백합니다.(3절) 하나님은 곧 피하여 거할 바위요, 반석이요, 산성이라고 고백하고 있습니다.

③ 시인은 위기상황임을 고백합니다.(4절) 간절히 부르짖었습니다.

· 함께 읽어요 : 시편 71편 3절

"주는 내가 항상 피하여 숨을 바위가 되소서. 주께서 나를 구원하라 명령하셨으니 이는 주께서 나의 반석이시요 나의 요새이심이니 이다."

2. 과거 하나님만이 나의 소망이 됨을 고백하고 간구합니다(시 71:5~14).

시인은 하나님께서는 지금까지 항상 자신의 소망이 되셨음을 고백합니다.(5절) 여러분에게도 이러한 고백이 있으시길 바랍니다.

① 어릴 때부터 의지했다고 말합니다.(5절)

② 모태에서 지켜 주셨다고 고백합니다.(6절) 태에서 피어보지도 못하고 져버린 영아도 있는데, 시인은 감격하면서 잉태해서 건강하게 출산하기까지 하나님께서 지켜주셨다고 고백하고 있습니다.

③ 항상 피난처가 되심을 감사하고 있습니다.(7절)

④ 늙고 연약할 때에도 도우심을 간구합니다.(9~13절) 하나님만이 그의 변함없는 소망이 되심을 고백한 시인은, 이제까지 돌보신 하나님께서 늙고 연약해서 아무것도 할 수 없을 때에도 지켜주시고 인도해 주시기를 간구합니다. 인생은 초로(草露; 풀잎의 이슬)와 같다고 노래한 시인도 있습니다. 아침 안개와 같다고도 했습니다. 그러나 하나님은 우리의 믿

음이요 소망이시기에, 이사야 선지자와 베드로 사도의 고백이 가장 잘 어울립니다. 하나님의 말씀만이 세세토록 있을 것입니다. 할렐루야!

· 함께 읽어요 : 베드로전서 1장 24~25절

"[24]그러므로 모든 육체는 풀과 같고 그 모든 영광은 풀의 꽃과 같으니 풀은 마르고 꽃은 떨어지되 [25]오직 주의 말씀은 세세토록 있도다하였으니 너희에게 전한 복음이 곧 이 말씀이니라."

3. 미래 주님의 의와 구원을 전파하겠다고 서원합니다.(시 71:15~24).

서러움 중에, 늙었다는 서러움은 그 무엇과 비교가 되지 않을 것입니다. 시인은 늙어 사람들에게 버림받게 되는 때에라도 하나님만은 자신을 버리지 말아달라고 간구합니다. 계속해서 시인은 주 하나님의 의(義)와 구원(救援)을 전파하겠다고 서원합니다.

① 시인은 어렸을 때부터 하나님을 의지해 왔습니다. 이제 나이 들어 과거를 돌이켜 보면서 자신의 소망이 오직 주께 있으며 현재에도 고난을 당하지만 주님께서 구원해 주실 것을 확신하며 장래에도 자신의 모든 것을 맡기고 있습니다.

② 시련 속에서도 지켜주실 것을 확신합니다.(19~21절) 시인의 고난과 고통은 지금도 계속되고 있지만, 하나님을 향한 믿음은 굳건하여 지켜 주실 것을 확신하고 있습니다.

③ 찬양과 감사를 다짐하고 있습니다.(22~24절) 시인은 비파로 주를 찬양하며 주의 성실을 찬양하겠다고 합니다. 모든 영광을 하나님께 돌리며 구원의 은혜를 감사하며 전파하겠다고 다짐합니다.

· 함께 읽어요 : 시편 71편 23절

"내가 주를 찬양할 때에 나의 입술이 기뻐 외치며 주께서 속량하신 내 영혼이 즐거워 하리이다."

정리하는 말

성도 여러분! 대한민국은 이제 세계인이 주목하는 복음 전령의 나라입니다. 이를 위해서 하나님께서는 고난의 풀무에서 오랜 기간 단련하신 것입니다. 그러나 지금은 매우 긴박한 상황입니다. 오일 머니를 쥐고 광분한 이슬람의 세력은 한반도를 그들의 포교지로 착각하고 있습니다. 서울광장 한복판에서 그들의 의식을 거행하며, 코란의 가르침에 순종하기 위해 곳곳에서 수많은 살상을 자행했습니다. 성도 여러분! 깰 때입니다. 이단의 도전을 타파하고 순교자의 정신으로 복음을 전파하시기 바랍니다.

평가와 결심

1. 시인이 현재 처한 상황을 보면서 어떻게 하고 있습니까?
   (시 71:1~4, 현재 어려운 상황을 고하며 도움을 간구함)
2. 시인은 과거에 무엇을 생각하며 간구하고 있습니까?
   (시 71:9~18, 하나님만이 소망됨을 고백하고 간구함)
3. 시인은 미래에 무엇을 서원하고 있습니까?
   (시 71:19~24, 주님의 의와 구원을 전파하겠다고 서원함)

주간 경건의 시간 <36> · 날마다 말씀과 함께

요일 / 내용	주일/월(Mon)	화(Tue)	수(Wed)	목(Thu)	금(Fri)	토(Sat)
찬송	37동 / 36동	495 / 271	496 / 260	491 / 543	486 / 474	430 / 456
성경	시 69: / 70:	시 71:	시 72:	시 73:	시 74:	시 75:
적용	성전 열성 / 나 건지소서	수금으로 찬양 하리	영광 충만 아멘 아멘	혀는 땅에 다니도다	찬송하게 하소서	여호와의 손의 잔

* 주기도문은 종교와 윤리의 총 결산이다. <웰링턴 , 1769~1852, 영국 장군, 공작>

하나님께 서원을 갚으라

찬송 / 325, 184, 191 / 통일 359, 173, 427
성경 / **시편 76:1-12**
요절 / **시편 76:11**
"너희는 여호와 너희 하나님께 서원하고 갚으라. 사방에 있는 모든 사람도 마땅히 경외할 이에게 예물을 드릴지로다."
목표 / 하나님께 서원을 갚으며 살아가는 태도를 기른다.

시작하는 말

이번 과에서는 하나님의 거룩한 도성인 예루살렘을 지키시는 주님의 능력에 대한 찬양입니다. 구체적인 내용은 나와 있지 않지만 이 시는 앗수르의 산헤립이 유다를 침공했을 때, 하나님께서 산헤립의 군대를 패하게 하신 일을 찬양하는 것으로 추측됩니다.(B. C. 701. 왕하 18:13~19:37) 악한 자들의 공격으로 하나님의 백성이 고통을 당할 때 하나님께서는 그들을 꺾고, 자기 백성을 지키심으로써 백성들의 경배를 받으십니다. 우리도 예루살렘을 지키셨던 하나님을 찬양합시다.(76:1~12)

오늘의 말씀

1. 시온에 임재하신 여호와 하나님을 찬양합니다(시 76:1~3).

하나님께서는 구원의 사건을 통하여 자신이 전능하신 여호와 하나님이심을 자기 백성에게 스스로 나타내십니다. 위기를 당한 백성은 어려움을 통해서 함께하시는 하나님의 임재를 인식합니다.

① 이스라엘에게 자신을 계시하셨습니다.(1절) 유다는 이스라엘 전체를 가리키는데 하나님은 그분 자신을 이스라엘에게 주신 율법과 규례, 그리고 민족의 역사를 통해 나타내셨습니다.

② 하나님은 거처를 살렘에 두셨습니다.(2절) 하나님께서 자기 백성 이스라엘과 함께 하십니다. 그 처소가 시온, 곧 살렘, 즉 예루살렘입니다.

③ 예루살렘을 보호하셨습니다.(3절) 하나님께서는 자기 백성이 거하는 곳, 그분의 영광스러운 임재의 처소인 예루살렘을 보호하셨습니다.

· 함께 읽어요 : 시편 76편 2절
"그의 장막은 살렘에 있음이여 그의 처소는 시온에 있도다."

2. 하나님의 구원의 능력과 심판을 찬양합니다(시 76:4~12).

하나님의 전적인 개입으로 대적들이 패하고 승리를 얻게 된 것을 기억하면서 시인은 놀라운 하나님의 구원의 능력을 찬양합니다.

① 대적의 요새가 하나님을 막지 못합니다.(4절) 자신의 힘만을 믿고 횡포를 자행하는 세상 왕국을 다 패하게 하십니다.

② 대적의 용사들이 하나님을 막지 못합니다.(5절) 앗수르인들이 약탈을 위해 먼 땅까지 왔다가 약탈물을 가져가기는커녕 그들이 가져갔던 장비와 물자까지 빼앗기고 급히 도망가게 되었습니다.

③ 대적의 무기가 하나님을 막지 못합니다.(6절) 세상의 그 어떤 무기로도 그분을 막지 못합니다.

④ 하나님의 심판을 찬양합니다.(7~12절) 시인은 주의 백성들을 치려는 교만한 대적들에게 행하신 하나님의 심판을 찬양하며 4가지 사실을 언급합니다. ㉠ 합당히 존중을 받으실 분입니다.(7절) ㉡ 만물의 최종 판결자가 되십니다.(8절) ㉢ 온유한 자들의 구원이 되십니다.(9절) ㉣ 인간의 노를 찬송으로 바꾸셨습니다.(10절) 그렇습니다. 하나님은 우리의 대적들을 심판하실 것입니다. 우리를 위해 지켜 보호하실 것입니다.

· 함께 읽어요 : 시편 76편 6절
"야곱의 하나님이여 주께서 꾸짖으시매 병거와 말이 다 깊이 잠들었나이다."

3. 하나님의 심판의 결과는 확연히 달랐습니다(시 76:11~12).

하나님의 심판의 결과는 택한 백성들과 열방과는 확연히 달랐습니다. 하나님의 백성들에게는 감사와 찬양의 예배를 드리게 하시고, 대적들에게는 하나님께 무릎을 꿇고 굴복하게 했습니다.(11~12절)

택한 백성들은 심판의 날에도 걱정할 것 없이 하나님께 영광을 돌리고 제물을 준비하여 나아가면 됩니다.

① 그분의 백성이 서원 예물을 바칩니다.(11절)

하나님의 심판으로 구원 얻은 백성이 서원 제물을 바칩니다.

② 열방의 왕들이 굴복합니다.(12절)

땅의 모든 왕들이 하나님께 굴복합니다. 그분의 백성을 잔악한 횡포에서 구원하기 위해서 하나님께서는 그들의 적들을 멸하십니다. 하나님은 적들의 영혼을 그분 손 안에 놓고 좌지우지 하실 것입니다.

마르틴 루터(Martin Luther, 1483~1546)는 "인간의 손이나 무기 없이도 그분은 그의 적들을 일순간에 무릎 꿇게 하실 수 있다"고 말했습니다. 이처럼 하나님께서는 자기 백성의 대적들을 굴복케 하시고 자신의 영광을 드러내실 것입니다.

시인은 이어서 시편 77편 마지막 부분에서 물들이 주를 보고 두려워하며 깊음도 진동하였다고 했습니다. 구름, 궁창, 회오리바람, 우렛소리, 번개 등, 하나님이 창조하신 자연계를 동원하셔서 하나님의 위엄을 드러내셨습니다. 이 사실을 기억하시고 하나님의 이름을 높이시기 바랍니다.

· 함께 읽어요 : 시편 76편 11절
"너희는 여호와 하나님께 서원하고 갚으라. 사방에 있는 모든 사람도 마땅히 경외할 이에게 예물을 드릴지로다."

정리하는 말

사랑하는 성도 여러분! 하나님께서 우리의 기도를 들어주시고, 구원해 주셨습니다. 그것은 우리의 서원 때문이 아니라 그분의 긍휼 때문임을 잊어서는 안 됩니다. 하지만 곤경에 빠진 사람이 하나님의 구원을 체험한 후 더욱 진실 되게 그분을 섬기겠다는 헌신의 서원을 드리는 것 자체는 매우 바람직합니다. 그 어떤 경우에서라도 서원을 했으면 반드시 지켜야 합니다. 하나님께서 원하시고 기뻐 받아주실 것입니다. 서원을 했으면 반드시 서원을 이행하시는 복된 성도가 되시기를 바랍니다.

평가와 결심

1. 시인은 첫째로 누구를 찬양하고 있습니까?
   (시 76:1~3, 시온에 임하신 하나님)
2. 시인은 둘째로 누구를 무엇을 찬양하고 있습니까?
   (시 76:4~7, 하나님의 구원 능력과 심판을 찬양함)
3. 하나님의 심판의 결과는 무엇입니까?
   (시 76:11~12, ①서원 예물을 바침 ②열방의 왕들이 굴복함)

주간 경건의 시간 <37> · 날마다 말씀과 함께

요일 내용	주일/월(Mon)	화(Tue)	수(Wed)	목(Thu)	금(Fri)	토(Sat)
찬송	21동 / 25동	518 / 252	569 / 442	491 / 543	459 / 514	429 / 489
성경	시 76: / 77:	시 78:	시 79:	시 80:	시 81:	시 82:
적용	서원 갚으라/ 내 음성으로	내 백성이여	조상들 죄악	눈물 양식	입을 크게 열라	궁핍한 자

* 기도는 모든 유혹을 물리치는 효능을 가지고 있다. <성 베르나르, 1091~1153, 프랑스 성직자>

9단원 성전 사랑의 달

하나님의 궁정을 사모하라

찬송 / 325, 184, 191 / 통일 359, 173, 427
성경 / **시편** 84:1-12
요절 / **시편** 84:2
"내 영혼이 여호와의 궁정을 사모하여 쇠약함이여 내 마음과 육체가 살아계시는 하나님께 부르짖나이다."
목표 / 우리의 영혼이 여호와의 궁정을 사모하며 살아가는 태도를 기른다.

시작하는 말

세상을 살아가면서 여러분은 누구를, 그리고 무엇을 사모하며 살아가십니까? 시편의 저자 시인은 하나님을 사모하는 간절한 마음과 하나님과 가까이 하는 사람이 누리는 복에 대하여 노래하고 있습니다. 시인은 하나님이 계신 곳을 향한 간절한 소망을 고백하고 있습니다. 이 고백과 함께 시인은 그곳을 향한 순례 여정과 궁극적으로 얻게 될 축복들을 열거함으로써 하나님과 함께하는 삶보다 귀한 것이 없음을 일깨워줍니다. 여호와의 궁정을 사모하며 살아가시기를 축복합니다.

오늘의 말씀

1. 시인은 하나님의 전에 대한 간절한 소망을 고백합니다(시 84:1~4).

시인은 여호와의 집, 즉 하나님이 계신 은혜의 보좌를 깊이 사모하고 있습니다. 여러분도 이러한 시인의 경험을 조금이나마 느끼면서 신앙생활을 하시기를 주님의 이름으로 축복합니다. 시인은 사모합니다.

① 주의 집을 사모하고 있습니다.(1절) 시인은 과거 하나님의 전에 나아가 예배 하던 때를 생각하며 그 성막에 대한 간절한 그리움을 말하고 있습니다. 우리도 몸이 건강하지 못하거나 출국하여 본 교회 예배당에서 예배할 수 없을 때에 성전을 사모하는 간절함이 있을 때가 있습니다.

② 주의 장막에 대한 그리움으로 안타까워합니다.(2절) 시인은 주의 장막에 대한 그리움으로 쇠약해졌다고 고백하고 있습니다.

③ 주의 장막에 사는 은혜를 부러워합니다.(3절) 참새도 집을 얻고, 제비도 새끼 둘 보금자리를 얻었다고 부러워하고 있습니다.

④ 주의 집에 거하는 자가 복되다고 했습니다.(4절)

· 함께 읽어요 : 시편 84편 4절
"주의 집에 사는 자들은 복이 있나니 그들이 항상 주를 찬송 하리이다.(셀라)"

2. 순례자에 대한 축복을 노래하고 있습니다(시 84:5~7).

하나님 안에서의 지극한 복을 얻기 위해, 하나님의 전에 대한 간절한 사모의 심정을 고백했습니다. 시인은 이제 그 성전을 향하여 가는 순례자에 대한 축복을 노래합니다.

① 순례의 길을 떠난 자가 복됩니다.(5절) 이 세상은 나그네 길입니다. 그 사실을 깨달았기에 순례의 길, 축복의 길로 떠난 것입니다.

② 길이 힘들어도 다른 이들에게 위로가 됩니다.(6절)

③ 하나님께서 주시는 힘으로 시온에 도달하게 됩니다.(7절)

시인은 순례의 길이 힘들어도 서로 위로해 가면서 하나님께서 제공해 주시는 힘을 얻고 더 얻어서, 그분으로 말미암아 결국 시온에 도달하게 되었다는 것입니다. 이것이 순례자의 축복입니다.

하나님을 사모하는 자의 유일한 소망은 오직 하나님의 전에 거하는 것, 즉 하나님과 함께 하는 것입니다. 어렵고 힘들어도 하나님께서 곁에 계시다는 안위 때문에 평안하고 편안한 것입니다.

· 함께 읽어요 : 시편 84편 6~7절
"[6]그들이 눈물 골짜기로 지나갈 때에 그 곳에 많은 샘이 있을 것이며 이른 비가 복을 채워 주나이다. [7]그들은 힘을 얻고 더 얻어 나아가 시온에서 하나님 앞에 각기 나타 나리이다."

3. 주님과 함께 함이 최고의 복임을 고백합니다(시 84:8~11).

하나님을 사모하여 그분께로 나아가는 자의 복을 노래한 시인은 그 길을 걷는 자들에 대한 하나님의 보호와 은혜를 간구하며, 주와 함께 하는 것이 가장 가치 있고 복된 일임을 강조하고 있습니다.

① 은혜 베푸시기를 호소합니다.(8~9절) 시인은 하나님께서 오직 자신을 살펴보아 주실 것을 호소합니다.

② 주와 함께 거함이 최고의 행복임을 고백합니다.(10~11절) 자신을 살펴보아 주시도록 호소한 시인은 주와 함께 거함이 최고의 행복임을 고백합니다. 그 이유는 여호와 하나님이 해요, 방패이시기 때문에 적들의 불화살로부터 안전하게 막아주시기 때문이라는 것입니다.

③ 주께 의지함이 곧 복이라고 고백합니다.(12절) 시인은 모든 예배와 주님과의 관계에 있어서 최우선의 요소는 바로 하나님을 신뢰하는 것이라는 것입니다. 우리 신앙생활에서 경건의 본질은 하나님께 대한 신뢰와 순종에 있습니다. 이러한 순종은 그분을 믿고 완전히 의지할 때 가능합니다. 거룩한 열정으로 경건의 능력을 발휘하시기 바랍니다.

· 함께 읽어요 : 시편 84편 12절
"[11]여호와 하나님은 해요 방패이시라 여호와께서 은혜와 영화를 주시며 정직하게 행하는 자에게 좋은 것을 아끼지 아니하실 것임이니이다. [12]만군의 여호와여 주께 의지하는 자는 복이 있나이다."

정리하는 말

사랑하는 성도 여러분! 세상을 살아가면서 하나님의 성전을 얼마나 사모하면서 살아왔습니까? 시인은 하나님의 궁정을 사모함이 얼마나 간절했든지 육체가 쇠약하기까지 사모하였다고 했습니다. 참새도 제 집을 얻고 제비도 새끼 둘 보금자리는 얻었다고 부러워하고 있습니다. 신앙생활의 구심점은 곧 하나님의 궁정인 '성전'인 것입니다. 구약시대의 성전이었던 예배당은 곧 하나님께서 거하시는 집입니다. 성전을 사모하며 '하나님의 궁정'에서 살아가는 복된 삶을 살아가시기를 축원합니다.

평가와 결심

1. 시인은 성전에 대하여 어떠한 마음으로 살아가고 있습니까?
   (시 84:1~4, 하나님의 전을 간절히 사모하는 마음으로 살아 감)
2. 시인은 성전을 사모하면서 누구를 부러워하고 있습니까?
   (시 84:5~7, 하나님의 성전에 깃들인 참새 제비, 순례자들)
3. 시인은 무엇이 과연 최고의 복이라고 고백하고 있습니까?
   (시 84:8~11, ①주님을 의지하고 ②주님과 함께 함이 최고의 복)

주간 경건의 시간 <38> · 날마다 말씀과 함께

요일 / 내용	주일/월(Mon)	화(Tue)	수(Wed)	목(Thu)	금(Fri)	토(Sat)
찬송	36동 / 37동	165 / 155	185 / 179	197 / 178	220 / 278	325 / 359
성경	시 83: / 84:	시 85:	시 86:	시 87:	시 88:	시 89:
적용	주의 광풍 / 눈물 골짜기	인애와 진리	주의 도를 가르침	시온의 문들	잊음 땅	모임 찬양

* 전쟁터에 나갈 때는 한 번 기도하고, 항해에 나갈 때는 두 번 기도하고, 결혼을 하게 되면 세 번 기도하라. <미상>

9단원 성전 사랑의 달

백향목 같이 성장하리로다

찬송 / 436, 383, 365 / 통일 493, 433, 484
성경 / 시편 92:1-15
요절 / 시편 92:12
"의인은 종려 나무 같이 번성하며 레바논의 백향목 같이 성장하리로다."
목표 / 백향목 같이 성장하는 교회를 사모하며 살아가는 태도를 기른다.

시작하는 말

1970년대까지 한국교회는 양적인 큰 성장을 했습니다. 지역 곳곳에서 열리는 부흥집회마다 대 성황을 이루었습니다. 이때가 한국교회의 성장기였나 봅니다. 그러나 요즘은 수평적인 이동을 제외하고는 별로 양적부흥의 소식을 듣기가 힘듭니다. 왜 그럴까요? 한국교회 양적부흥이 끝이 난 것일까요? 아직은 아니라고 봅니다. 여전히 양적으로 성장하는 교회가 있습니다. 말씀교육 잘 받아 실천하는 교회들은 성장이 더딜지라도 꾸준히 성장하여 백향목 같이 성장할 것이기 때문입니다. 여러분이 섬기는 교회가 그렇게 성장하기를 축복하고 소원합니다.

오늘의 말씀

1. 성장하는 교회 성도는 주님이 하신 일을 찬양합니다(시 92:1~5).

시인은 지극히 높으신 하나님께서 하신 일을 찬양했습니다. 그분이 베푸신 인자와 성실하심에 감사를 드렸습니다. 이 일이 얼마나 선하고 좋은 것인가를 고백하고 찬양합니다.

① 인자와 성실을 베푸십니다.(1~3절) 세절이 묶여져 있는데, 십현금, 비파, 수금이란 현악기로 여호와께 감사하며, 주의 이름을 찬양하는 것이 '좋다'라고 표현하고 있습니다. '좋다'라는 말은 '적절하며 기쁘다'는 의미인 것입니다.

② 주의 행사로 기쁘게 하십니다.(4~5절) 하나님께서 하시는 일들은 우리들에게 진정한 기쁨을 줍니다. 하나님의 행사란 창조, 섭리, 구속 가운데 나타난 하나님의 모든 사역을 포함하고 있습니다.

· 함께 읽어요 : 시편 92편 1~3절

"[1-3]지존자여 십 현 금과 비파와 수금으로 여호와께 감사하며 주의 이름을 찬양하고 아침마다 주의 인자하심을 알리며 밤마다 주의 성실하심을 베풂이 좋으니이다."

2. 그러나 어리석은 자들의 운명은 정반대입니다(시 92:6~9)

시인은 주님이 행하신 일에 대한 두 가지 반응을 말합니다. 이는 악한 자와 의인의 반응입니다. 시인은 우선 6절에서 9절까지 악한 자들의 반응을 묘사하고 있습니다.

① 그들은 깨닫지 못합니다.(6절)

② 그들의 번식은 일시적입니다.(7절)

③ 그들의 종말은 멸망입니다.(8~9절) 주님은 영원히 높임을 받지만 악인들은 결국 멸망할 것입니다. 주님은 악한 자들을 낮추시고 자신의 백성들에게 하나님의 영광을 베풀어 주십니다. 악한 자들이 처음에는 잘되는 것 같고, 높아지는 것 같으나 그들의 결과는 낮아지고 피폐해 질 것입니다. 세상에서 악인들이 번성하는 것 같지만, 여름철의 풀처럼 잠시 무성할 뿐, 곧 말라버릴 것입니다. 악인들의 결국은 멸망입니다.

주님께서 영원히 보좌에 계신 것이 확실한 만큼 죄악을 행하는 자들이 지극히 높으신 분에 의해 흩어지고 멸망당할 것도 확실한 사실임을 명심하시기 바랍니다.

· 함께 읽어요 : 시편 92편 8~9절

"[8]여호와여 주는 영원토록 지존하시니 이다. [9]여호와여 주의 원수들은 패망하리이다 정녕 주의 원수들은 패망하리니 죄악을 행하는 자들은 다 흩어 지리이다."

3. 믿음이 성장하는 성도들과 의인들을 높이실 것입니다(시 92:10~15).

시인은 악인에게 영원한 징벌을 내리시는 하나님의 공의로우신 섭리가 성장하는 성도들과 의인에게는 어떻게 나타나는지에 대해 말합니다.

① 힘과 명예를 주십니다.(10절) 주님께서는 자기 백성에게 강한 힘과 명예를 주심으로 높이실 것입니다.

② 공의를 보게 하십니다.(11절) 우리 하나님께서는 이 세상에서 번성하는 악인으로 인해 고통당하는 의인들에게 악인의 종국을 보게 하심으로써 반드시 갚아 주실 것입니다.

③ 의인들은 흥왕할 것입니다.(12~15절) 하나님의 위대하신 섭리를 믿고 사모하는 자들에게는 악인의 소멸함과 불행과는 반대로, 푸른 초장과 잔잔한 물가로 인도하시고, 하늘을 찌르는 울창한 숲처럼 번성하게 역사하실 것입니다.

④ 하나님에 의해 심겨져 열매 맺고 형통할 것입니다.(13절) 의인은 하나님의 집에 심긴 나무와 같이 하나님께서 항상 돌보아 주십니다.

시편 1편에서 '시냇가에 심겨진 나무처럼 철마다 열매를 맺고 형통할 것이라'고 말씀한 것처럼, 여러분의 인생에 축복이 만발할 것입니다.

· 함께 읽어요 : 시편 1편 3절

"그는 시냇가에 심은 나무가 철을 따라 열매를 맺으며 그 잎사귀가 마르지 아니함 같으니 그가 하는 모든 일이 다 형통하리로다."

정리하는 말

사랑하는 성도 여러분! 세상에서 교회, 즉 하나님의 성전은 하나님의 자신이 머무시는 곳이기도 합니다. 은혜를 베푸시는 곳이기에 '시은소'라고도 합니다. 하나님의 교회는 종려나무처럼 폭풍우와 바람을 잘 견뎌야 합니다. 백향목처럼 건실하게 성장해 나가야 합니다. 성장하는 교회의 성도들은 '늙어도 결실하며 진액이 풍족하고 빛이 청청하여'라는 말씀처럼, 더욱 주님 위해 헌신하며 믿음의 성숙을 이룰 수 있어야 합니다. 그래서 견고한 믿음으로 축복의 주인공이 되시기를 소망합니다.

평가와 결심

1. 성장하는 교회의 성도들의 특징 첫째는 무엇입니까?
   (시 92:1~5, 주님이 하신 일을 찬양함)
2. 반대로 어리석은 자들의 결국은 어떻게 됩니까?
   (시 92:6~9, 깨닫지 못하고 일시적으로 번성하다가 멸망할 것임)
3. 백향목같이 성장하는 교회와 성도들을 어떻게 하십니까?
   (시 92:10~15, ①힘과 명예 주심 ②흥왕함 ③열매 맺고 형통함)

주간 경건의 시간 <39> · 날마다 말씀과 함께

요일 / 내용	주일/월(Mon)	화(Tue)	수(Wed)	목(Thu)	금(Fri)	토(Sat)
찬송	36동 / 37동	165 / 155	185 / 179	197 / 178	220 / 278	325 / 359
성경	시 90 : / 91 :	시 92 :	시 93 :	시 94 :	시 95 :	시 96 :
적용	칠십 팔십 / 응답하리라	백향목 같이	큰 물 물결	사람의 생각	구원의 반석	새 노래로 노래하라

* 기도는 모든 유혹을 물리치는 효능을 가지고 있다. <성 베르나르, 1091~1153, 프랑스 성직자>

사람을 낚는 어부가 되게 하리라

찬송 / 526, 471, 456 / 통일 316, 528, 509
성경 / **마태복음** 4:12-25
요절 / **마태복음** 4:19
"말씀하시되 나를 따라오라 내가 너희를 사람을 낚는 어부가 되게 하리라하시니"
목표 / 사람을 낚는 어부가 되어, 전도하고 선교하는 태도를 기른다.

시작하는 말

예수께서 성령에게 이끌리어 마귀에게 시험을 받으신 후에 마귀는 떠나고 천사들이 수종을 들었습니다. 본문은 갈릴리 해변을 다니시다가 어부들을 불러 제자로 삼으시는 내용입니다. 선교의 주체이신 예수께서는 가르치시며 전파하시며 고치셨습니다. 복음전파의 대 사명을 몸소 실천하신 것입니다. 그러나 대부분의 사람들은 하나님께서 주신 이 중대한 사명을 깨닫지 못하고 있다는 사실입니다. 성도 여러분! 이번 단원! 마태복음을 통하여 복음 선교의 대 사명을 일깨워드릴 때에 순종하시고, 이 위대한 지상명령을 감당하시기를 간절히 소망합니다.

오늘의 말씀

1. 예언 성취를 위해, 그리스도의 사역이 시작되었습니다(마 4:12~13).

① 이제 예수 그리스도가 사역하실 시작의 때가 왔습니다.(12절) 요한의 투옥은 예수 그리스도의 사역의 시작을 알리는 표시였습니다. 요

한의 잡힌 그때에 요한의 사역이 끝이 나고, 예수님의 사역과 활동이 시작되었습니다. 요한은 길을 예비하기 위해 보냄을 받은 사람이었으며, 요한이 잡혔을 때에 비로소 그 길은 다 완성되어졌던 것입니다. 이렇게 요한의 사역이 끝나자, 예수 그리스도의 사역이 시작된 것입니다.

② 예수 그리스도께서 사역지로 갈릴리를 선정했습니다.(12~13절) 갈릴리는 여러 차례 침략을 받아 세계 각처의 다른 민족과 문화의 식민지가 되었습니다. 또한 전략의 요충지였으며, 인구가 밀집되어 있었습니다. 그런가하면 참신한 사상에 대하여 개방적이었습니다.

③ 구약의 예언을 성취시킨 곳이었습니다.(14절) 이사야의 예언이 성취 되었습니다. 예수 그리스도가 이 땅에 때어나 우리의 죄를 감당하신 구원의 주님이 되신 것입니다.

· 함께 읽어요 : 마태복음 4장 14절
"이는 선지자 이사야를 통하여 하신 말씀을 이루려 하심이라 일렀으되"

2. 선교의 사명을 위해 지역과 대상을 선정하셨습니다(마 4:15~16).

그리스도의 선교의 대상은 사람에게 초점을 맞추셨습니다.

① 그리스도께서 궁핍한 지역 사람들에게로 나아 가셨습니다. 15절을 함께 읽습니다. "스불론 땅과 납달리 땅과 요단 강 저편 해변 길과 이방의 갈릴리여!"라고 말씀하셨습니다.(15절)

② 그리스도께서는 흑암에 앉은 백성에게 빛을 비추셨고, 사망의 땅과 그늘에 앉은 자들에게 빛을 비추신 것입니다.(16절)

③ 전파하신 내용은 '회개하라 천국이 가까이 왔느니라'고 했습니다.

위의 구절들을 참고하여 볼 때 예수께서는 이미 구약 이사야 선지자가 말씀하신 내용을 이루기 위함이었습니다. 꼭 시급한 영혼들을 위하여 갈릴리로 물러가셨던 바로 그곳에 가셔서 복음의 빛을 비추신 것입니다. 선교 대상지의 물색은 대단히 큰 의미를 지니고 있습니다. 오늘날 교회개척을 하기 위해서도 전도지역의 선택은 부흥의 성패를 좌우하기 때문에 아주 중대한 결정인 것입니다.

· 함께 읽어요 : 마태복음 4장 16절
"흑암에 앉은 백성이 큰 빛을 보았고, 사망의 땅과 그늘에 앉은 자들에게 빛이 비치었도다하였느니라."

3. 예수께서 복음전파를 위해 제자들을 부르셨습니다(마 4:18~22).

예수께서는 순수한 사람을 부르셨습니다. 단순한 마음으로 예수께 헌신하고자 하는, 평범한 사람들을 부르셨습니다.

① 제자들을 부르신 장소는 성전이나 학교에 있지 않고, 갈릴리 호수에서 근면하게 열심히 생업에 종사하는 사람들을 부르셨습니다. 그 현장을 방문하셨습니다. "나를 따라오라 내가 너희를 사람을 낚는 어부가 되게 하리라"(19절)하시고 복음전파의 역군을 부르신 것입니다.

② 새로운 일을 맡기면서 부르셨습니다. '사람을 낚는 어부'가 되게 하겠다는 야심찬 계획 가운데 부르셨습니다.

③ 부르심을 받은 사람들은 아버지와 함께 일하는 순종하는 아들들을 밀접한 혈연관계에 있는 자들을 부르셔서 짝을 지어주셨던 것입니다.

부름 받은 그들은 작은 예수로서 한결 같이 그물과 배를 버려두고, 예수님을 따라 복음전도의 일꾼이 된 것입니다. 근면하고 검소하여 함께 일하며 순종하는 사람들을 부르셨습니다. 그들은 머뭇거리지 않고 예수님의 부르심에 즉각 결단하고 따라나섰습니다. 그들의 과감한 선택은 초대교회의 복음전파를 이끌 귀한 인물로서 손색이 없었습니다.

· 함께 읽어요 : 마태복음 4장 19~20절
"[19]말씀하시되 나를 따라오라 내가 너희를 사람을 낚는 어부가 되게 하리라 하시니 [20]그들이 곧 그물을 버려두고 예수를 따르니라."

정리하는 말

사랑하는 성도 여러분! 예수께서 여러분을 부르셨다면 여러분은 어떻게 대답하셨겠습니까? 갈릴리 호수에서 생업으로 고기를 잡아 연명하던 그들을 부르실 때, 바로 응답한 것은 그 자체가 믿음의 놀라운 사건입니다. 여러분! 고기를 잡던 어부들이 이제 사람을 낚는 어부가 되어 먼저 그 형제들과 이웃에게 복음을 전파하고 선교했습니다.

여러분들도 전도와 선교의 열정으로 무장하셔서 여러분들의 가족에게, 그리고 이웃에게 복음 전도와 선교하시기를 간절히 부탁드립니다.

평가와 결심

1. 예수 그리스도는 언제 어떻게 사역을 준비하였습니까?
   (마 4:12~13, 마귀 시험 이기고, 적절한 때 사역지 선정하고 시작함)
2. 예수께서 전파하신 첫 메시지의 내용이 무엇이었습니까?
   (마 4:14~15, '회개하라 천국이 가까이 왔느니라'고 함)
3. 예수께서 제자들을 부르실 때 무엇이라고 하면서 부르셨습니까?
   (마 4:18~20, 나를 따라오라 내가 너희를 사람 낚는 어부가 되게 하리라 함)

주간 경건의 시간 <40> · 날마다 말씀과 함께

요일 / 내용	주일/월(Mon)	화(Tue)	수(Wed)	목(Thu)	금(Fri)	토(Sat)
찬송	93동 / 87동	452 / 505	453 / 506	496 / 260	501 / 255	526 / 316
성경	마 1: / 2:	마 3:	마 4:	마 5:	마 6:	마 7:
적용	족보/ 예수 탄생	주의 길을 준비	천국복음 전파	복 있는 사람	주의 기도	구하라 찾으라 두드리라

* 내가 복음을 전하지 않으면 지옥에 가리라. <빌리 선데이, 1862~1935>

추수할 일꾼 보내 주소서!

찬송 / 496, 309, 496 / 통일 260, 409, 260
성경 / **마태복음 9:9-38**
요절 / **마태복음 9:38**
"그러므로 추수하는 주인에게 청하여 추수할 일꾼들을 보내 주소서 하라 하시니라."
목표 / 자신이 추수할 일꾼이 되도록 간구하며 전도하는 태도를 기른다.

시작하는 말

본문에 등장하는 사람들은 하나같이 예수 그리스도가 필요한 사람들이었습니다. 직업이나 직위의 고하를 막론하고 남녀 성별 없이 누구에게나 예수 그리스도가 정말 필요하고 그분을 만나야 할 당위성이 있었습니다. 하나님의 추수현장에는 추수할 곡식이 익어가고 있었고, 추수할 일꾼은 부족하여 아우성입니다. 예수 그리스도께서는 바로 이점을 보셨습니다. 오늘 여러분들이 살아가고 있는 삶의 현장에 예수께서 오셨다면 무엇을 요구하셨겠습니까? 추수할 주인에게 "추수할 일꾼 보내 주소서." 구하시고 전도하며 선교하는 여러분이 되시기를 소망합니다.

오늘의 말씀

1. 예수께서 왜 무엇 때문에 세리 마태를 찾아오셨습니까?(마 9:9~13).

본문에서 감동적인 것은 지금까지 저자 마태는 많은 다른 사람들의 경험에 대하여 기록하고 있습니다. 이제 자신의 경험을 이야기해야 할 차례입니다. 그런데 그는 많은 사람들에게 배척받은 사람이었고, 미움을 받았을 뿐만 아니라 구설수에 오른 사람이었습니다. 그는 몹시 미움을 받아서 매국노의 반열에 선 죄인처럼 취급을 받았습니다.(눅 15:1) 그는 세리로서 로마로 가는 돈까지 거두었습니다. 그는 수탈을 통해서 부자가 되었고, 큰 부자여서 큰 잔치를 열 수 있을 만큼 경제적으로는 여유가 있었습니다. 그러나 그에겐 남모를 고민이 있었습니다.

① 구세주를 필요로 하는 죄인이었습니다.(9절) 사람들의 차가운 눈초리는 로마의 세무공무원이라는 사실만으로도 미움을 샀습니다. 가장 중요한 것은 용서받아야 할 죄인이었다는 사실입니다.

② 죄 많은 친구들을 구세주 예수님께 소개하고 있습니다.(10~11절) 마태는 예수님을 초청하고, 그와 함께 죄 많은 친구들을 초대하여 예수님을 소개하고 있습니다.

③ 예수 그리스도는 죄인들을 구원한 구세주이십니다.(12~13절) 예수는 죄인을 불러 구원하시기 위해 이 땅에 오신 것입니다.

· 함께 읽어요 : 마태복음 9장 13절

"너희는 가서 내가 긍휼을 원하고 제사를 원하지 아니하노라 하신 뜻이 무엇인지 배우라 나는 죄인을 부르러 왔노라 하시니라."

2. 예수 그리스도는 새 삶과 기쁨을 주시는 주님이십니다(마 9:14~17).

사도 요한의 제자들이 불평하듯이 그들의 스승 요한이 감옥에 갇혔는데 예수께 나와 당신의 제자들은 왜 금식하지 않습니까? 라는 질문을 했습니다. 예수님은 그들에게 "혼인집 손님들이 신랑과 함께 있을 동안에 슬퍼할 수 있느냐? 신랑을 빼앗길 날이 이르리니 그때 금식할 것이니라"고 대답하셨습니다.

① 예수님은 신랑이십니다.(요 3:29) 참석한 분들은 혼인집 손님들일 것입니다. 새 신랑이신 예수님은 새 언약(新約)을 주신 분이십니다.

② 예수님이 함께 있다는 사실은 지금이 기쁨과 즐거움의 때요 그분이 기쁨의 주님이심을 증거 해주는 것입니다.(요 15:11; 빌 4:4)

③ 예수님은 곧 함께 있지 못할 것입니다. 그분이 함께 있어주지 못할 그때에 그분의 제자들은 슬퍼하고 금식해야 할 것입니다.

· 함께 읽어요 : 마태복음 9장 15절

"예수께서 그들에게 이르시되 혼인 집 손님들이 신랑과 함께 있을 동안에 슬퍼할 수 있느냐 그러나 신랑을 빼앗길 날이 이르리니 그 때에는 금식할 것이니라."

3. 신랑이신 예수 그리스도만이 생명의 구주이십니다.(마 9:18~38).

이 단락에서는 절망적이고 소망이 없는 사람들에 대한 네 가지 사건을 애기합니다. 이 사건의 의미를 두 가지로 요약할 수 있습니다.

① 예수 그리스도께서 다윗의 자손입니다.(27절) 눈에는 보이지 않지만 예수께서 메시야이시며 세상의 구주이심을 인정했습니다.

② 예수 그리스도는 절망 가운데 죽음까지 정복해 달라는 요구에 응답하실 수 있으신 분이심을 깨닫게 했습니다.

지금 한 관리의 아버지는 딸의 생명을 위한 절망적인 가운데 살릴 수 있다는 믿음을 가지고 간구했습니다.(18~19절) 열 두해를 혈루증을 앓는 여인이 예수님의 겉옷가를 만지기만 해도 구원을 받겠다는 믿음을 가지고 만졌다가 고침을 받았습니다.(20~22절) 주님은 관리의 딸의 생명을 다시 살리셨습니다.(23~26절) 보기를 원하는 소경들의 끈질긴 간구로 '믿음대로 되라'는 응답을 주셨습니다.(27~31절) 귀신들려 말 못하는 사람을 고쳐주셨습니다.(32~33절) 예수님은 우리에게 언제나 생명과 구원의 주님이십니다. 이 사실로 위로 받으시기 바랍니다.

· 함께 읽어요 : 마태복음 9장 37절

"이제 제자들에게 이르시되 추수할 것은 많되 일꾼은 적으니"

정리하는 말

성도 여러분! 전도와 선교의 현장에서 가을 곡식이 희어져도 일꾼이 없어 거두지 못하는 것처럼, 선교지에도 마찬가지로 일꾼이 부족한 경우가 허다합니다. 선교사 파송도 필요하지만, 선교현장에 주님께서 원하시는 일꾼을 보내달라는, 간곡한 기도의 일꾼도 필요합니다. 선교사들의 자녀들과 가족들을 돌볼 시스템의 지원도 필요합니다. 의료선교, 교육문화선교, 영상선교, 예능선교 등, 곳곳에 분야마다 일꾼이 필요합니다. 끊임없는 기도의 지원으로 선교를 실천하시기 바랍니다.

평가와 결심

1. 예수님께서 세리 마태를 찾아간 이유가 무엇입니까?
   (마 9:9~13, ① 심적 고통해결 ② 제자로 부르심 ③ 구원과 생명 주시기 위함)
2. 예수 그리스도는 어떤 분이십니까?
   (마 9:14~17, 새 삶과 기쁨의 주님이심)
3. 이 세상 생명의 구주는 누구이십니까?
   (마 9:18~38, 오직 예수 그리스도이심)

주간 경건의 시간 <41> · 날마다 말씀과 함께

요일 / 내용	주일/월(Mon)	화(Tue)	수(Wed)	목(Thu)	금(Fri)	토(Sat)
찬송	91동 / 93동	575 / 302	536 / 326	518 / 252	482 / 49	393 / 447
성경	마 8: / 9:	마 10:	마 11:	마 12:	마 13:	마 14:
적용	백부장믿음 / 추수 일꾼	제자 부르심	맹인이 보며	안식일의 주인	비유 장	세례요한 죽음

* 평양에 '예수! 천당' 소리가 없어지면 이곳이 소돔과 고모라성과 같이 된다. <길선주 목사>

10단원 선교 사명의 달

제42과

말씀을 듣고, 깨닫게 하라

찬송 / 325, 184, 191 / 통일 359, 173, 427
성경 / 마태복음 13:1-30
요절 / 마태복음 13:23
"좋은 땅에 뿌려졌다는 것은 말씀을 듣고 깨닫는 자니 결실하여 어떤 것은 백 배, 어떤 것은 육십 배, 어떤 것은 삼십 배가 되느니라하시더라."
목표 / 전도와 선교는 말씀을 전파하여 듣고 깨닫게 하는 것임을 안다.

시작하는 말

이번 과에서는 본문 마태복음 13장에 나타난 비유를 통하여 천국의 비밀을 깨닫고, 알게 하시는 예수님의 선교방법을 배워야 하겠습니다.

오늘날 설교는 넘쳐 납니다. 우리는 이 설교의 결실이나 열매는 매우 적은 것을 보면서 어떻게 하면 말씀을 듣고 잘 깨닫게 할 것인가를 고민해 봐야 합니다. 대부분의 설교자나 말씀 전파자들이 딴 탓만 해서는 아니 될 것이며, 어떻게 하면 효과적인 전도와 선교를 가능하게 할 것인가를 고민하고, 설교문이나 교육 방법론을 점검해 보아야 할 것입니다.

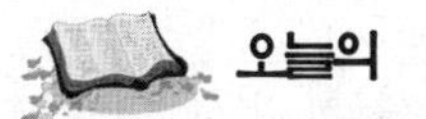

오늘의 말씀

1. 선교는 씨 뿌리는 사람의 비유와 같습니다(마 13:1~9; 18~23).

여기서 먼저 '씨 뿌리는 사람'은 누구입니까? 씨 뿌리는 사람은 주 예수 그리스도이거나 혹은 그분의 종(37절)입니다. 말하자면 사역자 혹은 일반 성도인 주님의 종입니다. 사도 바울은 '하나님의 동역자'라고 표현하고 있습니다. 그러면 여기서 '씨'를 비유하는 것은 무엇입니까? 하나님의 말씀 혹은 천국 말씀입니다.(19절)

서신서에 보면, (a) 썩지 아니할 씨(벧전 1:23), (b) 열매를 맺어 자라는 씨가 뿌려진 땅은 듣는 자의 마음입니다. 그리스도께서는 땅에 대하여 두 가지 중요한 사실을 말씀하십니다.

① 땅이 말씀(씨)을 잘 듣고 받아들이는 데는 방법이 여럿입니다.

② 말씀의 운명은 땅, 곧 듣는 자에게 달렸습니다. 다수에게 뿌렸지만 소수만 영구적인 뿌리를 내렸고, 극소수만이 100% 열매를 맺었습니다.

· 함께 읽어요 : 마태복음 13장 23절

"좋은 땅에 뿌려졌다는 것은 말씀을 듣고 깨닫는 자니 결실하여 어떤 것은 백배, 어떤 것은 육십 배, 어떤 것은 삼십 배가 되느니라 하시더라."

2. 비유로 말씀하신 이유가 있습니다(마 13:9~17).

예수님은 말씀을 가르침에 있어서 변화를 가져왔습니다. 비유로 말씀하시고 제자들에게는 비유를 해설해 주셔서 이해를 할 수 있도록 하셨습니다. 그러나 사람들에게는 비유를 설명해 주시지 않으셨기에 제자들이 질문을 한 것입니다. 하나님께서는 진실로 하나님을 믿고 그분께 가까이 나오는 자에게는 계시해 주시는 일들을, 하나님을 무시하고 하나님께 조금도 관심을 두지 않는 자에게는 계시하시지 않는다고 우리에게 말씀해 주셨습니다.

① 그리스도께서 비유로 말씀하신 첫 번째 이유는, 애써 찾고 이루는 자가 더 받는다는 것입니다.(12절) 그것은 자연법칙이요, 인간의 법칙이요, 하나님의 법칙입니다.

② 두 번째 이유는, 믿지 않는 자들은 거부하고 점점 더 잃기 때문입니다.(13~15절) 그들은 마음을 완악하게 하고, 귀를 막고, 눈을 감고, 보는 것과 이해를 거부합니다. 돌이켜 고침을 받을까 두려워합니다.

③ 믿는 자들은 받아들이고 더 복을 받는다는 것입니다.(16~17절) 믿는 자들은 확신하기 때문에 그 말씀을 간구하고 지켜서 복을 받게 될 것입니다.

· 함께 읽어요 : 마태복음 13장 17절

"내가 진실로 너희에게 이르노니 많은 선지자와 의인이 너희가 보는 것들을 보고자 하여도 보지 못하였고 너희가 듣는 것들을 듣고자 하여도 듣지 못하였느니라."

3. 곡식과 가라지의 비유는 악의 존재 이유를 말해 줍니다(마 13:24~30).

세상에서의 악의 존재와 다른 사람을 판단하는 것에 관하여 갖게 되는 인간의 기본적인 의문 몇 가지가 비유에서 나타납니다.

① 이 세상과 천국에는 선한 자와 악한 자가 공존합니다.(24~26절)

② 예수님은 좋은 씨를 뿌리십니다. 그러나 마귀가 가라지를 덧뿌립니다.(24~25절)

③ 인간은 세상과 교회에 악이 왜 존재하는지 의문을 갖게 됩니다. 하나님께서는 선한 사람과 마찬가지로 악한 사람도 기르십니까?(27~28절) 인간은 좋은 씨와 가라지를 구분하기가 어렵습니다.

④ 사람이 판단하여 뽑다가 곡식도 뽑아버리기 쉽습니다. 그러므로 다른 사람을 판단해서는 안 됩니다.(마 7:1, 롬 2:1절) 추수 때가 오면 심판주가 오셔서 가라지는 따로 선별해 뽑아서 불에 던질 것입니다. 참고 기다리는 지혜가 필요합니다.

현대를 살아가는 성도들은 참으로 살아가기가 힘들고 어렵습니다. 마귀가 덧뿌리고 간 가라지의 씨앗들도 곡식과 함께 자라 여물고 있기 때문입니다. 둘 다 추수 때까지 함께 자라게 두는 인내가 필요한 것입니다.

· 함께 읽어요 : 마태복음 13장 29절

"주인이 가로되 가만두라 가라지를 뽑다가 곡식까지 뽑을까 염려하노라."

정리하는 말

성도 여러분! 오늘 주시는 교훈은 참으로 우리에게 소중합니다. 특별히 선교사들과 전도자들의 입에서 나오는 말씀이 모두 하나님처럼 옳을 수 없기 때문입니다. 사람은 전 인생에 대해 꿰뚫어 볼 수 없을 뿐만 아니라 심각한 실수와 끔찍한 죄를 저지를 수도 있습니다. 오늘 의롭다고 인정을 받은 사람이 또 실수를 저지를 수 있는 법입니다. 그러므로 판단은 만유의 주인이며 소유주이신 하나님께 맡기고, 주님의 명령이신 말씀을 듣고, 깨닫게 하는 일에 최선을 다하여 매진하시기를 바랍니다.

평가와 결심

1. 씨 뿌리는 비유에서 씨는 무엇이며 씨 뿌리는 자가 누구입니까?
(마 13:19~23, 씨는 하나님의 말씀, 씨 뿌리는 자는 그리스도와 그의 종)
2. 예수 그리스도께서 왜 비유로 말씀하셨습니까?
(마 13:9~17, 애써 찾고 이루는 자가 더 얻도록, 거부하는 자에게 가려지도록)
3. 세상에 왜 가라지를 남겨 두십니까?
(마 13:24~30, ①곡식 상하지 않도록 ②심판 주에게 맡기도록 하심)

주간 경건의 시간 <42> · 날마다 말씀과 함께

요일 / 내용	주일/월(Mon)	화(Tue)	수(Wed)	목(Thu)	금(Fri)	토(Sat)
찬송	91동 / 88동	454 / 508	524 / 313	542 / 340	315 / 512	305 / 405
성경	마 15: / 16:	마 17:	마 18:	마 19:	마 20:	마 21:
적용	장로들 전통 / 악한 세대	오직 예수 외에	천국에서 큰 사람	영생을 상속하리라	포도원 품꾼	호산나 다윗 자손

* 성공적인 전도의 비결 세 가지는 자신을 감추는 것이요, 자신을 보이지 않게 더 감추는 것이요, 자신을 보이지 않게 오히려 더 감추는 것이다. <막 가이 꾸틸>

10단원 선교 사명의 달

온 세상에 전파 되리라

찬송 / 314, 185, 191 / 통일 511, 179, 427
성경 / **마태복음 24:1-31**
요절 / **마태복음 24:14**
"이 천국 복음이 모든 민족에게 증언되기 위하여 온 세상에 전파되리니 그제야 끝이 오리라."
목표 / 우리가 전파하는 복음이 온 세상에 증언되게 하기 위해 노력한다.

시작하는 말

그리스도께서는 자신의 죽음과 이 세상을 떠나실 것에 대비하여 제자들을 훈련시키고, 준비시키셨습니다. 제자들은 예루살렘 성전 파괴가 언제 될 것이며, 주의 임하심과 세상 끝에는 무슨 징조가 있겠냐고 물었습니다. 주님께서는 제자들이 던진 두 가지 질문에 대답하셨습니다.

예수님은 그 징조 중에 "천국복음이 모든 민족에게 전파되리니 그제야 끝이 오리라"고 하셨습니다. 그렇다면 여러분들은 어떠한 삶을 살아야 하는지 생각하면서, 온 세상 복음전파의 결의로 살아가시기 바랍니다.

오늘의 말씀

1. 말세와 종말에는 그 어떤 징조가 있을 것입니다(마 24:1~14).

예수께서는 제자들에게 말세에 있을 9가지 징조를 조목조목 말씀해 주십니다. 예수님의 관심은 복음을 전파하는 일입니다. 말세에 있을 징조들은 다음과 같습니다.

① 처음 징조들은 재난의 시작입니다.(5~8절) 재난의 시작(마 24:5~15절)과 계시록의 일곱 인(계 6:1~17) 간에는 유사점이 있습니다. 세상 끝은 단번에 임하지 않을 것입니다. 미래에는 전쟁과 천재지변과 핍박과 거짓 구세주들(거짓 메시야), 이단들의 미혹이 난무 할 것입니다.

② 이어지는 징조들은 성도들이 위협과 재난을 당합니다.(9~12절) 혹독한 종교적 핍박과, 배교(서로가 배반하고 갈라짐)가 있을 것입니다.

③ 약속의 징조들은 믿는 자들에게는 충성된 믿음의 결과입니다.(13~14절) 진정으로 믿는 자들은 끝까지 견디어서 마침내 구원을 얻을 것입니다.

· 함께 읽어요 : 마태복음 24장 14절
"이 천국 복음이 모든 민족에게 증언되기 위하여 온 세상에 전파 되리니 그제야 끝이 오리라."

2. 가장 큰 환난의 징조는 적그리스도가 나타나는 것입니다(마 24:15~28).

예수께서 제자들과 예루살렘에 입성하셔서(마 21장), 성전을 깨끗하게 하셨고(21장), 종교인들에게 무례한 공격을 받으셨고(마 21~22장), 종교인들을 꾸짖으셨으며(마 23장), 예루살렘을 보시며 탄식하셨습니다(마 23장). 이렇게 짧은 시간에 격하고 다양한 감정의 변화를 겪으셨습니다. 주님은 예루살렘을 사랑하셨기에 성을 보시면서 심히 비통해 하셨습니다. 유대인이 극악함은 메시야를 죽이기 위하여 갖은 모의를 하며 진행하고 있음을 알고 있었기에 더욱 가슴이 아팠을 것입니다.

하나님의 아들 메시야를 십자가에 죽임으로, 주후 70년 즉시 심판을 받을 것이며, 그리고 세상 끝 날에 남은 자들과 더불어 최후의 심판을 받을 것입니다. 이 두 가지 심판이 모두 그들의 죄의 결과였습니다.

멸망의 가증한 것, 곧 적그리스도가 나타날 것이라고 말씀해 주십니다. 이것은 눈에 보일 것이며, 다니엘에 의해서도 예언을 되었습니다.

(마 24:15절) 멸망의 가증한 것(그 사람)은 거룩한 곳에 설 것입니다. 큰 표적과 기사를 보여주며 택한 자들을 미혹할 것입니다.

· 함께 읽어요 : 마태복음 24장 24절, 26절

"[24]거짓 그리스도들과 거짓 선지자들이 일어나 큰 표적과 기사를 보여 할 수만 있으면 택하신 자들도 미혹하리라. [26]그러면 사람들이 너희에게 말하되 보라 그리스도가 광야에 있다 하여도 나가지 말고 보라 골방에 있다 하여도 믿지 말라."

3. 예수 그리스도 곧 인자가 오는 것을 볼 것입니다(마 24:29~31).

그리스도께서는 자신이 오실 때를 정확히 가르쳐 주셨습니다. "그 날 환난 후에 즉시" 우리 주님께서 재림하실 것입니다. 그러나 예루살렘 멸망 직후에 오시지 않으셨습니다. 천국복음이 온 세상에 전파되고 그제야 끝이 올 것입니다. 때문에 우리는 복음전파라는 지상명령의 성취를 위해 매진해야 할 것입니다.

유대인들은 심한 환난을 겪었고, 제2차 세계대전 시에 8년도 안 되는 기간 동안 500만 명 이상이 학살을 당했습니다. 그들은 '이방인의 때가 차기까지' 계속해서 큰 고통을 당할 것입니다. 유대인은 대 환난 이래로, 그들은 지금까지 큰 환난을 겪어 왔고, 세상 끝에 있을 7년 대환난도 겪게 될 것입니다. 그리스도께서 영광 중에 오실 때, 최초로 일어날 사건은 해와 달과 별들과 하늘의 권능들이 흔들릴 것을 예언하고 있습니다. 그리스도께서 재림하실 때에 인자의 징조가 하늘에서 보일 것이며, 땅의 모든 족속들이 통곡하고, 그들이 인자가 구름을 타고 능력과 큰 영광으로 오는 것을 보리라고 했습니다. 그 날을 준비해야 합니다.

· 함께 읽어요 : 마태복음 24장 30절

"그때에 인자의 징조가 하늘에서 보이겠고 그때에 땅의 모든 족속들이 통곡하며 그들이 인자가 구름을 타고 능력과 큰 영광으로 오는 것을 보리라."

정리하는 말

성도 여러분! 지금은 주님이 재림하실 '말세지말'이라고 합니다. 자연계에 재앙들이 쏟아지며, 엄청난 사건 사고들은 우리의 관심을 하나님께로 향하게 합니다. 그리고 그 사건들은 마지막 때에 일어날 강력한 사건들을 생각하게 해줄 것입니다. 주님이 말씀하신 대로, 지금 눈을 들어 주님을 신뢰한다면, 천재지변들과 어려운 환경들을 견디기가 훨씬 쉬워질 것입니다. 여러분! 온 세상에 천국복음 전파에 힘쓰시기 바랍니다.

평가와 결심

1. 그리스도께서 재림하시기 전 무슨 징조가 있을 것입니까?
   (마 24:1~14, 전쟁과 핍박과 천재지변, 적그리스도가 나타날 것임)
2. 가장 큰 환난의 징조는 무엇입니까?
   (마 24:15~28, 멸망의 가증한 것이 거룩한 곳에 설 것임)
3. 그리스도의 재림은 어느 때에 어떻게 이루어질 것입니까?
   (마 24:29~31, ① 그 날 환난 후 즉시, ② 구름 타고 능력과 권능으로 재림)

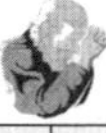

주간 경건의 시간 <43> · 날마다 말씀과 함께

요일 / 내용	주일/월(Mon)	화(Tue)	수(Wed)	목(Thu)	금(Fri)	토(Sat)
찬송	36동 / 37동	165 / 155	185 / 179	197 / 178	220 / 278	325 / 359
성경	마 22: / 23:	마 24:	마 25:	마 26:	마 27:	마 28:
적용	예복 준비 / 긍휼과 믿음	천국 복음전파	형제 중 하나에게	향유 옥합	예수의 제자라	가르쳐지키게 하라

* 십자가에 못 박힌 그리스도를 전하려면 자신이 반드시 십자가에 못 박힌 사람이어야 한다. <찰스 주델, 1862~1935>

감사, 찬송 부를지어다!

찬송 / 387, 365, 540 / 통일 440, 484, 219
성경 / **시편** 100:1-5
요절 / **시편** 100:1
"온 땅이여 여호와께 즐거운 찬송을 부를지어다."
목표 / 세상을 살면서 베풀어 주신 은혜를 감사 찬송하는 태도를 기른다.

시작하는 말

이 단원에서는 시편 기자들의 아름다운 '감사의 시'들을 공부하게 됩니다. 본 시편 100편은 저자가 미상입니다. 이 감사의 시는 온 땅과 만백성이 여호와의 부름에 참예하면서 즐거이 여호와를 부르며 기쁨으로 섬기며, 노래하면서 그분 앞에 나아가는 노래입니다. 아무리 힘들고 위험한 길을 갈지라도 주님을 찬송하며 걸어간다면 행복이 넘칠 것입니다. 여러분! '감사 찬송의 생활화'를 통하여 행복하기를 소망합니다.

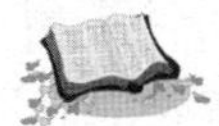

오늘의 말씀

1. 순례자는 가장 먼저 성전예배에 참예해야 할 것입니다(시 100:1~3).

여기 순례자들은 예수님 당시처럼 지구 끝에서부터 온 자들로서 애굽인, 메소보타미아인, 에돔인, 사마리아인 등이 다 포함되어 있었습니다. 이렇게 먼 곳에서 온 이방인들도 이스라엘 여호와 하나님께 경배드려야 합니다. 현대교회들도 모든 족속으로 제자를 삼아 주님께 예배하고 경배하도록 해야 합니다. 이 세상 순례자들은 예루살렘을 순례할 것이지만 세상 만국 백성들이 영원한 주 예수 그리스도의 왕국을 찾아 순례하면서 다다라야 될 곳은 영적 새 예루살렘입니다.

① 감사 찬송할 대상은 여호와 하나님이시요.(1절)

② 감사 찬송할 범위는 온 땅입니다.(1절)

③ 감사 찬송의 방법은 즐거이 그리고 기쁨으로, 섬기며 노래하면서 나아가야 합니다.

· 함께 읽어요 : 시편 100편 2절
"기쁨으로 여호와를 섬기며 노래하면서 그의 앞에 나아갈 지어다."

2. 순례자는 감사함으로 그 문에 들어가야 합니다(시 100:3~4).

시인은 하나님의 축복에 대한 감사의 찬양을 드리기 위해 성전으로 초청합니다. "감사함으로 그 문에 들어가며 찬송함으로 그 궁정에 들어가서 그에게 감사하며 그 이름을 송축할지어다." 이것은 공중예배로 초청하는 부름입니다. 하나님의 궁정(왕궁)과 그 문은 성전을 가리킵니다. 성전문들과 궁정문들은 하나님과의 만남을 상징합니다. 하나님을 믿는 모든 백성은 성전문에서 감사하는 마음으로 찬양하고 하나님의 권위에 합당한 영광을 돌려야 합니다. 성전은 하나님의 임재 처소로서 하나님의 거룩함이 드러나는 상징적 장소이기 때문입니다.

이스라엘 백성들이 성전에서 예물을 드리고 제사를 행하는 것은 바로 하나님을 섬기는 신성한 예배였습니다. 시인은 이러한 예배에 참석하는 자들이 마땅히 하나님께 찬미와 경배를 드려야 할 것을 말합니다.

히브리서에는 "예수로 말미암아 항상 찬송의 제사를 하나님께 드리자"라고 했습니다. 이는 그 이름을 증언하는 입술의 열매니라고 했습니다.(히 13:15절) 이러한 예배는 궁극적으로 예수 그리스도의 대속의 은혜에 감사하여 하나님께 찬양과 경배를 드리는 것을 예표합니다.

· 함께 읽어요 : 시편 47편 7~8절

"[7]하나님은 온 땅의 왕이심이라 지혜의 시로 찬송할지어다. [8]하나님이 뭇 백성을 다스리시며 하나님이 그의 거룩한 보좌에 앉으셨도다."

3. 순례자들이 성전에 들어가 예배해야 할 이유가 있습니다(시 100:5).

개역 한글성경에는 5절 처음에 '대저'(for)라는 말이 나오는데, 이 말은 '왜냐하면'이란 말입니다. 시인은 4절에 "감사함으로 그의 문에 들어가며 찬송함으로 그의 궁정에 들어가서 그에게 감사하며 그의 이름을 송축할지어다." 그리고서 '왜냐하면'이라고 하면서 5절을 노래합니다. 그 이유는 하나님은 선하시고, 하나님은 인자하심이 영원하시고, 성실하심이 대대에 미치기 때문입니다. 그러므로 순례자들은 그러한 하나님을 믿고 당당하게 성전문으로 들어가서 하나님께 찬양하고 영광을 돌리게 된 것입니다.

성전은 하나님께 예배하는 곳이며 성도들은 그 예배를 통해서 용서하시고, 치료하시고, 축복하시는 하나님을 만나고 큰 은혜를 받습니다. 그래서 '시은소'라고 부르기도 합니다.

구약 시대에는 지성소(most holy place)와 성소가 구분 되어져 있어서 지성소는 대제사장만이 일 년에 한차례에 한하여 대 속죄일에 들어갈 수 있었습니다. 이는 그리스도의 속죄 사역의 한 상징입니다. 그 지성소에는 금향로와 언약궤가 있고, 언약궤 안에 만나 담은 항아리와 아론의 싹 난 지팡이와 언약의 돌판들이 있었습니다.(히 9:3~15절)

· 함께 읽어요 : 시편 100편 4절

"[4]감사함으로 그의 문에 들어가며 찬송함으로 그의 궁정에 들어가서 그에게 감사하며 그의 이름을 송축할지어다. [5]여호와는 선하시니 그의 인자하심이 영원하고 그의 성실하심이 대대에 이르리로다."

정리하는 말

여러분! 오늘날 현대교회는 예배의 기쁨을 잃어버렸습니다. 신앙고백적인 찬양의 기쁨도, 기도의 열심도 없습니다. 하나님의 백성들은 하나님이 베푸신 인자하심과 선하심에 신령과 진정으로 화답해야 하는데, 예배의 법도를 망각한 채, 형식에 치우쳐 있습니다. 여러분! 감사 찬송의 열심을 다시 회복하시기 바랍니다. 시와 찬미와 신령한 노래가 신앙고백이 되어, 하나님께 감사 찬송을 부를 수 있기를 간절히 소원합니다.

평가와 결심

1. 천국을 향하여 가는 순례자로서 해야 할 일이 무엇입니까?
   (시 100:1~3, 성전 예배에 참예해야 함)
2. 순례자는 어떻게 어디로 여호와 하나님께 나아가야 합니까?
   (시 100:3~4, ① 감사함으로 ② 그 문에 나아가야 함)
3. 순례자들이 하나님께 나아가 예배해야할 이유가 무엇입니까?
   (시 100:5, ① 여호와의 선하심 ② 인자하심 영원함 ③ 성실하심 때문)

주간 경건의 시간 <44> · 날마다 말씀과 함께

요일 / 내용	주일/월(Mon)	화(Tue)	수(Wed)	목(Thu)	금(Fri)	토(Sat)
찬송	93동 / 91동	325 / 359	257 / 189	322 / 357	342 / 395	341 / 367
성경	시 97 : / 98 :	시 99 :	시 100 :	시 101 :	시 102 :	시 103 :
적용	의와 공평/ 새 노래로	성산에서 예배	여호와께 찬송	인자와 정의	주의 연대	인생은 풀

* 감사하는 마음은 가장 위대한 미덕일 뿐 아니라 다른 모든 덕의 어버이다.
< 마르쿠스 툴리우스 키케로, B.C. 106~43, 로마 웅변가, 정치가, 철학자 >

여호와께 감사하라!

찬송 / 362, 500, 304 / 통일 481, 258, 404
성경 / **시편** 107:1-22
요절 / **시편** 107:1
"여호와께 감사하라 그는 선하시며 그 인자하심이 영원함이로다."
목표 / 선하신 하나님께 일평생 감사하며 찬송하는 태도를 가진다.

시작하는 말

창조주 하나님께서는 고난과 역경을 통해서 불평하는 인간들을 향하여 감사의 샘으로 인도해 주십니다. 본 시편은 인생의 여러 가지 고통스러운 현장에서 자신의 고난을 물리쳐 주신 하나님의 은총을 감사하며 찬양하는 내용입니다. 감사하는 궁극적인 이유는 하나님은 선하시고 인자하시기 때문입니다. 감사는 그리스도인의 생활의 핵심이며 신앙생활의 근거가 되어야 합니다. 그럼에도 불구하고 정반대로 불평과 원망과 시비로 살아가기에 늘 불편하고 불행 속에 살아가는 것입니다.

오늘의 말씀

1. 구속의 은혜를 체험한 공동체의 감사 찬양입니다(시 107:1~9).

시인은 대적의 손에서 구속하심을 감사합니다. 바벨론 포로로 끌려가 노예생활을 하는 비참한 지경에서 건져 고국으로 돌아오게 한 구원의 체험은 그들의 감사와 찬양의 이유요, 내용이었습니다. "여호와께 감사하라 그는 선하시며 그 인자하심이 영원함이로다." 노래의 후렴구처럼 찬송이 울려 퍼집니다. 106편의 첫 절은 '할렐루야'가 첨부되었습니다. 예배하는 성도들은 하나님의 구속의 은총을 감사하기에, 감사의 예물을 드리면서 찬송하는 것이 당연합니다. 1절을 제사장이 선창을 하면, 2~3절은 회중이 함께 불렀던 것으로 보입니다. 이렇게 개인적인 감사시가 포로기 이후 구속받은 자들의 공동체적인 감사의 시로 사용되면서, 2~3절이 첨가되었을 것으로 사료됩니다. 개인적인 구원의 체험을 민족적인 은혜의 시로 적용해 감사하고 찬양하고 있습니다.

· 함께 읽어요 : 시편 107편 8절
"여호와의 인자하심과 인생에게 행하신 기적으로 말미암아 그를 찬송할지로다."

2. 성도는 하나님의 축복도 형벌도 감사해야 합니다(시 107:10~13).

시인은 사람이 사망의 그늘에 앉거나 곤고함과 사슬에 매이는 까닭은 하나님의 말씀을 거역했기 때문이라고 설명합니다. 회개할 기회를 주셨음에도 불구하고, 거역하고 하나님의 사랑을 멸시한 자들이 받는 범죄의 결과가 세 가지로 기록되어 있습니다.

① 영원한 사망이 기다리고 있습니다.(10절) 하나님께서는 죄의 결과인 사망의 고통을 인간에게서 제거하기 위하여 그의 독생자를 십자가의 형틀에 내어 주셨습니다. 그러한 그의 사랑을 받아들이지 않는 자들은 흑암의 세계 속에 거하는 자들이며, 자신의 빗나간 선택이 영원한 죽음으로 인도한다는 사실 앞에 형언할 수 없는 슬픔을 느끼게 되는 자들입니다. 우리는 이 사실을 명심해야 할 것입니다.

② 곤경과 버림을 받게 됩니다.(12절) 내세에 대한 강렬한 소망을 상실한 자는 자기 주관적 판단대로 생활합니다. 그럭저럭 시간이 가는 대로 의미 없는 생활을 하게 됩니다. 우리는 이런 삶을 버리고 한 순간순

간마다 주님을 사모하며 깨어 경성해야 할 것입니다.

③ 비참한 고난을 당하게 됩니다.(17절) 성경에는 두 가지 고난이 온다고 말씀합니다. 하나는 의인에게 정금 같은 성숙한 신앙을 소유케 하기 위하여 주는 연단입니다. 또 하나는 죄의 결과로 오는 징벌의 고난입니다. 하나님께서는 진심으로 회개하는 자에게 용서하시고, 고난을 극복하게 하시고, 복을 내려 주실 것입니다.

· 함께 읽어요 : 시편 107편 17~18절

"[17]미련한 자들은 그들의 죄악의 길을 따르고 그들의 악을 범하기 때문에 고난을 받아 [18]그들은 그들의 모든 음식물을 싫어하게 되어 사망의 문에 이르렀도다."

3. 하나님의 백성은 그분의 품안에서 복을 누립니다(시 107:14~22).

어머니의 품을 떠난 아이가 고통을 당하듯 하나님의 품을 떠난 백성들은 혹독한 고통과 고난이 따르게 됩니다. 병아리가 어미 닭의 품안에서 부족함 없이 모든 것을 공급 받고 편안하게 보호를 받습니다. 마찬가지로 하나님의 품안에 거하는 자는 그 자체가 안전하고 축복된 생활입니다. 하나님의 백성이 누리는 복을 세 가지로 말씀하고 있습니다.

① 영원한 생명이 함께 합니다.(14절) 인생의 궁극적 목적은 영생입니다. 성도는 그리스도의 보혈의 공로로 영혼의 삶을 보장받는 자들입니다. 이러한 복을 누리는 자들은 세상에서도 담대하고 진취적이며 긍정적이고 성실한 생활을 하게 됩니다. 하나같이 칭송받는 자들입니다.

② 어떠한 고난도 하나님이 함께 해주십니다.(16절) 성도의 고난의 현장은 하나님의 능력이 가장 강하게 역사하는 장소입니다. 믿으십시오.

③ 하나님은 항상 보호의 손길을 보내어 주십니다.(20절)

· 함께 읽어요 : 시편 107편 20절

"그가 그의 말씀을 보내어 그들을 고치시고 위험한 지경에서 건지시는 도다."

정리하는 말

사랑하는 성도 여러분! 성도의 아픔은 곧 하나님 아버지의 아픔입니다. 따라서 하나님께서는 우리의 연약한 부분과 약점을 아시고 사랑으로 위로하시고 격려함으로써 치유해 주십니다.

세상에서 성도들도 고통과 환난을 당합니다. 그런 고통 중에 자신의 잘못으로 받는 고통도 있지만, 정금 같은 신앙을 주시려고 주는 연단의 시련도 있습니다. 그래서 우리는 하나님의 뜻을 헤아리기 위해 기도하고 사모해야 합니다. 여러분! 하나님의 자녀로서 늘 감사하며 살아가시기를 소망합니다.

평가와 결심

1. 시인은 본문에서 무엇에 대해 감사하고 있습니까?
   (시 107:1~9, 구속을 체험한 민족 공동체 일원으로서 감사함)
2. 성도는 살아가면서 무엇을 감사해야 하겠습니까?
   (시 107:10~13, ① 하나님의 축복 ② 하나님께 받는 벌도 감사해야 함)
3. 궁극적으로 하나님의 백성은 어디에서 복을 누립니까?
   (시 107:14~22, 선하시고 인자하신 하나님의 품 안에서)

주간 경건의 시간 <45> · 날마다 말씀과 함께

내용 \ 요일	주일/월(Mon)	화(Tue)	수(Wed)	목(Thu)	금(Fri)	토(Sat)
찬송	144동 / 145동	215 / 354	216 / 356	365 / 484	421 / 210	423 / 213
성경	시 104: / 105:	시 106:	시 107:	시 108:	시 109:	시 110:
적용	하나님 찬양 / 영원한 언약	언약을 기억하며	말씀을 보내어	수금아! 깰지어다	사탄이 오른쪽에	주의 권능의 날

* 항상 네 감사하는 일을 처음에는 하늘에 하고 다음에는 땅에 하라.

< 데이비드 토머스, 1776~1850, 미국 농학자, 저술가>

제46과

여호와의 이름을 찬양하라!

찬송 / 407, 309, 293 / 통일 465, 409, 414
성경 / 시편 113:1-9
요절 / 시편 113:1
"할렐루야 여호와의 종들아 찬양하라 여호와의 이름을 찬양하라."
목표 / 여호와의 이름을 찬양하며 감사하는 삶의 태도를 기른다.

시작하는 말

본 시편은 앞의 시편들과 같이 할렐루야로 시작하는 시편 중의 하나입니다. 당시 유대인들은 113~114편의 여섯 책을 한데 묶어 유월절, 오순절, 장막절, 월삭에 하나님을 찬양하는 데 사용했습니다. 본문에서 시인은 마땅히 인간들이 하나님을 찬양해야 할 존재임을 지적하고, 하나님께서 찬양 받으실 하나님이심을 밝히고 있습니다.

사랑하는 성도 여러분! 여러분들은 하루에 몇 번이나 감사하면서 살아가십니까? 신앙이 성숙한 사람의 특징은 사소한 일에도 하나님께 감사하며 살아갑니다. 여호와의 이름을 감사하며 찬양하시기 바랍니다.

오늘의 말씀

1. 여호와 하나님은 찬양 받으실 분이십니다(시 113:1~3).

우리는 허물과 죄로 죽었던 인간들입니다.(엡 2:1절) 하나님의 아들 예수 그리스도는 우리를 십자가 보혈로 구속하여 살리셨습니다. 그러므로 우리는 만군의 주 여호와의 이름을 찬양해야 한다고 명령하고 있습니다. 그러므로 우리는 여호와의 이름을 해가 뜨는 시각, 그리고 뙤약볕이 뜨거운 오후, 그리고 해지는 저녁 시간에도 찬양해야 합니다. 우리가 활동하고 호흡이 있는 일생동안 여호와의 이름을 찬양해야 합니다. 이웃을 초대해서 함께 여호와의 이름 찬양하시기 바랍니다.

· 함께 읽어요 : 시편 113편 3절
"해 돋는 데에서부터 해 지는 데에까지 여호와의 이름이 찬양을 받으시리로다."

2. 알리고 찬송 받으실 분은 여호와 하나님이십니다(시 113:4).

세상에서는 자신의 얼굴을 드러내고, 자기소개를 잘 해야 출세하는 세상이라고 합니다. 그러나 성경은 이렇게 가르쳐 줍니다. 오직 찬양을 받으시고 알려야 할 분은 '여호와 하나님'이시라고 말입니다.

① 하나님은 인간보다 권세가 우월하시고, 모든 나라보다 높으신 분이십니다.

ⓐ 통치 영역 면에서 그러합니다. 세상의 왕이나 영웅들도 전 세계를 통치할 수는 없습니다. 오직 창조자 하나님만이 통치자이십니다.

ⓑ 통치 능력 면에서 하나님을 능가할 이가 없습니다.

② 자연보다 위대하신 하나님이십니다. 그 영광이 하늘보다 높으신 것입니다. '자연현상' 즉 푸른 하늘, 폭풍우, 번개, 밤하늘의 별 등은 인간의 경외심을 불러일으키기에 충분합니다. 하나님은 이런 자연 세계를 손가락으로 지배하시며, 말씀의 도구로 사용하십니다.(욥 37:1~5절)

· 함께 읽어요 : 욥기 37장 2~4절
"[2]하나님의 음성 곧 그의 입에서 나오는 소리를 똑똑히 들으라. [3]그 소리를 천하에 펼치시며 번갯불을 땅 끝까지 이르게 하시고 [4]그 후에 음성을 발하시며 그의 위엄찬 소리로 천둥을 치시며 그 음성이 들릴 때에 번개를 멈추게 아니하시느니라.

3. '여호와 하나님의 구원'을 찬양하고 감사해야 합니다(시 113:5~9).

본문은 인생을 구원하시되 인간 생활의 구체적인 부분까지 개입하셔서 인생의 여러 가지 환난과 고통을 해결해 주시는 분에 대해 기록하고 있습니다.

① 하나님은 상황을 바꾸어 주십니다.

ⓐ 가난하고 궁핍한 자를 세우십니다. 가난과 궁핍은 경제적 또는 육신적으로나 영적으로 가난한 자들 다 하나님의 도우심이 필요합니다.

ⓑ 불가능한 일들을 가능하게 하시는 하나님이십니다.(렘 32:17, 27절; 요일 3:20절) 그렇기 때문에 하나님의 장중 안에 있는 인생들은 더 이상 무능력자가 아닙니다. 하나님의 능력으로 덧입게 되는 것입니다.

② 인간의 가장 친근한 위로자가 되어 주십니다.

하나님의 절대 주권과 그것을 실현해 가시는 인간사와 결코 격리된 것이 아닙니다. 하나님의 절대 주권은 인간의 모든 분야에 적용되며 그의 장중 안에서 역사가 진행되어져 가는 것입니다.

ⓐ 하나님은 예수 그리스도처럼 아주 평범한 사람의 아들, 즉 인자로 오셔서 구원의 손길로 만져주심으로 고쳐주시고 해결해 주시는 분이십니다.

ⓑ 인간의 모든 욕구를 채워주시고, 가까이 오셔서 우리 삶을 주관해 주시는 분이십니다.

ⓒ 기쁨의 생활을 하게 하십니다. 하나님은 스스로 낮아지셔서 우리의 피난처가 되시고, 평강과 위로로 기쁨의 생활을 하도록 하십니다.

· 함께 읽어요 : 예레미야 32장 17절, 27절

"[17]슬프도소이다 주 여호와여 주께서 큰 능력과 펴신 팔로 천지를 지으셨사오니 주에게는 할 수 없는 일이 없으시니이다. [27]나는 여호와요 모든 육체의 하나님이라 내게 할 수 없는 일이 있겠느냐?"

정리하는 말

사랑하는 성도 여러분! 여호와 하나님께서 못하실 일이 무엇이겠습니까? 천하 인간들을 자신의 장중에 붙잡으시고, 그들을 사랑하셔서 독생자 예수 그리스도를 보내 주셔서 대속해 주셨습니다. 창조주 하나님은 "이 백성은 내가 나를 위하여 지었나니 나를 찬송하게 하려 함이니라"(사 43:21절)고 하셨습니다. 창조주 하나님! 선하시고 인자하신 하나님! 독생자를 보내 주신 하나님! 십자가에서 자신을 내어주신 주님을 찬양하시고, 평생 호흡이 있는 동안에 여호와의 이름을 높이 찬양하시기 바랍니다.

평가와 결심

1. 찬양 받으실 분은 누구이십니까?
   (시 113:1~3, 천지를 창조하신 여호와 하나님)
2. 알리고 찬양할 여호와 하나님은 어떤 분이십니까?
   (시 113:4, 인간이나 자연보다, 모든 나라보다 위대하신 분)
3. 우리가 어떤 하나님의 무엇을 찬양해야 합니까?
   (시 113:5~9, 구원하신 하나님, 친근하신 위로자 하나님)

주간 경건의 시간 <46> · 날마다 말씀과 함께

요일 / 내용	주일/월(Mon)	화(Tue)	수(Wed)	목(Thu)	금(Fri)	토(Sat)
찬송	37동 / 39동	216 / 356	325 / 359	369 / 487	423 / 213	521 / 253
성경	시 111 : / 112 :	시 113 :	시 114 :	시 115 :	시 116 :	시 117 :
적용	지혜의 근본/ 꾸어주는 자	궁핍한 자	야곱의 하나님	적막한 데	평생에 기도	여호와의 인자하심

* 감사할 줄 모르는 자식을 갖는다는 것은 뱀의 이에 물리는 것보다 더 따가운 일이다. <윌리엄 셰익스피어, 1564~1616, 영국 시인, 극작가>

제47과

여호와께 감사, 찬송, 영광!

찬송 / 289, 288, 66 / 통일 208, 204, 20
성경 / **시편** 118:1-29
요절 / **시편** 118:14
"여호와는 나의 능력과 찬송이시요 또 나의 구원이 되셨도다."
목표 / 하나님의 능력을 감사하며 찬송하는 태도를 가지게 한다.

시작하는 말

이 시는 전통적으로 메시야 시로서 이해되어졌으며, 실제로 예수께서 이 시편 22~23절을 인용하심으로써(마 21:42) 그것이 증명되었습니다. 메시야의 구속사역은 하나님의 인자하심에 근거하고 있습니다. 그것은 하나님의 보좌에서 시작하여 이 땅 위에 나타나셨고, 구속 사역을 완성하시고, 다시 하나님의 보좌 우편으로 돌아가심으로써 저리로써 심판하러 오실 것을 말씀하시므로 완벽하게 표현되었습니다. 하나님의 인자하심에 대하여 감사 찬양하시고 영광 돌리시기 바랍니다.

오늘의 말씀

1. 하나님의 인자하심에 대하여 감사 찬양합니다(시 118:1~13).

성전 밖과 성전 뜰 안의 행렬 시에 사용된 것으로 보이는 시입니다. 교창 형식[1]으로 된 1~4절은 하나님의 인자하심과 그것의 영속성을 찬

1) 교창형식(交唱形式; Antiphon)이란 한 사람이 한 소절을 메기며, 여럿이 받아 노래하는 음악연주 방식의 하나다.

양하고 있습니다. 계속해서 하나님의 구원에 대한 증언과 찬양의 내용입니다.

① 하나님의 구원에 대한 증언입니다.(5~13절) 시인은 고통 중에 부르짖었더니 응답하셨다고 합니다.(5절) 시인은 자신의 체험을 통하여 배운 결코 잊을 수 없는 영적인 교훈은 "여호와는 내 편이시라"고 증언합니다.(6~9절) 역경의 경험을 소개합니다.(10~13절) 절대 절명의 위기인 열방이 에워쌌으나 하나님께서 해결해 주셨다고 합니다.

· 함께 읽어요 : 시편 118편 7절

"여호와께서 내 편이 되사 나를 돕는 자들 중에 계시니 그러므로 나를 미워하는 자들에게 보응하시는 것을 내가 보리로다."

2. 하나님의 구원에 대하여 감사하며 찬양합니다(시 118:14~18).

본문은 구원에 대하여 증언을 하고 있습니다.

① 구원에 대한 증언입니다.(14절) 본문 14절처럼 홍해를 건너고서 가르친 모세의 노래에서도 "여호와는 나의 힘이요 노래시며, 나의 구원이시로다"(출 15:2절)라고 감사 찬양을 하고 있습니다.

② 승리의 확증으로 인한 찬양입니다.(15~16절) 시인이 찬양하는 것은 구원 자체가 자신의 힘이나 능력이 있어서가 아니라 전적으로 하나님의 권능이라고 고백합니다.

③ 구원은 하나님의 인자하심의 결과입니다.(17~18절) 시인은 자신이 죽음에 이를만한 것이었으나 그럼에도 불구하고 살게 된 것은 '여호와의 행사를 선포하기 위한 것'임을 밝히고 있습니다. 그러고 보면 우리 대한민국은 6 · 25 한국전쟁 당시 다 죽어간 상태에서 유엔의 참전용사들을 부르심으로 말미암아 하나님께서 이 나라 이 민족을 살려주신 것입니다. 낙동강까지 밀려 내려간 상태에서 이 나라가 망하기 일보 직전

에 하나님의 인자하심이 이 대한민국을 사랑하시고 우리들을 살려주셨습니다. 이 사실을 하나님의 권능이 아니고는 설명할 길이 없습니다.

· 함께 읽어요 : 시편 118편 16~17절
"[16]여호와의 오른손이 높이 들렸으며 여호와의 오른손이 권능을 베푸시는 도다. [17]내가 죽지 않고 살아서 여호와께서 하시는 일을 선포하리로다."

3. 의의 문을 열고 들어가 감사와 찬양을 드립니다(시 118:19~29).

성도 여러분! 성전 문 밖에서 시작된 시인의 찬양은 이제 성전 뜰로 들어가게 됩니다. 19절은 성전 문 밖에서 성전 뜰 안으로 들어가기 위하여 문지기에게 청원하는 내용이며, 20~29절까지는 성전 뜰 안에서 이루어진 시의 내용입니다.

① 감사와 회중의 응답입니다.(19~24절)

시인은 이제 성전 뜰 안으로 들어가 성소에서 하나님께 감사와 찬양을 드릴 수 있도록 "내게 의의 문을 열지어다"라고 선포하고 문지기에게 문을 열어달라고 요청합니다. 시인은 '주께서 응답하시고 구원이 되셨으니'라고 찬미하며 감사를 표현하고 있습니다.

② 감격에 넘치는 찬양과 확신입니다.(25~29절) 시인의 증언을 들은 후 회중이 하나님의 새로운 복을 내려주시기를 원하는 갈망을 표현하고 있습니다. 이제 그들은 인도자와 회중이 어울려 하나님의 복과 응답에 대하여 감사와 찬양을 드립니다. 시인의 증언을 청하여 그들 가운데서 재삼 확인된 하나님의 인자하심에 대한 넘치는 감사와 찬양, 충만한 행복감 가운데서 온 회중이 함께 공감하는 신앙의 시와 고백입니다.

· 함께 읽어요 : 시편 118편 28절
"주는 나의 하나님이시라 내가 주께 감사 하리이다. 주는 나의 하나님이시라 내가 주를 높이리이다."

정리하는 말

성도 여러분! 마지막 29절은 이 감사시의 전체적인 결론입니다. 함께 읽겠습니다. “여호와께 감사하라 그는 선하시며 그의 인자하심이 영원함이로다.” 여러분! 감사는 우리의 생활입니다. 감사는 우리의 예배입니다. 감사는 우리의 구원입니다. 하루 24시간은 하나님께서 주신 선물이요 약속입니다. 여호와 하나님! 선하시며 인자하신 하나님! ‘여호와’라는 이름에 하루 일곱 번씩 사모하고, 감사하고, 찬양을 돌리시기를 소원합니다.

평가와 결심

1. 시인은 첫째 무엇에 대하여 감사 찬양하라고 합니까?
   (시 118:1~13, 하나님의 인자하심에 대하여)
2. 시인은 둘째 무엇에 대하여 감사 찬양하라고 합니까?
   (시 118:14~18, 하나님의 구원에 대하여)
3. 시인은 어디에서 어디로 들어가 찬양하기를 원합니까?
   (시 118:19~29, 성전 밖에서와 성전 뜰 안에 들어가서 찬양하기 원함)

주간 경건의 시간 <47> · 날마다 말씀과 함께

요일 내용	주일/월(Mon)	화(Tue)	수(Wed)	목(Thu)	금(Fri)	토(Sat)
찬송	73동 / 74동	421 / 210	405 / 458	369 / 487	358 / 400	315 / 512
성경	시 118 : / 시 119 : 1-16	시 119:17-24	시 119:25-32	시 119:33-40	시 119:41-48	시 119:49-64
적용	내 편 하나님/ 여호와의 증거	주의 교훈	주의 율례	말씀을 세우소서	말씀은 위로	나의 분깃

* 감사하는 마음은 가장 위대한 미덕일 뿐만 아니라 다른 모든 덕의 어버이다.
  < 마르쿠스 툴리우스 키케로, B. C. 106~43, 로마 웅변가, 정치가, 철학자 >

12단원 은혜 결산의 달

지금은 은혜 받을 만한 때요

찬송 / 251, 255, 286 / 통일 137, 187, 218
성경 / **고린도후서 6:1-18**
요절 / **고린도후서 6:2**
"이르시되 내가 은혜 베풀 때에 너에게 듣고 구원의 날에 너를 도왔다하셨으니 보라 지금은 은혜 받을 만한 때요 보라 지금은 구원의 날이로다."
목표 / 은혜 받을 만한 때에 더욱 구원의 확신을 갖는 태도를 가진다.

시작하는 말

세상을 창조하시고 운행하시는 하나님께서 천지만물 모두 선물로 마련해 주셨습니다. 하나님의 백성들을 위해 준비해 주신 은혜가 참으로 풍성한데, 현대교회와 성도들은 기갈 상태에 허덕이고 있느니, 얼마나 답답해하시는지 모릅니다. 본문에는 지금은 '은혜 받을 만한 때요 구원의 날'이라고 하십니다. 오늘날 한국교회가 경제적으로 어려울 때는 부르짖어 기도하더니, 이제 살만하니까 물질에 쏠려 몸단장 집 단장에 정신이 없습니다. 우리는 구원의 날인 지금 은혜를 추구해야 합니다. 금년 받은 은혜가 얼마나 되는지 은혜를 결산해 보시기 바랍니다.

오늘의 말씀

1. 하나님의 은혜를 헛되이 받지 마시기 바랍니다(고후 6:1).

하나님의 일꾼은 하나님의 일을 하는 자들입니다. 바울 사도는 주님의 종이라는 신분을 소중하게 여기고 간직했으며 일생동안 그 사랑 변치 않고 구라파를 복음화 하는 데 자신을 전제[1]와 같이 주의 일을 위해 부어드렸습니다.(딤후 4:6절) 우리는 하나님과 함께 일하는 동역자들입니다. 따라서 성경말씀 대로 철저히 행해야 합니다. 그러나 요즘 사역자들은 공적인 목회비나 선교비로 사역을 감당하다 보니 여러 눈치를 볼 때가 있습니다. 그러나 분명한 것은 하나님을 의식하고 감사하며 소신 있게 사역해야 합니다. 하나님의 은혜는 거저 받은 은혜요, 돈으로 환산할 수 없는 귀중하고 소중한 것이기 때문입니다. 하나님의 독생자를 통해 받은 구속의 메시지를 헛되이 받아서는 안 됩니다. 받은 은혜를 사명으로 알고 열정을 담아 헌신하시기 바랍니다.

· 함께 읽어요 : 고린도후서 6장 1~2절

"[1]우리가 하나님과 함께 일하는 자로서 너희를 권하노니 하나님의 은혜를 헛되이 받지 말라. [2]이르시되 내가 은혜 베풀 때에 너에게 듣고 구원의 날에 너를 도왔다 하셨으니 보라 지금은 은혜 받을 만한 때요 보라 지금은 구원의 날이로다."

2. 구원은 지체할 수 없고 주시는 즉시 받아야 합니다(고후 6:2~10).

구원의 메시지를 받는 즉시 지금 결단해야 합니다. 지금이 바로 구원 받을 만한 때입니다. 내일이 있다고 생각하지 말아야 합니다. 오늘 지금 결단하는 것은 성령의 시간입니다. 내일로 미루는 것은 마귀의 시간이 됩니다. 구원은 결코 미룰 수 없는 것입니다. 이것은 하나님께서 사람들의 부르짖음을 듣고 받아주시는 응답의 때임을 말해 줍니다. 이 날은 하나님께서 사람들을 도와주시는 구원의 날입니다.

마귀가 부하들을 데리고 사람들을 지옥으로 보내는 묘책을 묻는 중에, 그것은 무신론을 주장하거나, 순교자를 처형하는 그런 어려운 일이 아니라는 것입니다. "오늘만 날이냐 남겨두고 내일 하라"고 미루기만

---

1) 전제(奠祭; 정할 전, 제사 제)란 포도주 4분의 1힌(hin)을 부어드리는 제사.

하면 되는 것이라고 가르쳐 주었답니다. 그 말이 맞습니다. 사람들은 내일로 미루면 기억 속에서 사라지고 멀어진답니다. 그렇습니다. 사도 바울은 사역자들을 부르신 것은 그들로 견고케 하여 인내하도록 하기 위해서라고 했습니다. 그리고 자신의 육체적 고난과 정신적 고통(4~5절), 영적 성장과 행함에 있어서(6~7절), 세상은 무시하고(8절), 학대와 박해(9절)를 당해도 항상 만족함에 있어서 견고하게 인내했던 것입니다.

· 함께 읽어요 : 고린도후서 6장 10절
"근심하는 자 같으나 항상 기뻐하고 가난한 자 같으나 많은 사람을 부요하게 하고 아무 것도 없는 자 같으나 모든 것을 가진 자로다."

3. 구원 받을 만한 때 바로 지금 깨끗하게 해야 합니다(고후 6:11~18).

사랑하는 성도 여러분! 성도들의 삶이 거룩해야 하는데, 그러려면 고립되고 세상과 단절해 사는 방법이 아니라는 것입니다. 신앙생활에서 진정 세상과 구별되게 살아가는 방법은 이것입니다. 세상을 품어야 합니다.

① 곧 마음을 열라는 것입니다.(11~13절) 대부분 진실 된 신자들은 주일을 지키는 성수주일에 비중을 둡니다. 그것보다는 세상 가운데서 3%의 소금물이 바다를 지키듯 빛과 소금이 되어 살아가라는 것입니다.

② 믿지 않는 자와 멍에를 같이 하지 말라는 것입니다.(14~16절) 진정으로 믿는 자와 믿지 않는 자는 다른 것입니다. 불신 세상은 불법이요, 어둠이요, 사탄이 역사합니다. 그러므로 성도들의 근본적이고 전반적인 삶을 하나님을 향한 의로운 삶으로 보여주어야 하는 것입니다.

③ 믿지 않는 자 중에서 나와 따로 있으라는 것입니다.(17~18절) 세상 것들을 다 버리고 나와야 한다는 말입니다. 자신을 깨끗케 하여 거룩함을 온전히 이루라는 것입니다.(7:1절) 그래서 경건함으로 살아야 합니다.

· 함께 읽어요 : 고린도전서 6장 13절
"내가 자녀에게 말하듯 하노니 보답하는 것으로 너희도 마음을 넓히라."

정리하는 말

여러분! 이스라엘 백성을 애굽에서 불러내실 때나, 바벨론에서 귀환시키실 때, 하나님은 모든 것을 버리라고 말씀하셨습니다. 그들은 더럽혀진 땅에서 아무 것도 취할 수 없었습니다. 그들은 하나님의 인도하심 아래 완전히 새로운 삶을 시작해야 했기 때문입니다. 지금은 은혜 받을 만한 때입니다. 하나님의 세미한 음성을 들으시고, 과거의 죄악 세상을 버려야 합니다. 어둠의 세력에 매었던 줄을 끊어버리시기 바랍니다. 하나님의 새 생명의 은혜로 하나님의 영원한 영광의 나라에 들어가시기를 간절히 소원합니다.

평가와 결심

1. 하나님의 은혜를 받는데 있어서 무엇을 경고하고 있습니까?
   (고후 6:1, 하나님의 은혜를 헛되이 받지 말아야 함)
2. 하나님의 구원을 받을 때는 언제이고 어떻게 받아야 합니까?
   (고후 6:2~10, 하나님의 구원은 지체할 수 없고 지금 받아야 함)
3. 하나님의 구원을 받고서 우리는 무엇을 어떻게 준비해야 합니까?
   (고후 6:11~18, 마음은 넓히고 멍에는 같이 하지 말고, 따로 있어야함)

주간 경건의 시간 <48> . 날마다 말씀과 함께

요일 / 내용	주일/월(Mon)	화(Tue)	수(Wed)	목(Thu)	금(Fri)	토(Sat)
찬송	39동 / 23동	315 / 512	273 / 331	456 / 509	421 / 210	426 / 215
성경	고후 1: / 2:	고후 3:	고후 4:	고후 5:	고후 6:	고후 7:
적용	기도로 얻은 은사/ 그리스도 향기	주의 영	예수의 죽음	그리스도 심판대 앞	하나님의 은혜	자신을 깨끗하게

* 감사하며 받는 자에게는 풍성한 수확이 있다.

<헨리 워드 비쳐, 1813-1887, 미국 목사>

제49과

말할 수 없는 은사

찬송 / 357, 331, 325 / 통일 397, 375, 359
성경 / 고후 9:1-15
요절 / 고후 9:15
"말할 수 없는 그의 은사로 말미암아 하나님께 감사하노라."
목표 / 하나님의 말할 수 없는 은사를 체험하고 감사하는 태도를 기른다.

시작하는 말

금년 여러분들이 받은 은사가 무엇인줄 알아야 합니다. 하나님께서는 바로 최상의 선물이신 예수 그리스도를 주셨습니다. 성경의 요절에는 "하나님이 세상을 이처럼 사랑하사 독생자를 주셨으니 이는 그를 믿는 자마다 멸망하지 않고 영생을 얻게 하려하심이라"고 했습니다.(요 3:16) 하나님은 영생뿐만 아니라 은사를 주시고, 신자가 하나님께 감사하는 것을 기뻐하셨습니다. 그것이 바로 하나님의 본성이기 때문입니다. 본과를 통하여 하나님의 본성을 깨닫고 섬기는 생활을 점검해 보고 하나님께 헌신 하는 마음과 헌신의 생활로 살아가시기를 축복합니다.

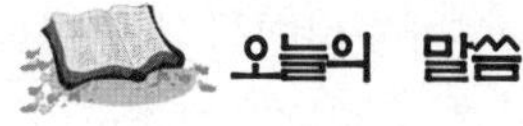

오늘의 말씀

1. 하나님께 드리려는 준비와 열심이 있었습니다(고후 9:1~2).

청지기 직분은 바로 하나님을 바로 섬기고 드리는 삶입니다. 여러분 마음에 하나님을 기쁘시게 하려는 마음이 있어야 하고, 또한 하나님께 드리려는 준비와 열심이 있어야 합니다. 성도(ἁγίους)란 말은 구별되어 하나님께 헌신된 자들입니다. 즉 진정으로 믿는 자들을 칭하는 말입니다. 유대에 있는 교회들은 가난해 도움을 절실히 필요로 하고 있었습니다. 그러므로 고린도 교인들이 그들을 도와주리라고 기대했습니다.

바울은 연보를 드리려고 준비되어 있는 그들의 마음, 즉 열성적인 그들의 마음을 알고 있었습니다. 또한 바울은 고린도 교인들은 섬기는 사역, 즉 형제 자매된 믿는 자들의 필요를 채워주는 일에 온전히 헌신할 것을 알았습니다. 따라서 그들은 유대의 교회들을 지원한다는 선교계획에 즉시 지지했습니다.

그래서 바울은 고린도 교인들이 드릴 준비가 되어 있음에 대해 자랑했습니다. 이런 고린도 교인들의 열심과 헌신이 매우 많은 사람들을 복음에 동참하게 했으며, 분발하게 했습니다.

· 함께 읽어요 : 고린도후서 9장 2절

"이는 내가 너희의 원함을 앎이라 내가 너희를 위하여 마게도냐인들에게 아가야에서는 일 년 전부터 준비하였다는 것을 자랑하였는데 과연 너희의 열심이 퍽 많은 사람들을 분발하게 하였느니라."

2. 하나님 기쁘시게 하려면 드릴 준비가 되어있어야 합니다(고후 9:3~7).

바울은 이전에 추진하다가 중단했던 선교 모금계획을 재개하도록 권면하고자 디도와 다른 두 사람을 먼저 파송한다고 말합니다. 그가 이렇게 하는 것은, 그 자신과 다른 마게도냐인들이 그곳에 이를 때에 부끄러움과 당혹감을 느끼지 않도록 하기 위해서였습니다. 일 년 전부터 보여준 선교에 대한 헌신의 자세를 마게도냐인들에게 자랑함으로써 그들 역시 동일한 계획에 참여하도록 독려해왔던 것입니다. 만일 바울과 그 대표자들이 그곳에 이르렀을 때, 고린도 교회가 기대에 어긋나게 그 계획을 미처 완수하지 못한 것으로 나타난다면, 그러한 상황은 그리스도와 바울과 고린도 교회의 부끄러움이 될 것이기 때문입니다.

교회는 항상 드릴 준비가 되어있어야 하고, 큰 사랑을 드러내야 합니다. 드리는데 있어서 하나님을 기쁘시게 하려면 인색함이나 억지로 해서는 안 됩니다. 많이 심고 많이 거두는 자연법칙처럼, 하나님께 큰 것으로 즐겨 드려서 금생내세에 큰 축복이 임하시기를 소원합니다.

· 함께 읽어요 : 고린도후서 9장 6~7절
"[6]이것이 곧 적게 심는 자는 적게 거두고 많이 심는 자는 많이 거둔다하는 말이로다. [7]각각 그 마음에 정한 대로 할 것이요 인색함으로나 억지로 하지 말지니 하나님은 즐겨 내는 자를 사랑하시느니라."

3. 주님을 기쁘시게, 후하게 희생적으로 드려야 합니다(고후 9:8~15).

본문처럼 말하기는 쉽고 실천하기는 어려운 말씀도 없습니다. 그리스도인은 희생적으로 베풀도록 요청받고 있습니다. 사실상 그는 절박한 세상에서 필요들을 채우기 위하여 자기 자신과 자신이 가진 모든 것을 드려야 합니다. 여기서 후하게 희생적으로 드리는 이유가 무엇입니까?

① 하나님에 의해 더욱 부요하게 되기 위함입니다.(8~11절)
② 사람들의 필요를 채우고 하나님께 영광 돌리기 위함입니다.(12절)
③ 그리스도께 대한 자신의 충성을 증명하기 위함입니다.(13절)
④ 기도와 사랑과 교제를 장려하기 위함입니다.(14절) 믿는 자들이 어려운 성도들을 도울 때 사랑과 교제가 이뤄지는 것입니다.
⑤ 말할 수 없는 은사를 찬양하기 위함입니다.(15절) 사람들에게 주어진 가장 큰 은사는 세상을 향한 하나님의 은사, 곧 그분의 독생자를 주신 은혜요, 은사인 것입니다.

· 함께 읽어요 : 고린도후서 9장 15절
"말할 수 없는 그의 은사로 말미암아 하나님께 감사하노라."

정리하는 말

사랑하는 성도 여러분! 오늘 본문은 현대를 살아가면서 일시적으로 실천하고 말 그런 것이 아닙니다. 세상에는 가난하고 어려움을 당한 이들이 주님 오실 때까지 계속 끊어지지 않고 생길 것입니다.

하나님을 섬기는 일이 성도의 임무입니다. 그렇기 때문에 성도는 가난한 사람들과 질병과 고통을 당하는 자들을 외면해서는 안 됩니다. 하나님께서는 자신을 대신하여 항상 돌보라고 성도들을 세상에 있게 하신 것입니다. 하나님께서 가난하고 도움을 받을 이들을 세상에 남겨두셨으니, 독생자를 주신 귀한 은혜를 기억하며 실천하시기를 바랍니다.

평가와 결심

1. 바울 사도는 고린도 교인들의 무엇을 자랑하고 있습니까?
   (고후 9:1~2, 하나님께 드리려고 하는 준비와 열심)
2. 하나님을 기쁘시게 하려면 무엇이 있어야 합니까?
   (고후 9:5~7, 항상 드릴 준비가 되어 있어야 함)
3. 하나님께 기쁘게 드려야할 근거가 무엇입니까?
   (고후 9:8~15, 말할 수 없는 하나님의 은사 곧 독생자를 주심)

주간 경건의 시간 <49> · 날마다 말씀과 함께

요일 / 내용	주일/월(Mon)	화(Tue)	수(Wed)	목(Thu)	금(Fri)	토(Sat)
찬송	144동 / 104동	151 / 138	197 / 178	214 / 349	191 / 427	209 / 247
성경	고후 8: / 9:	고후 10:	고후 11:	고후 12:	고후 13:	유 1:
적용	연보 / 봉사의 직무	그리스도의 복음	사탄의 일꾼	주의 환상 계시	성령의 교통하심	믿음의 도

* 십자가에 못 박힌 그리스도를 전하려면 자신이 반드시 십자가에 못 박힌 사람이어야 한다.
<찰스 주델, 1862~1935>

은혜 받은 자의 평안

찬송 / 112, 122, 126 / 통일 112, 122, 126
성경 / **누가복음** 1:24-38
요절 / **누가복음** 1:28
"그에게 들어가 이르되 은혜를 받은 자여 평안할 지어다. 주께서 너와 함께 하시도다 하니"
목표 / 은혜 받은 자에게 임하는 평안한 태도로 살아가도록 한다.

시작하는 말

성경에는 마리아에 관한 기록이 아주 드물게 나타납니다. 본문에 나오는 마리아의 모습은 가히 충격적인 순종의 모범을 보여주고 있습니다. 마리아의 사촌인 엘리사벳이 잉태한 후, 여섯 달 만에 가브리엘은 한 외딴 마을, 갈릴리 나사렛으로 보냄을 받았습니다. 갈릴리는 이방인 혹은 이교도 취급을 하며 경계하는 지역이었습니다. 나사렛은 멸시받는 동네였습니다. 그 지역 사람들은 로마로부터 무시당하는 식민지 백성이었습니다. 그러나 하나님은 차별을 두지 않으셨습니다. 천사 가브리엘이 바로 그곳에 보냄을 받았습니다. 특별한 은혜의 소식을 전하기 위해서였습니다. 예수가 이 땅에 나심을 예고하기 위함이었습니다.

오늘의 말씀

1. 가브리엘이 마리아에게 보냄을 받았습니다(눅 1:26~28).

오늘 기록은 예수님의 탄생을 둘러싼 가브리엘의 두 번째 사명의 말씀입니다.(눅 1:19) 엘리사벳의 잉태 소식을 들은 지 여섯 달 만에 가브리엘은 다시 순결한 처녀 마리아에게 보냄을 받은 것입니다. 그녀는 사내를 알지 못하였고, 부도덕하지도 않았습니다. 히브리어 '알마'(עַלְמָה; 히브리어 젊은 처녀)는 동정녀를 의미했습니다. 마리아는 요셉과 정혼(약혼)한 사이였습니다. 당시에, 정혼은 너무나 중요한 것이어서 만일 깨어지면 이혼으로 간주되었습니다. 마리아가 처녀였다는 사실이 34절에서 확증되었습니다. 그는 남자를 전혀 알지 못한다고 고백합니다.

· 함께 읽어요 : 누가복음 1장 28절, 34절

"[28]그에게 들어가 이르되 은혜를 받은 자여 평안 할지어다. 주께서 너와 함께 하시도다 하니 [34]마리아가 천사에게 말하되 나는 남자를 알지 못하니 어찌 이 일이 있으리이까?"

2. 하나님의 아들의 탄생은 완전한 성품의 탄생이었습니다(눅 1:29~31).

하나님의 아들의 탄생은 완전한 성품인 신-인(神-人) 양성의 탄생이어야 했습니다. 왜 그렇습니까? 예수는 인간을 죄로부터 구속할 메이야이기 때문입니다. 인간의 죄를 구속하는 구세주가 되기 위해서는 인성과 신성이 완벽해야 하기에 인성, 신성 각각 100%라야 하기 때문입니다.

하나님께서는 독생자 예수를 한 남자와 한 여자를 통해서가 아니라 동정녀 마리아에게 수태케 하심으로써, 이 땅에 임하게 하시고, 이적적으로 탄생하게 하셨습니다. 그러므로 예수 그리스도는 신-인(神-人)이십니다. 그렇기 때문에 ⓐ 그리스도께서는 인간의 영역과 하나님의 영역을 다 완성하실 수 있었습니다. ⓑ 모든 사람을 위해서 죄와 죄의 심판을 담당하실 수 있었습니다. ⓒ 죽음에서 살아나실 수 있었습니다. ⓓ 하나님 아버지의 오른편에 앉도록, 즉 하나님 자신의 임재 안에서 천상적인 차원의 존재로 영원히 살도록 높임을 받으셨습니다.

하나님께서는 인간을 위해 예수그리스도를 이 땅에 보내시고, 의로움과 완전함을 보장하시는 모든 것을 행사하셨습니다. 그분은 '죄와 죽음에서 자신의 백성들을 구원하시기 위해' 모든 필요한 일을 행하시고 모든 수단을 강구하셨습니다. 하나님은 처음부터 끝까지, 탄생, 구속, 부활, 승천까지 역사하시고 섭리하셨던 것입니다.

· 함께 읽어요 : 누가복음 1장 30~31절
"30천사가 이르되 마리아여 무서워하지 말라 네가 하나님의 은혜를 입었느니라. 31
보라 네가 잉태하여 아들을 낳으리니 그 이름을 예수라 하라."

3. 그리스도는 다윗의 왕위를 받아, 영원히 다스릴 것입니다(눅 1:32~38).

예수(*Ἰησοῦς*, 이에수스; '구원이시다'라는 뜻)는 우리를 죄에서 구원할 구원자라는 뜻입니다. 인간들은 예수 그리스도를 통해서만 구원에 이를 수 있다는 것입니다. 이것이 절대적이고 유일한 진리입니다. 불교, 이슬람교, 어떤 종교를 믿어도 구원에 이르지 못합니다. 오직 예수 그리스도를 믿음으로 천국에 이를 수 있다는 사실을 명심하시기 바랍니다. "아들을 낳으리니 이름을 예수라 하라 이는 그가 자기 백성을 그들의 죄에서 구원할 자이심이라 하니라"(마 1:21)고 말씀합니다. 하나님은 예수의 탄생을 이미 구약에서 예언하시고 신약에서 성취시키셨습니다.

① 그리스도께서 다윗의 위에 앉아서 다스릴 것입니다.(마 1:1) 그 왕위는 하나님에 의해 예수 그리스도께 통치하도록 주어질 것입니다.

② 그분은 야곱의 집을 다스릴 것이라는 약속과 영원히 왕국을 소유할 것이라고 약속합니다.(눅 3:24~31절; 요 1:49절) 예수는 다윗의 자손으로 하나님의 아들이시요, 영원히 다스릴 이스라엘의 임금이십니다.

· 함께 읽어요 : 누가복음 1장 35절
"천사가 대답하여 이르되 성령이 네게 임하시고 지극히 높으신 이의 능력이 너를 덮으시리니 이러므로 나실 바 거룩한 이는 하나님의 아들이라 일컬어지리라."

정리하는 말

여러분! 하나님께서 세상을 사랑하사 이스라엘의 구원자이신, 그리스도의 탄생의 이적은 천사가 나타나 설명을 했어도 순결한 처녀 마리아조차 받아들일 수 없는 충격적인 말씀이었습니다. 그러나 하나님께서는 말씀이 육신이 되게 하는 놀라운 이적을 만드셨습니다. 이는 전적으로 하나님의 은혜요 은사입니다. 마리아에게 주신 바 '은혜를 받은 자여! 평안할지어다!'라고 하신 것처럼, 그 평안을 소유하시고 형통하시기를 축복합니다.

평가와 결심

1. 천사 가브리엘이 누구에게 보냄을 받았습니까?
   (눅 1:26, 갈릴리 나사렛에 요셉과 정혼한 마리아에게)
2. 하나님의 아들의 탄생은 어떤 성품을 가지고 탄생해야 합니까?
   (눅 1:29~31, 하나님의 상품인 신성과 완전한 사람의 성품 신인 양성)
3. 그리스도는 탄생 후 어떤 위에 앉아 무엇을 하게 될 것입니까?
   (눅 1:32~38, 다윗의 위에 앉음, 야곱의 집을 다스릴 것임)

주간 경건의 시간 <50> 날마다 말씀과 함께

요일 / 내용	주일/월(Mon)	화(Tue)	수(Wed)	목(Thu)	금(Fri)	토(Sat)
찬송	112동 / 105동	182 / 169	261 / 195	314 / 511	369 / 487	446 / 500
성경	눅 1: / 2:	눅 3:	눅 4:	눅 5:	눅 6:	눅 7:
적용	그 이름 예수/ 성령의 지시	성령과 불	가난한 자 복음	새 포도주	열 두 제자	자신을 깨끗하게

* 결심은 늦어도 실행은 빨라야 한다.

<존 드라이든, 1631~1700, 영국시인 작가>

제51과

죄 사함의 감격에 거하라

찬송 / 215, 315, 325 / 통일 354, 512, 359
성경 / **누가복음 7:36-50**
요절 / **누가복음 7:47**
"이러므로 내가 네게 말하노니 그의 많은 죄가 사하여졌도다. 이는 그의 사랑함이 많음이라 사함을 받은 일이 적은 자는 적게 사랑하느니라."
목표 / 죄 사함을 받은 은혜를 감격, 간증하며 살아가는 태도를 기른다.

시작하는 말

본문 성경의 내용은 죄인(회개한 자)과 자기 의를 가진 자의 태도를 대조해 보이고 있습니다. 어쩌면 우리가 한 바리새인처럼 의를 가졌다는 착각에 빠져 있지 않은 지 살펴보아야 하겠습니다. 주님께서 십자가에서 대속의 죽음을 죽으시고 우리 목숨을 살려주셨는데, 이 모든 사실은 까마득하게 잊어버리고 자기 의와 자랑에 빠져있는 우리 자신을 부끄럽게 여겨야 하지 않을까요? 금년 한 해를 살아오면서 하나님께서 주신 최고의 은혜를 기억하고 세어보시기를 축복합니다.

오늘의 말씀

1. 시몬이 예수님을 식사 자리에 초대했습니다(눅 7:36).

오늘날 우리 성도들의 삶은 초대하고 또한 초대를 받는 데 익숙해져 있습니다. 초대하려면 무엇부터 하십니까? 방안과 거실 식탁 위아래 등 심지어는 열어볼지 모르는 거실 장이나 옷장, 침대 위아래 속까지 샅샅

이 청소를 깨끗이 합니다. 그러나 더 먼저 깨끗이 해야 할 부분은 오시는 초청받은 분들에게 자랑하기보다는 그분들이 편하게 묵고 쉬었다 갈 수 있도록 마음을 비우고 깨끗이 하는 게 더 필요합니다.

① 시몬은 예수님을 초대했지만 실상은 통상적인 예의도 갖추지 않았습니다.(44~46절) 한마디로 무례했습니다. 예수님을 메시야로 선지자로도 여기지 않았습니다.(39절)

② 예수님은 죄인들과도, 종교인들(바리새인들)과도 식사하셨습니다.(눅 5:29~30절) 시몬의 집은 부잣집이었습니다. 바리새인의 신분에 예수님을 초대해서 큰 지위를 과시해 보려고 생각했을 것입니다.

· 함께 읽어요 : 누가복음 7장 36절
"한 바리새인이 예수께 자기와 함께 잡수시기를 청하니 이에 바리새인의 집에 들어가 앉으셨을 때에"

2. 죄인인 한 여자가 향유 옥합을 깨뜨렸습니다(눅 7:37~38).

이 여인은 죄인이 예수께 올 때 취해야 할 태도를 보여 주었습니다.

① 그녀는 절실한 필요를 느꼈습니다. 그녀는 예수님의 말씀을 듣고 그녀의 죄를 깨달았거나, 혹은 전에 그분의 말씀을 듣고 무거운 죄책감에 시달렸을 것입니다.

② 그녀는 이 모든 것에도 불구하고 주님께 다가갔습니다. 그녀는 자신이 죄인임을 알았고, 자신이 부정하고 쓸모없고 정죄 받을 자임을 알았습니다.

③ 그녀는 주님께 최상의 겸손으로 자신을 내맡겼습니다. 그녀는 죄책감과 감동으로 예수님의 발 앞에 엎드려 울었습니다.

④ 그녀는 주님을 너무나 사랑했기에 자신의 가장 귀중한 소유물을 드렸습니다. 향유는 매우 값비싼 것이었고, 자신의 전 재산을 희생하고 주께 부어 드렸습니다. 최상의 겸손과 사랑과 복종의 행위였습니다. 그

녀는 그분의 발에 향유를 부어드렸습니다. 마리아의 기름부음 자체가 주님은 메시야요, 구원의 주님이심을 고백하는 신앙고백이었습니다.

· 함께 읽어요 : 누가복음 7장 38절

"예수의 뒤로 그 발 곁에 서서 울며 눈물로 그 발을 적시고 자기 머리털로 닦고 그 발에 입 맞추고 향유를 부으니"

3. 자기 의를 가진 자의 행동과 태도를 살펴봅시다(눅 7:39~50).

세상에 이렇게 자기 의로 살아가는 사람들이 너무 많습니다.

① 그 사람은 사려 깊지만 자기 의를 가진 사람이었습니다.

② 그 사람은 자신을 더 나은 사람으로 여겼습니다.

③ 이 사람은 용서와 회개의 필요를 느끼지 않았습니다. 그는 종교적인 면에서 또한 행동에 있어서도 충분히 선한 자였습니다.

예수님은 빚진 두 사람에 관한 비유를 말씀하셨습니다. 500데나리온 빚진 자와 50데나리온 빚진 자 둘이 있는데, 갚을 힘이 없는 이들의 빚을 모두 탕감해 주었습니다. 그러면 둘 중에 누가 그를 더 사랑하겠느냐? 내 생각에는 많이 탕감 받은 자라고 대답하니 네 말이 옳다고 말씀하셨습니다.

우리는 어떤 부류에 속하는 사람입니까? 주님의 은혜가 필요 없는 의인에 속하십니까? 아니면, 주님의 은혜 없이는 살 수 없는 부족한 죄인입니까? 주님은 의인을 구하러 온 것이 아닙니다. 죄인을 위해 이 땅에 오셨습니다. 구속의 은혜를 감사하며 찬양과 영광을 돌리기 바랍니다.

· 함께 읽어요 : 누가복음 7장 47~48절

"[47]이러므로 내가 네게 말하노니 그의 많은 죄가 사하여졌도다. 이는 그의 사랑함이 많음이라 사함을 받은 일이 적은 자는 적게 사랑하느니라. [48]이에 여자에게 이르시되 네 죄 사함을 받았느니라하시니"

정리하는 말

사랑하는 성도 여러분! 12월은 성탄절이 있어서 행복한 달입니다. 다시 한 번 여러분들이 금년 한 해 받은 은혜가 무엇인지 깊이 생각해 보시기 바랍니다. 죄 사함의 은혜보다 큰 은혜가 세상 어디에 있습니까? 예수님은 "네 죄 사함을 받았느니라." 하시고는 "네 믿음이 너를 구원하였으니 평안히 가라"고 하셨습니다. 금년 한 해를 이 여인처럼 "죄 사함의 은혜"를 받아 최상의 기쁨을 누리고, 우리 자신의 믿음이 우리 삶의 결실이 되어 풍성한 은혜의 결산이 되시기를 간절히 소망합니다.

평가와 결심

1. 바리새인 시몬이 누구를 식사 자리에 초대했습니까?
   (눅 7:36, 하나님의 아들 예수 그리스도를 초대함)
2. 갑자기 누가 예수께 찾아와 무슨 사건을 연출합니까?
   (눅 7:37~38, 한 죄 많은 여인이 눈물로 회개하고, 예수께 향유를 부음)
3. 이 여인의 행동 후 예수님은 어떤 선언을 해 주셨습니까?
   (눅 7:39~50, ① 네 죄 사함 받았다 ② 믿음이 구원했으니 평안히 가라)

주간 경건의 시간 <51> · 날마다 말씀과 함께

요일 / 내용	주일/월(Mon)	화(Tue)	수(Wed)	목(Thu)	금(Fri)	토(Sat)
찬송	39동 / 87동	214 / 349	246 / 221	286 / 218	358 / 400	386 / 439
성경	눅 8: / 9:	눅 10:	눅 11:	눅 12:	눅 13:	눅 14:
적용	소유로 섬김/ 치유 능력	추수 주인	성령을 주신다	보물 있는 곳에는	회개하지 아니하면	자기를 낮추는 자

* 아름다움이 피를 불사를 때면 사랑은 참으로 마음을 고상하게 한다.
< 존 라이든, 1631~1700 >

영·육을 고침 받은 은혜

찬송 / 251, 255, 309 / 통일 137, 187, 409
성경 / 누가복음 17:1-19
요절 / 누가복음 17:19
"그에게 이르시되 일어나 가라 네 믿음이 너를 구원 하였느니라 하시더라."
목표 / 하나님의 도우심으로 영·육간에 병 고침의 은혜를 받는다.

시작하는 말

여러분! 병들어 고통을 받으신 적 있으십니까? 심방을 가보면 건강했던 분이 갑자기 입원하여 누워있는 것입니다. 건강했을 때는 전혀 예측도 못하던 일입니다. 한 사람이 아프면 온 집안이 불행합니다. 마지막 한 장의 달력을 마주하고 뭐가 그리 바빠서 자신의 건강을 돌보지도 못하고 살아왔는지 조용히 점검해 보시기 바랍니다. 아직도 욕심이 살아서 뭔가를 해 보겠다고 뛰어봅니다. 하지만 남은 것이라고는 병든 몸을 주체할 수없는 자신을 발견하게 됩니다. 여러분들의 소중한 영혼이 담겨진 몸, 육신의 질병을 고침 받고 건강을 회복하시기 소원합니다.

오늘의 말씀

1. 사람을 범죄 하게 하는 죄는 모든 것을 병들게 합니다(눅 17:1~4).

고장난 시계는 원인이 있습니다. 인간의 몸도 마찬가지입니다. 자세가 바르지 못하면 허리가 고장 나고, 부패한 음식을 먹으면 장이 고장

나 만병의 근원이 되기도 합니다. 먼저는 그리스도 안에서 정직하게 살아가야 합니다. 본문에는 사회를 혁명적으로 변화시킬 네 가지 법이 등장합니다. 그 법은 믿는 자들도 혁명적으로 변화시킬 것입니다.

◎ 첫째로, 사람을 죄로 이끌면 심판을 받게 됩니다.(1~2절)

◎ 둘째로, 용서함은 필수적이지만 그렇지 못한 것이 인간입니다.(3~4절) 인간 한 사람의 마음이 병들면 죄를 지은 개인만 망하는 것이 아니고 가정이 망가지고, 이어서 용서하지 못한 사회가 불안해지고, 정한 법으로 다스리지 못한 나라가 흔들려서 위태롭게 되는 것입니다.

· 함께 읽어요 : 누가복음 17장 3~4절

"[3]너희는 스스로 조심하라 만일 네 형제가 죄를 범하거든 경고하고 회개하거든 용서하라. [4]만일 하루에 일곱 번이라도 네게 죄를 짓고 일곱 번 네게 돌아와 내가 회개하노라 하거든 너는 용서하라 하시더라."

2. 주님의 말씀을 믿고 순종하면 치유의 길을 엽니다(눅 17:5~10).

자기 자랑에 빠진 개인이 회개의 기회를 잃고 믿음에서 떠납니다. 마음이 가난해야 복을 받는데, 마음이 부자라서 하나님의 말씀이 들어갈 공간이 없습니다. 치료받기를 원하시면 하나님의 말씀을 상고하면서 묵묵히 내 자신을 비우고 낮아지고 겸손해지기를 바랍니다.

◎ 셋째로 믿음은 가장 강력한 힘이지만 우리는 항상 불신 속에서 살아갑니다.(5~6절) 불신(不信)은 가장 큰 죄입니다. 환자가 의사의 지시를 받기를 거절하면 치료받을 길이 없는 것처럼 말입니다.

◎ 넷째로, 하나님께 순종함은 섬기는 자의 의무입니다.(7~10절) 하나님께 순종하라는 말은 법을 만드신 분의 말씀과 명령을 지키라는 말입니다. 그 말씀대로 살아가는 것이 성도의 마땅한 길인 것입니다.

서로 사랑하라는 말씀을 순종하면 서로의 관계가 회복되어 감정의 흐름이 정상화되어 영·육간에 건강함이 회복되는 것입니다.

연말을 맞이하기 전에 내 마음 속에 미워하는 사람이 생각나거든 찾아가서 만나십시오. 그리고 먼저 손을 내밀면서 자신이 사랑하지 못했음을 고백하시고, 불편한 관계를 회복하시기를 바랍니다. 우리 자신이 주의 종으로서의 믿음과 순종의 삶을 살면 고침을 받을 것입니다.

· 함께 읽어요 : 누가복음 17장 10절

"이와 같이 너희도 명령 받은 것을 다 행한 후에 이르기를 우리는 무익한 종이라 우리가 하여야 할 일을 한 것뿐이라 할지니라."

3. 치유 받은 나병 환자 사마리아 사람처럼 감사해야 합니다(눅 17:11~19).

사랑하는 성도 여러분! 세상이 병든 이유가 무엇인지 알아야 합니다. 마땅히 해야 할 사랑과 감사를 잊고 불평하며 살아가기 때문입니다.

예수께서 예루살렘으로 가실 때에 사마리아와 갈릴리 사이로 지나가시다가 나병환자 10명이 멀리서 "예수 선생님이여 우리를 불쌍히 여기소서"라고 하거늘, "가서 제사장들에게 너희 몸을 보이라"고 하셨습니다. 그들은 말씀을 순종하여 가다가 병이 나은 것을 알게 됩니다. 그중 한 사람이 자기가 나은 것을 보고 큰 소리로 하나님께 영광을 돌리며 돌아와 예수님 발 아래에 엎드려 감사합니다. 예수님은 "아홉은 어디 있느냐?"고 물으십니다. 아홉 사람은 병을 고쳤는데도 감사할 줄 모르고 그냥 사라졌습니다.

① 이방인 한 사람 사마리아 사람만이 하나님께 영광을 돌렸습니다.

② 그에게 "일어나 가라 네 믿음이 너를 구원하였느니라"고 하십니다.

여러분도 여러분의 믿음이 여러분을 구원할 수 있도록 항상 주님을 사모하고 감사하면서, 충성 봉사하시기 바랍니다.

· 함께 읽어요 : 누가복음 17장 19절

"그에게 이르시되 일어나 가라 네 믿음이 너를 구원하였느니라하시더라."

정리하는 말

여러분! 주님께 병을 치료 받고도, 이방인 외에는 하나님께 영광을 돌리러 온 사람이 없었습니다. 이것이 우리의 현실이며 병들고 고통 받는 이유입니다. 자신을 낮추고 끝까지 하나님께 영광을 돌리려고 하지 않습니다. 가족과의 대화가 단절된 사람은 엉뚱한 식물이나 동물과의 교감을 찾으려고 합니다. 창조주 하나님께서 만드신 자연보호는 당연합니다만 피조물을 주님보다 더 사랑하는 것은 비정상입니다. 어려울 때 주님께 간절히 부르짖으시기 바랍니다. 모든 영광을 하나님께 돌리시기를 간절히 소원합니다.

평가와 결심

1. 세상에 무엇이 세상과 사람을 병들게 합니까?
   (눅 17:1~4, 다른 이들을 죄악으로 이끌어가는 죄)
2. 타락한 세상, 동식물계나 자연계를 치유하는 길은 무엇입니까?
   (눅 17:5~10, 하나님을 향한 믿음과 순종만이 치유할 수 있음)
3. 세상과 인간, 동식물계와 자연계를 회복하는 길은 무엇입니까?
   (눅 17:11~19, 잃어버린 감사와 순종을 회복해야 함)

주간 경건의 시간 <52> · 날마다 말씀과 함께

요일 / 내용	주일/월(Mon)	화(Tue)	수(Wed)	목(Thu)	금(Fri)	토(Sat)
찬송	89동 / 91동	432 / 462	441 / 498	461 / 519	494 / 188	535 / 325
성경	눅 15: / 16:	눅 17:	눅 18:	눅 19:	눅 20:	눅 21:
적용	잃은 양 비유/ 부자와 거지	일곱 번 용서	항상 기도	삭개오의 회개	포도원 농부 비유	인애로 영혼 얻음

* 사랑이 적은 자는 기도도 없고, 사랑함이 많은 자는 기도도 많다.
< 성 어거스틴, 354~430, 히포의 주교>

제53과 신년절

소망이 넘치는 한 해

찬송 / 488, 550, 552 / 통일 539, 248, 358
성경 / 시편 39:1-13
요절 / 시편 39:7
"주여 이제 내가 무엇을 바라리요. 나의 소망은 주께 있나이다."
목표 / 소망이 넘치는 한 해가 되도록 믿음으로 살아가는 태도를 기른다.

시작하는 말

오늘 본문 시편 기자는 고백하기를 "나의 소망은 주께 있나이다"라고 했습니다. 토마스 칼라일[1]은 "인간은 희망에 기초를 둔 존재이다"라고 했습니다. 그러나 오늘날 우리의 현실은 너무도 어둡고 암울하기에 희망을 포기한 채 살아가는 자도 있다고 합니다. 금년에는 소망을 품고, 희망을 나누며 살아갔으면 하는 바램입니다. 쉼 없이 흐르는 강물도 바다를 채울 수 없지만, 인간의 욕심 또한 한이 없습니다. 하루를 살더라도 하나님을 소망하며 밝게 살아가시기를 소망합니다.

오늘의 말씀

1. 고통 중의 침묵은 인생의 진실을 발견하게 합니다(시 39:1~3).

우리는 왜 이렇게 세상이 떠들썩하고 시끄러운 것을 좋아할까하는 의

1) 토마스 칼라일(Thomas Carlyle, 1795~1881), 『프랑스 혁명사』 저자, 영국의 평론가요 역사가.

문을 가져봅니다. 시인은 생명이 위협당하는 절박함 속에서 자신의 인생을 성찰하며 혜안(慧眼; 총기 있는 눈)을 얻게 됩니다. 고통의 경험은 이처럼 인생으로 하여금 인생 전체에 대한 성찰의 계기를 가져다주고, 인생의 진정한 의미를 깨닫게 해 주기도 합니다. 이런 점에서 하나님의 섭리라고 말할 수 있습니다.

① 시인은 고통 중에 침묵하기로 결심합니다(1~3절). 그는 영혼과 마음에 심각한 고통을 주고 있는 것과 악인들의 조롱은 그를 못 견디게 합니다. 그러나 이를 악물고 침묵하기로 합니다.

② 궁색한 변명이나 자기 정당화로 초라해지기를 원하지 않습니다.

③ 하나님만이 해결해 줄 수 있기 때문입니다.

④ 하나님의 해결책이 나오기까지 침묵하는 것이 지혜입니다.

· 함께 읽어요 : 시편 37편 4~5절

"[4]또 여호와를 기뻐하라 그가 네 마음의 소원을 네게 이루어 주시리로다. [5]네 길을 여호와께 맡기라 그를 의지하면 그가 이루시고"

2. 시인은 인생의 허망함을 깊이 인식하게 됩니다(시 39:4~6).

하루를 살아도 지혜의 안목을 가지고 살아가노라면 놀라운 결과를 얻게 될 것입니다. 시인은 고난을 해결해 달라는 것보다는 자신의 종말과 인생의 진정한 의미에 대한 통찰력을 얻게 해 달라고 간구합니다.

① 나의 종말은 하나님이 아십니다. 자신의 날이 '한 뼘 길이만큼' 된다고 고백하고 있습니다. 짧은 인생, 희망과 소망을 품고 살아야 합니다.

② 자신의 연한이 주의 앞에는 없는 것 같다고 말합니다.

③ 육체의 생명이 끝나면 마치 꿈과 같다는 것입니다.

인생을 제대로 알고 보면, 하루하루 아귀다툼하면서 살아갈 시간적 여유조차 없는 존재임을 알아야 합니다. 사랑할 시간도 모자랄 지경에 시기하고 질투하고 미워할 시간은 더욱 없다는 것입니다. 인생의 허망함이란 사람이 악하든지 선하든지 간에, 번영과 성공으로 기뻐하거나 실패와 고난 때문에 절망하고 한탄하는, 모든 삶의 높고 낮음은 모두 일시적이며 순간적일 뿐이라는 사실을 깨달으시기 바랍니다.

· 함께 읽어요 : 시편 39편 5절

"주께서 나의 날을 한 뼘 길이만큼 되게 하시매 나의 일생이 주 앞에는 없는 것 같사오니 사람은 그가 든든히 서 있는 때에도 진실로 모두가 허사뿐이니 이다.(셀라)"

3. 성도들이여! 소망과 신뢰를 하나님께 두고 삽시다(시 39:7~13).

사랑하는 성도 여러분! 인생의 진실을 직시하시기 바랍니다. 이 세상은 영원한 것이 하나도 없습니다. 이것이 진리입니다. 인생이 얼마나 허망한 것인지 깨달아야 합니다. 그렇다고 자포자기해서는 안 됩니다. 결론은 하나님을 의지하고 소망을 주님께 두는 것이 행복입니다.

소망에 굳게 선 시인은 자신의 죄를 용서해 주실 것과 우매한 악인에게서 벗어나게 해주실 것을 확신하면서 간구하는 신뢰의 기도를 드립니다. 그는 이제 하나님께 소망을 둘 뿐만 아니라, 하나님 앞에서 영원히 바른 관계를 가져야 할 자신에게 제거되어야 할 것이 무엇인 지에 관심을 둡니다. 그것은 바로 자신의 '범죄'입니다.

죄악은 자신을 무너뜨리게 할 뿐 아니라 타인에게 전염시킵니다. 때문에 악인들의 욕을 보지 않게 해달라고 기도해야 합니다. 주기도문에서도 "우리를 시험에 들게 하지 마옵시고, 다만 악에서 구하옵소서"라고 기도합니다. 여러분! 지은 죄에 대해 용서함을 받고 영·육간에 죄악의 굴레에서 벗어날 수 있도록 항상 기도하시기 바랍니다.

· 함께 읽어요 : 시편 39편 13절

"주는 나를 용서하사 내가 떠나 없어지기 전에 나의 건강을 회복시키소서."

정리하는 말

여러분! 사도 베드로는 예수 그리스도께서 부활하셔서 우리를 거듭나게 하사 '산 소망'이 있게 하신다고 했습니다.(벧전 1:3) 사도 바울은 자신이 사도 된 것은 하나님이 택하신 자들의 '영생의 소망'을 위함이라고 했습니다.(딛 1:2) 육신의 욕망에 따라 살기를 거부하고, 영광의 나라에 들어가기 위해 소망의 인내를 가지고 사시기 바랍니다. 새 언약의 말씀을 실천하면서 진실하게 믿음으로 살아가시기를 간절히 소원합니다.

평가와 결심

1. 시인은 고통 중의 침묵 속에서 무엇을 얻게 됩니까?
   (시 39:1~3, 인생의 진실을 발견하게 됨)
2. 말씀으로 회복된 시인의 달라진 점은 무엇입니까?
   (시 39:4~6, 시인은 인생의 허망함을 깊이 깨닫게 됨)
3. 허무함을 깨달은 인생은 어떻게 살아야 하겠습니까?
   (시 39:7~13, 소망과 신뢰를 하나님께 두고 살아야 함)

주간 경건의 시간 <53> · 날마다 말씀과 함께

요일 내용	주일/월(Mon)	화(Tue)	수(Wed)	목(Thu)	금(Fri)	토(Sat)
찬송	86동 / 28동	288 / 204	214 / 349	268 / 202	314 / 511	564 / 299
성경	시 39 : / 40 :	사 41 :	사 42 :	시 43 :	시 44 :	시 45 :
적용	소망은 주께 / 올릴 찬송	영원 송축 아멘 아멘	하나님께 소망 두라	빛과 진리	하나님 자랑	만민이 찬송

* 소망은 최선의 소유이다. 소망이 없는 자만큼 완전히 처절하게 된 자는 없을 것이요. 소망이 없는 인간보다 더 인생의 밑바닥으로 떨어진 사람도 없다.

< 윌리엄 해즐리트, 1778~1830, 미국 정치가, 발명가, 저술가 >

제54과 고난절

복음과 함께 고난을 받으라

찬송 / 311, 258, 295 / 통일 185, 190, 417
성경 / **디모데후서 1:1-14**
요절 / **디모데후서 1:8**
"그러므로 너는 내가 우리 주를 증언함과 또한 주를 위하여 갇힌 자된 나를 부끄러워하지 말고 오직 하나님의 능력을 따라 복음과 함께 고난을 받으라."
목표 / 복음과 함께 고난을 받으며 하나님의 능력에 따라 살아간다.

시작하는 말

현대인들이나 크리스천까지도 세속적이고 향락으로만 살아가려고 하기 때문에 고난과 어려움과 환난을 싫어하며 두려워합니다. 인간은 영적인 삶보다는 육적인 삶을, 빛 된 삶보다는 어둠의 삶을 추구합니다. 그러나 성경의 가르침은 육이 부(富)하면 영이 가난해질 수밖에 없고, 영이 잘되기 위해서는 우리의 육이 고난과 함께 환난 당해야 하며 결국에는 죽어야 한다고 가르칩니다. 고난주간을 맞으면서 주님께서 당하신 고난의 의미를 되새기며, 주님의 고난에 동참하면서 고난 끝에 대망의 부활을 생각하며 오히려 감사하며 사시기를 바랍니다.

오늘의 말씀

1. 인생에게 왜 고난이 오며 왜 고난을 받아야 합니까?(딤후 1:1~2).

본문은 믿음의 아들 디모데에게 보내는 두 번째 서신입니다. 바울은 하나님의 뜻으로 말미암아, 생명의 약속대로 예수의 사도가 되었다고 고백합니다. 오늘날 사탄의 전략은 풍요와 행복을 막 퍼부어 주어, 하나님의 사랑과 은혜의 맛을 희석(稀釋) 시키도록 하고 있습니다. 신자들은 고난과 역경을 통하여 하나님의 오묘하신 뜻을 찾아야 합니다. 교회 내에서도 고난과 어려움에 처한 자들은 신(神)의 저주를 받은 것으로 여겨 차가운 시선을 보냅니다. 이것은 잘못된 것입니다. 요한복음 9장에 나오는 시각장애우를 "자기 죄 때문인가? 부모의 죄 때문인가?" 질문을 하고 있습니다. 예수님은 자기 죄도, 부모의 죄도 아니라 하나님의 하시는 일을 나타내려 하심이라고 재해석해 주셨습니다. 하나님은 우리를 더욱 온전하고 참 되고 진실한 성도가 되게 하기 위해서 고난을 허락하신다는 것을 깊이 깨달으시고 오직 주님께 영광을 돌리시기를 소망합니다.

· 함께 읽어요 : 디모데후서 1장 5절

"이는 네 속에 거짓이 없는 믿음이 있음을 생각함이라 이 믿음은 먼저 네 외조모 로이스와 네 어머니 유니게 속에 있더니 네 속에도 있는 줄을 확신하노라."

2. 고난은 하나님의 은혜이며 신령한 영적 축복입니다(딤후 1:3~7).

요사이는 스마트폰이 있어서 세상 소식과 음악을 시도 때도 없이 젊은이들의 고막을 울려댑니다. 정작 하나님의 말씀 읽고, 찬송할 시간은 점점 줄어들고 있습니다. 기도와 찬송의 삶이 참으로 힘들다는 사실을 깨닫게 됩니다. 바울 사도의 삶은 달랐습니다.

① 밤낮 간구하며 살았습니다.(3절) 쉬지 않고 디모데를 생각했습니다. 그의 삶은 "항상 기뻐하라 쉬지 말고 기도하라 범사에 감사하라"는 말씀을 실천하며 살았습니다. 오직 복음을 위한 고난으로 살았습니다.

② 청결한 양심으로 섬겼습니다.(3절) 오늘날 교회지도자들의 실책은 사회를 혼란스럽게 만들고 있습니다. 그러나 바울은 청결한 양심을 지키며 살았던 것입니다. 그리스도의 종처럼 고난의 삶을 살았습니다.

③ 거짓이 없는 믿음으로 살았습니다. 디모데는 외조모와 어머니의 믿음을 본받아 살아가고 있었습니다. 참으로 아름다운 유산입니다.

그러면서 청결한 양심과 거짓이 없는 믿음으로 살아가는 디모데를 보는 것이 화초를 키우면서 꽃을 보기를 원하는 마음과 같았습니다.

· 함께 읽어요 : 시편 119편 50절, 71절
"50이 말씀은 나의 고난 중의 위로라 주의 말씀이 나를 살리셨기 때문이니이다.
71고난당한 것이 내게 유익이라 이로 말미암아 내가 주의 율례들을 배우게 되었나이다."

3. 복음과 함께 즐겁게 고난을 받으며 삽시다(딤후 1:8~14).

겁쟁이 신자는 믿음이 자랄 수 없습니다. 고난을 받으면서도 담대하게 앞을 향하여 전진해야 합니다. 우리의 나약한 자세는 하나님께서 기뻐하시는 것이 아니라 마귀가 좋아합니다. 마귀의 미혹에 빠져 허우적대지 마시기 바랍니다. 예수님의 열두 제자들도 십자가에 못 박히시던 그날 밤 모두 다 예수 선생님을 버리고 도망가고 말았습니다. 영적인 전투장에서의 마귀를 대적하는 자세는 사탄마귀를 철저하게 이길 수 있습니다. 전투할 때 방패는 앞만 지켜줄 뿐입니다. 먼저는 하나님의 은사를 받기 위해 안수기도의 필요성을 인정하시기 바랍니다.(6절) 주님이 주신 능력과 사랑과 절제하는 마음을 가지십시오.(7절) 하나님의 능력을 따라 복음과 함께 고난을 받아야 합니다.(8절)

하나님께서 우리를 구원하사 소명대로 부르심은, 각자의 은혜대로 하셨음을 깨달으시기 바랍니다. 따라서 복음과 함께 즐겁게 고난을 받으시고, 성령께서 우리에게 부탁한 것을 지키시기 바랍니다.

· 함께 읽어요 : 디모데전서 1장 14절
"우리 안에 거하시는 성령으로 말미암아 네게 부탁한 아름다운 것을 지키라."

정리하는 말

사랑하는 성도 여러분! 바다에 풍랑이 일어날 때, 그 자체는 고통과 고난이 됩니다. 그러나 깊은 물속을 뒤집어 줌으로써 물고기들이 번성하게 잘 자라는 환경이 조성되고, 물고기의 양식인 다양한 플랑크톤이 풍성해진다고 합니다. 인간사에 다가오는 고난과 역경은 우리 성도들을 단련시켜 '소망의 나라'로 인도해 주시기 위한 배려임을 알아야 합니다. 생명과 사랑의 복음과 함께 고난의 터널을 잘 통과하셔서, 여러분들의 생애에 은혜와 은사가 충만하셔서 풍성한 삶을 누리시기를 바랍니다.

평가와 결심

1. 하나님께서 성도들에게 왜 고난을 허락하십니까?
   (딤후 1:1~2, 온전하고 참되고 진실한 성도가 되게 하기 위함)
2. 결과적으로 고난과 역경은 성도들에게 무엇을 줍니까?
   (딤후 1:3~8, 하나님의 은혜와 신령한 영적 축복)
3. 고난을 대하는 우리 성도들의 태도가 어떠해야 합니까?
   (딤후 1:9~14, 복음과 함께 즐겁게 고난을 받아야 함)

주간 경건의 시간 <54> · 날마다 말씀과 함께

요일 / 내용	주일/월(Mon)	화(Tue)	수(Wed)	목(Thu)	금(Fri)	토(Sat)
찬송	93동 / 29동	421 / 210	362 / 481	273 / 331	358 / 400	542 / 340
성경	딤후 1: / 2:	딤후 3:	딤후 4:	딛 1:	딛 2:	딛 3:
적용	고난 받으라/ 좋은 병사	고통하는 때가 이름	세세무궁 토록 아멘	영생의 소망 위함	자기 백성 되게 하심	중생의 씻음

* 기도는 인생에 있어서 가장 소중한 일이다. 만일 하루라도 기도를 소홀히 한다면 신앙의 정열을 잃게 된다. <마르틴 루터, 1483~1546, 독일 종교개혁자>

제55과 부활절

부활의 증인이 되라

찬송 / 161, 164, 165 / 통일 159, 154, 155
성경 / **마가복음 16:1-20**
요절 / **마가복음 16:14**
"그 후에 열 한 제자가 음식 먹을 때에 예수께서 그들에게 나타나사 그들의 믿음 없는 것과 마음이 완악한 것을 꾸짖으시니 이는 자기가 살아난 것을 본 자들의 말을 믿지 아니함일러라."
목표 / 말씀을 믿고 부활의 증언자로 살아가는 태도를 기른다.

시작하는 말

이번 과에서 본문에 나타나는 예수 그리스도의 부활에 대한 증언들을 공부하면서 직접 보고 증언한 말씀들을 먼저 꼼꼼하게 살펴보시기 바랍니다. 왜냐하면 아직도 예수 그리스도의 부활 사건을 못 믿고, 허구나 꾸며낸 이야기로 간주하는 분들이 아직도 많이 있기 때문입니다.

합리적으로 도저히 설명이 될 수 없고 납득이 불가능한 불가사의한 일을 믿는다는 것은 쉬운 일이 아닙니다. 그리스도의 부활의 진실을 믿고 배워서 복음의 진실을 가르치면서 살아가시기를 소망합니다.

오늘의 말씀

1. 예수 그리스도의 부활의 증언들이 확실합니다(막 16:1~6).

본문 말씀에는 부활에 관한 열한 가지 증언(사건)들을 제시하고 있습니다. 이 증언들은 예수님과 함께 생활했고, 부활을 본 사람들의 증언이

기에 확신할 수 있는 사건들입니다.

① 슬픔과 절망 속의 여인들이 무덤을 찾아갑니다.(1~3절) 십자가에서 숨을 거두시고 장사 지낸 후 사흘 째 새벽입니다.

② 이미 굴려진 돌이 찾아간 여인들을 놀라게 만들었습니다.(4절) 여인들은 누가 무덤 문의 돌을 굴려줄까 걱정을 했습니다. 그러나 돌은 이미 굴려져 무덤 문은 열려져 있었습니다.

③ 무덤 안에는 흰옷을 입은 청년이 우편에 앉아있었습니다.(5~6절) 무덤 안에 들어가서 본 것은 예수님의 시체는 없었고, 흰옷을 입은 청년이 우편에 앉아있었습니다.

④ 예수님의 시신이 없어졌습니다.(6절) 무덤은 비어있었습니다. 그 청년이 그분을 두었던 곳을 가리켜 주었습니다.

· 함께 읽어요 : 마가복음 16장 6절

"청년이 이르되 놀라지 말라 너희가 십자가에 못 박히신 나사렛 예수를 찾는구나. 그가 살아나셨고, 여기 계시지 아니하니라. 보라 그를 두었던 곳이니라."

2. 예수 그리스도의 부활은 성경의 약속을 성취함이었습니다(막 16:7~8).

부활절 새벽에 무덤을 찾아간 여인들은 이 사건을 보고 듣고 놀라서 어안이 벙벙할 수밖에 없었습니다. 무덤 안 머리맡 우편에 앉은 흰 옷을 입은 그 청년은 이렇게 말합니다. "가서 그의 제자들과 베드로에게 이르기를 예수께서 너희보다 먼저 갈릴리로 가시나니 전에 너희에게 말씀하신 대로 너희가 거기서 뵈오리라 하라"고 말합니다.(7절)

첫째로, 그의 명령은 제자들의 마음을 놀라움과 소망으로 들뜨게 만들었을 것입니다. 제자들은 갈릴리에 가면 이 의문이 풀리라는 희망을 가졌습니다.

둘째로, 그 명령은 주님의 약속을 생각나게 해주었으며, 주님께서 확실하게 부활하셨음을 확인해 줄 것이라 확신했습니다.

셋째로, 제자들과 베드로에게만 전하라고만 했기 때문에 놀랄 수밖에 없었습니다. 다른 사람들에게 말하면 미쳤다고 할 것이기 때문입니다.

참으로 여기 빈 무덤 사건은 바로 듣고 본 사람 외에는 이해할 수도, 깨달을 수도 없고 말할 수도 없는 진기한 사건이었습니다.

· 함께 읽어요 : 마가복음 16장 8절

"여자들이 몹시 놀라 떨며 나와 무덤에서 도망하고 무서워하여 아무에게 아무 말도 하지 못하더라."

3. 부활하신 예수께서는 제자들에게 보이셨습니다(막 16:9~20).

예수께서 다른 누구보다 먼저 막달라 마리아에게 먼저 나타나 보이셨습니다.(9절) 마리아는 어느 누구보다 예수님을 더욱 사랑했고 헌신적으로 주님을 섬겼습니다. 주님은 사랑과 깊은 헌신에 응답하신 것입니다. 제자들은 즉시 불신앙의 태도를 드러냈습니다.

또한 두 제자에게 나타나셨습니다. 아마 엠마오로 가던 두 제자 이야기일 것입니다.(눅 24:13~35절) 그들이 누구였는지 알려지지 않았습니다. 다만 그들은 사도들에게 가서, 주님께서 나타나신 것과 그들과 대면하기 전에 자신의 제자들을 예비시키신 것은 예수님께서 참으로 살아나셨음을 증명하기 위함입니다. 모든 면에서 그토록 분명하게 다루어진 것은 주님의 완전한 지혜와 돌보심이었습니다. 이러한 일련의 사건들이 부활의 명확한 증거입니다. 여러분! 예수 그리스도의 부활을 그대로 전할 수 있는 증언자들이 되시기 바랍니다.

· 함께 읽어요 : 마가복음 16장 14절

"그 후에 열 한 제자가 음식 먹을 때에 예수께서 그들에게 나타나사 그들의 믿음 없는 것과 마음이 완악한 것을 꾸짖으시니 이는 자기가 살아난 것을 본 자들의 말을 믿지 아니함일러라."

정리하는 말

성도 여러분! 기독교의 핵심인 그리스도의 공생애는 '탄생, 십자가 죽으심, 부활, 승천, 재림'입니다. 어느 것 하나인들 소중하지 않은 부분이 없습니다. 이 중에 부활이 없었다면 2천 년이 흐른 지금까지 기독교가 생존해 있기 어려웠을 것입니다. 바울은 부활장인 고린도전서 15장 17절에서 "그리스도께서 다시 살아나신 일이 없으면 너희의 믿음도 헛되고" 라고 했습니다. 여러분! 하나님의 말씀과 주님의 명령에 순종하고 그리스도의 부활이 나의 부활임을 고백하며 증언 할 수 있기를 소망합니다.

평가와 결심

1. 빈 무덤은 무엇을 증거 해 주고 있습니까?
   (막 16:1~6, 예수 그리스도께서 부활하심)
2. 예수 그리스도의 부활은 무엇의 성취이었습니까?
   (막 16:7~8, 하나님께서 약속하신 구약 성경의 성취)
3. 예수 그리스도의 부활하심의 가장 확실한 증거는 무엇입니까?
   (막 16:9~20, 부활하겠다고 말씀하신 예수 그리스도의 증언)

주간 경건의 시간 <55> · 날마다 말씀과 함께

요일 / 내용	주일/월(Mon)	화(Tue)	수(Wed)	목(Thu)	금(Fri)	토(Sat)
찬송	146동 / 145동	177 / 164	197 / 178	92 / 97	353 / 391	366 / 485
성경	막 10: / 11:	막 12:	막 13:	막 14:	막 15:	막 16:
적용	복음 위해 / 기도하는 집	그리스도를 주	무화과나무 비유	찬미하고 감람산으로	아리마대 요셉	믿고 세례 받음

* 복음 서신들이 부활을 설명하는 게 아니다. 부활이 복음 서신들을 설명한다. <존 S. 웨일>

13단원 은혜로운 교회 절기

감사절

처음 익은 열매로 감사하라

찬송 / 593, 592, 590 / 통일 312, 311, 309
성경 / 잠언 3:1-15
요절 / 잠언 3:9
"네 재물과 네 소산물의 처음 익은 열매로 여호와를 공경하라."
목표 / 하나님께 처음 익은 열매로 감사하고 공경하는 태도를 기른다.

시작하는 말

이번 과에서는 지혜로운 사람의 삶에 대하여 보장 받는 법을 가르쳐 주고 있습니다. 세상을 살다보면 신이 주신 것은 엄청나게 많은 데 그것을 잘 지켜가는 사람이 아주 적다는 사실이 놀랍습니다. 지혜도 그렇고, 하나님의 인도하심, 건강과 부(富)도 그렇습니다. 아기를 키우다보면 고집이 유난하게 센 아이를 보게 됩니다. 그런 아이는 다른 애들보다 많이 먹어도 살로 가지 않고 빼빼 마른 것을 보게 됩니다. 하나님께서 주시는 여러 가지 복도 개개인의 성격에 따라서 취해지는 분량이 아주 다르다는 것입니다. 감사하는 삶은 이런 것을 조절해 주는 명약입니다.

오늘의 말씀

1. 지혜자의 삶은 하나님의 법과 명령을 따라 살아갑니다(잠 3:1~4).

본문은 지혜를 얻고자 하여 지혜로운 삶을 살기를 원하는 자에게 주시는 하나님의 보상에 대한 말씀입니다. 하나님께서는 그의 법과 규례를 따라 사는 자에게 일정한 은혜를 허락하여 주십니다. 그러므로 하나님께서 요구하시는 삶의 원리대로 사는 것이 지혜자의 바른 행동 원리라 할 수 있습니다. 다시 말하면 하나님의 법에 순종하는 삶이야말로 복을 받는 첩경임을 알아야 하겠습니다. 그러므로 우리의 머리는 하나님의 법과 명령으로 채워져야 하고, 우리의 가슴은 하나님의 인자하심과 진리로 채워져야 합니다.

· 함께 읽어요 : 잠언 3장 3~4절

"[3]인자와 진리가 네게서 떠나지 말게 하고 그것을 네 목에 매며 네 마음 판에 새기라 [4]그리하면 네가 하나님과 사람 앞에서 은총과 귀중히 여김을 받으리라."

2. 하나님의 인도하심을 확실히 보장받는 길이 있습니다(잠 3:5~6).

하나님께서는 믿는다고 하면서도 하나님께 성실치 아니하고 의로움이 없는 자에게 책망하셨습니다. 그러나 다음 조건을 이행하는 자는 하나님의 인도하심을 보장 받게 될 것입니다.

① 하나님을 의뢰해야 합니다.(5절) 마음을 다하여 하나님의 지혜와 능력과 선하심을 전적으로 믿고 자신의 운명을 하나님께 맡기는 것을 뜻합니다.

② 자기 능력의 한계를 알아야 합니다.(5절) '명철'(明哲)이란 총명하고 사리에 밝음을 의미합니다. 그러나 인간의 능력은 제한되어 있습니다. 그렇기 때문에 그것을 신뢰한다는 것은 그만큼 위험이 따릅니다.

③ 하나님을 인정하며 살아야 합니다.(6절) 하나님의 계획은 과거, 현재, 미래 전반을 관통하여 당신이 뜻하시는 목적을 성취하시나, 인간은 다만 지나온 과거만을 분석함으로써 하나님의 뜻하시는 바를 이해할 수 있고, 미래를 통하여 나타나는 일에 대해서는 아무 것도 예측할 수 없고 알 수도 없습니다. 이것이 인간의 현실입니다.

그러므로 인간은 믿음과 순종으로 범사에 하나님을 인정하고 하나님의 돌보심을 간구해야 합니다. 그러면 우리의 삶을 지도해 주시고, 푸른 초장으로 잔잔한 물가로 인도해 주실 것입니다.

· 함께 읽어요 : 잠언 3장 5~6절
"[5]너는 마음을 다하여 여호와를 신뢰하고 네 명철을 의지하지 말라 [6]너는 범사에 그를 인정하라 그리하면 네 길을 지도하시리라."

3. 건강과 부를 보장받는 길이 있습니다.(잠 3:7~10).

본문은 크게 두 가지로 보장받는 길을 제시하고 있습니다.

첫째로, 건강을 보장받는 길입니다.(3:7~8절)

① 자만심을 버려야 합니다.(7절) 인간이 실패하는 가장 큰 원인은 자기 지혜, 자기 능력을 과신할 때입니다. 지혜는 하나님을 경외하는 데서 오는 것이며, 자기를 의존하는 데서 얻는 것이 아닙니다.

② 악에서 떠나야 합니다.(7절) 악을 떠나는 유일한 길은 하나님을 경외하는 길입니다.

둘째로, 부를 보장받는 길이 있습니다.(3:9~10절)

① 이미 있는 재물로 하나님을 공경해야 합니다.(9절)

② 새로 얻은 재물로 하나님을 공경해야 합니다.(9절)

처음 익은 열매로 하나님께 봉헌한다 함은 하나님 제일주의로 하나님 중심으로 살아야 한다는 것을 뜻합니다. 재물의 주인은 하나님십니다. 인간은 그 관리자입니다. 충성된 관리자는 하나님의 뜻을 헤아려 물질을 사용할 줄 아는 사람입니다.

· 함께 읽어요 : 잠언 3장 9~10절
"[9]네 재물과 네 소산물의 처음 익은 열매로 여호와를 공경하라 [10]그리하면 네 창고가 가득히 차고 네 포도즙 틀에 새 포도즙이 넘치리라."

정리하는 말

오늘날 성도들의 재물은 부익부, 빈익빈이라는 덫에 걸려 가난한 사람은 부자의 꿈을 접고 살아가는 경향이 있습니다. 그러나 하나님께서는 건강과 부를 보장해 주시는 분이심을 믿을 때 상황은 달라지기 시작합니다. 부도 가난도, 건강도 질병도 하나님께서 보장해 주실 때 안전하다는 사실을 명심해야 할 것입니다. 모든 일에서 하나님을 인정할 때 하나님은 그 시점부터 우리 성도들의 생활에 깊숙이 개입하시고 책임지십니다. 감사가 축복이요, 삶의 질을 달라지게 한다는 것을 믿으시기 바랍니다.

평가와 결심

1. 지혜자의 삶이 어떤 것입니까?
   (잠 3:1~4, 하나님의 범과 진리를 따라 살아가는 것임)
2. 하나님의 인도하심을 보장받는 길이 무엇입니까?
   (잠 3:5~6, ①하나님 의뢰함 ②인간 한계인정 ③돌보심을 알아야 함)
3. 부(富)를 보장 받는 길은 무엇입니까?
   (잠 3:7~10, 자기의 재물로 하나님을 공경해야 함)

주간 경건의 시간 <56> · 날마다 말씀과 함께

요일 / 내용	주일/월(Mon)	화(Tue)	수(Wed)	목(Thu)	금(Fri)	토(Sat)
찬송	144동 / 145동	498 / 275	516 / 265	545 / 344	570 / 453	598 / 244
성경	잠 1: / 2:	잠 3:	잠 4:	잠 5:	잠 6:	잠 7:
적용	지혜롭게 / 행실이 온전	선을 베풀 힘	생명의 근원	네 샘으로 복되게	빈궁이 강도 같이	계명을 간직하라

* 사랑은 판단보다 더 정의롭다. < 헨리 워드 비쳐, 1813~1887, 미국 목사, 설교가 >

제57과 성탄절 1

왕으로 오신, 예수 그리스도

찬송 / 111, 108, 105 / 통일 111, 113, 105
성경 / **마태복음** 2:1-12
요절 / **마태복음** 2:2
"유대인의 왕으로 나신 이가 어디 계시냐 우리가 동방에서 그의 별을 보고 그에게 경배하러 왔노라 하니"
목표 / 왕으로 오신 예수 그리스도를 영접하며 살아가는 태도를 기른다.

시작하는 말

예수 그리스도의 탄생은 하나님이신 성자 하나님께서 몸소 동정녀 마리아의 몸을 빌려 나심입니다. 천사의 예고와 함께 마구간에서 탄생하셨습니다. 하늘에서 천사들의 우렁찬 합창 가운데 그분은 탄생하신 것입니다. 이런 사건들과 함께 동방박사들이 별을 보고 찾아와 예물을 드리면서 경배를 드렸습니다. 이렇게 예수님을 찾아 만나려하는 이들을 환경과 시간에 관계없이 주 예수께로 인도해 주셨습니다. 여러분! 만민의 구주 예수 그리스도의 탄생을 축하해 주시기 바랍니다.

오늘의 말씀

1. 예수 그리스도는 베들레헴에서 탄생하셨습니다(마 2:1~).

만왕의 왕 예수 그리스도께서 베들레헴2)에 탄생하셨습니다. 이 마을은 예루살렘에서 남쪽으로 불과 6마일(10km) 정도 떨어진 곳에 위치해 있습니다. 이곳은 예사로운 곳이 아닙니다.

ⓐ 다윗 왕의 고향입니다.(삼상 16:1; 17:12; 20:6절)

ⓑ 메시야의 출생지로 예언된 곳입니다.(미 5:2절)

유대인들은 이 사실을 알고 있었으며, 메시야의 도래를 믿고 기다리는 사람들은 그분이 다윗의 혈통으로 태어나 영원한 왕국을 건설할 것을 기대하고 있었습니다.(마 1:1; 1:18절)

· 함께 읽어요 : 마태복음 1장 1절, 18절
"[1]아브라함과 다윗의 자손 예수 그리스도의 계보라. [18]예수 그리스도의 나심은 이러 하니라 그의 어머니 마리아가 요셉과 약혼하고 동거하기 전에 성령으로 잉태된 것이 나타났더니"

2. 동방박사들은 왕으로 나신 이를 찾고 있었습니다(마 2:2~7).

이들은 동방(아마도 페르시아)으로부터 진리를 탐구하기 위하여 한 나라, 또는 몇 나라에서 파송 받은 자들입니다. 당시 그들은 학식이나 권위에 있어서 영향력을 행사하는 뛰어난 과학자들로서 철학, 과학, 의학, 천문학에 능통했습니다. 그들은 페르시아의 사제로서 정치지도자들의 고문 역할을 담당하던 인물로 여겨집니다.

① 그들은 아주 이상한 여행을 했습니다. 그들은 별의 인도를 받아 유대 땅까지 오게 되었습니다. 이 별이 예수님의 탄생 때 나타나서 이방나라 박사들에게 보여 졌고, 예수님께 경배하도록 예루살렘으로 인도하는 특별한 목적을 위해 나타났습니다.

② 동방박사들은 매우 중요한 목적을 갖고 있었는데, 새로 나신 왕께 경배하는 일이었습니다. 그들은 유대인의 왕으로 생각되는 아기 예수께 경의를 표시하기 위하여 왔습니다.

하나님께서 그분의 아들을 세상에 보내셨는데도 모르는 척했습니다.

---

2) 베들레헴(베트 레헴: בֵּיתִ לֶחֶם)은 빵집 또는 떡집이라는 뜻이다.

동방박사들이 유대인의 왕을 찾음으로써 이 사실이 밝혀졌습니다.

· 함께 읽어요 : 마태복음 2장 2절
"유대인의 왕으로 나신 이가 어디 계시냐? 우리가 동방에서 그의 별을 보고 그에게 경배하러 왔노라 하니"

3. 예수 그리스도는 유대인의 배척을 받았습니다(마 2:3~12).

동방박사들로 인해 예기치 않은 소동이 일어났습니다. 유대인들은 자신들의 왕이 탄생한 사실조차 몰랐습니다. 먼 거리의 여행을 무릅쓰고 예루살렘까지 찾아온 동방박사들의 열정은 참 놀랍습니다. 그러나 막상 그 땅의 사람들은 어느 누구도 새로 나신 왕에 대해서 아무것도 알지 못했습니다. 즉 그분이 누구시며, 어디에 계시는지, 그분에 관해서 전혀 알지 못했습니다.

① 어떤 사람들은 그분의 오심을 기대했었기 때문에 소동을 피웠습니다. 그들은 왕으로 오셔서 민족 해방의 구주로 올 것으로 생각했습니다. 화려한 민족 승리의 왕만을 기대했던 것입니다.

② 통치자들(헤롯 시대)은 하나님께로부터 온 왕이 그들이 누리는 권력의 질서를 깨뜨릴지 모른다는 생각 때문에 소동을 피웠을 것입니다. 인간의 욕심을 드러낸 처사였습니다.

③ 일부 종교인들도 그분이 오셨던 방식으로 왕이 오시는 것을 원하지 않았습니다. 다른 종교인들도 현 상태에서 다른 왕을 원치 않았습니다. 그러나 동방박사들만은 예수님이 누구신지 분명하게 알고 찾아와 유대인의 왕, 만왕의 왕께 경배 드렸습니다.

· 함께 읽어요 : 마태복음 2장 11절
"집에 들어가 아기와 그의 어머니 마리아가 함께 있는 것을 보고 엎드려 아기께 경배하고 보배 합을 열어 황금과 유향과 몰약을 예물로 드리니라."

정리하는 말

성도 여러분! 오늘 예수 그리스도의 탄생 사건 전개는 역사를 주관하시고 통치하시는 여호와 하나님께서 예정하시고 예언을 성취시키심이 틀림없습니다. 너무도 멋지고 아름다운 사건입니다. 어떤 이야기보다 흥미롭고 이목을 끌기에 충분합니다. 아기로 탄생하신 예수 그리스도께 동방의 박사들은 황금, 유향, 몰약을 준비해 예물로 드렸습니다. 성탄절을 맞는 우리 성도들도 이런 자세로 지켜야 할 것입니다. 금년 성탄절! 성경의 진정한 의미를 아시고 기쁨으로 찬양하고 축하하시기 바랍니다.

평가와 결심

1. 예수의 탄생하신 곳이 어디이며 어떤 뜻의 지명입니까?
   (마 2:1~2, 미가 선지자의 예언대로 '떡집'이란 지명 베들레헴)
2. 동방박사들이 유대 땅 예루살렘에 온 목적이 무엇입니까?
   (마 2:2~3, 유대인의 왕으로 나신 이를 찾아 예물 드리고 경배하려함)
3. 당시 사람들이나 종교지도자들이 소동한 이유가 무엇입니까?
   (마 2:3~12, ①민족해방의 왕으로 생각 ②기득권자 세력 잃을까봐)

주간 경건의 시간 <57> · 날마다 말씀과 함께

요일 / 내용	주일/월(Mon)	화(Tue)	수(Wed)	목(Thu)	금(Fri)	토(Sat)
찬송	104동 / 105동	177 / 164	212 / 347	252 / 184	260 / 194	292 / 415
성경	마 1: / 2:	마 3:	마 4:	마 5:	마 6:	마 7:
적용	임마누엘 / 동방 박사	길을 곧게 하라	입으로 나온 말씀	세상의 빛	일용할 양식	반석 위에 지은 집

* 은밀한 사랑은 나쁘다 그것은 곧 파멸에 이른다. <플라우투스, B.C. 254~184, 로마 희극시인>

제58과 성탄절 2

의로운 해, 치료의 광선

찬송 / 428, 118, 122 / 통일 488, 118, 122
성경 / 말라기 4:1-6
요절 / 말라기 4:2
"내 이름을 경외하는 너희에게는 공의로운 해가 떠올라서 치료하는 광선을 비추리니 너희가 나가서 외양간에서 나온 송아지 같이 뛰리라."
목표 / 여호와 이름을 경외하며 의로운 해, 치료의 광선을 받는다.

시작하는 말

이번 과에서는 선지서의 결론이면서 구약의 결론을 공부하게 됩니다. 실제로 이 예언이 있은 후 세례 요한이 나타나기까지 400년 동안 더 이상 선지자를 통한 하나님의 말씀은 끊겼습니다. 마지막으로 선지자는 여호와의 심판 날에 임할 결과를 말하고 있습니다. 메시야의 오심으로 이루어질 심판을 악인들은 견디지 못할 것이나, 의인은 그 날에 구원받고 자신들의 원수를 멸망시키게 될 것입니다. 하나님의 약속 안에서 메시야의 성탄을 축하하고, 다가올 재림도 대비하셔야 합니다.

오늘의 말씀

1. 교만한 자와 악을 행하는 자들에 대한 심판이 있습니다(말 4:1).

다가올 여호와의 날에 온 땅과 악인에게 임할 심판이 선포됩니다. 우주는 영원하지 않습니다. 인간은 자연과 지구를 손상시켜 더 이상 자정 능력을 잃어가고 있습니다. 지구의 온난화로 말미암아 북극의 빙하가 녹아내리면서 점점 바닷물의 온도가 상승하여 물고기들이 폐사하고, 인간들이 사용하는 화석연료 때문에 지구의 온난화가 가속되고 있습니다. 그런가하면 전쟁 무기 개발과 핵실험으로 인한 피해가 점점 우리에게 부메랑이 되고 있습니다. 무분별한 벌목으로 울창한 산림들이 사라져가고 홍수와 가뭄, 지진과 화산 폭발로 수많은 생명들을 앗아가고 있습니다. "보라 용광로 불같은 날이 이르리니"라고 하신 말씀이 현실로 나타나고 있습니다. 그날에 교만한 자와 악을 행하는 자가 심판을 받을 것입니다.

· 함께 읽어요 : 말라기 4장 1절

"만군의 여호와가 이르노라 보라 용광로 불같은 날이 이르리니 교만한 자와 악을 행하는 자는 다 지푸라기 같을 것이라. 그 이르는 날에 그들을 살라 그 뿌리와 가지를 남기지 아니할 것이로되"

2. 의인들의 구원과 승리가 있을 것입니다(말 4:2~3).

세상에 어느 누구가 의인이겠습니까? 모두 다 죄인입니다. 교만한 자와 악을 행하는 자들에 대한 철저한 파멸이 있을 그 심판의 때에 의인에게는 어떤 결과를 초래하는 지가 서술되고 있습니다.

본문에 나타나는 악인과 의인의 차이는, 성경에서 믿는 자와 믿지 않는 자의 운명의 차이로 뚜렷이 보여주고 있습니다.

오늘 공부하시는 과의 요절인 2절 말씀을 함께 읽겠습니다. "내 이름을 경외하는 너희에게는 공의로운 해가 떠올라서 치료하는 광선을 비추리니 너희가 나가서 외양간에서 나온 송아지같이 뛰리라."

본문에서 '내 이름을 경외하는 너희'라고 분명하게 말씀하고 있습니다. 요즘 불신앙이 횡행하고 있어, 신문 방송에서 공공연하게 성경의 사실들을 비판하는 안티들의 도가 지나칩니다. 그들도 망할 날이 얼마 남지 않아서인 것 같습니다. 그러나 하나님을 경외하고 순종하는 자들에게 하나님은 "치료하는 광선"이 되실 것을 약속해 주셨습니다.

· 함께 읽어요 : 말라기 4장 2절
"내 이름을 경외하는 너희에게는 공의로운 해가 떠올라서 치료하는 광선을 비추리니 너희가 나가서 외양간에서 나온 송아지 같이 뛰리라."

3. 엘리야의 출현과 돌이키지 않는 자를 향한 경고입니다(말 4:4~6).

악인들에게는 심판을, 하나님을 경외하는 자들에게는 구원을 의미하는 그날, 곧 메시야의 오실 그날을 대비하라는 말씀이 선포됩니다.

① 모세의 율법을 기억해야 합니다.(4절)

호렙 산에서 온 이스라엘을 위하여 모세에게 명한 법 곧 율례와 법도를 기억하라고 합니다.

② 엘리야가 올 것입니다.(5~6절)

가장 위대한 선지자 엘리야를 보내리라고 합니다. 말라기의 예언을 끝으로 400년 동안 하나님의 예언이 중단될 것입니다.

③ 마지막 경고입니다.(6절)

여호와의 크고 두려운 날이 이르기 전에 올 것이 약속된 엘리야는 메시야의 오심을 준비할 것입니다. 메시야는 예언의 성취대로 오신 것입니다. 오늘날 성탄절은 흥청망청 마시고 취하는 자들의 이벤트 날로 변질되어 가고 있습니다. 어둠이 짙고 죄악이 난무하는 세상에 의로운 해가 떠올라 치료하는 광선을 비출 것입니다.

· 함께 읽어요 : 말라기 4장 6절
"그가 아버지의 마음을 자녀에게로 돌이키게 하고 자녀들의 마음을 그들의 아버지에게로 돌이키게 하리라. 돌이키지 아니하면 두렵건대 내가 와서 저주로 그 땅을 칠까 하노라 하시니라."

정리하는 말

사랑하는 성도 여러분! 죄악의 어둠으로 칠흑 같은 세상에 메시야가 오십니다. 그분은 '의로운 해'이십니다. 치료의 광선을 비추어 주실 것입니다. 의로운 해가 떠올라서 하나님의 영광을 비추는 날 세상은 분명히 밝아질 것입니다. 금년 여러분들의 교회와 가정마다 '의로운 해'이신 주 예수 그리스도께서 오서서 죄악의 폭풍을 잠재우고, 십자가의 보혈이 흘러 강단마다 안방마다 직장마다 '치료의 광선'을 비추셔서 영육간에, 하나님의 치료의 손길이 임하시기를 주님의 이름으로 축복합니다.

평가와 결심

1. 어떤 자들에게 여호와 하나님의 심판이 임합니까?
   (말 4:1~, 교만한 자와 악을 행하는 자들에게 임함)
2. 심판이 초래되지 않고 구원과 승리가 누구에게 임합니까?
   (말 4:2~3, 여호와의 이름을 경외하는 자 - 의인들에게)
3. 의로운 해가 떠올라서 무슨 일을 하고 그 결과는 어떠합니까?
   (말 4:2~3, ①치료의 광선 비춤 ②외양간서 나온 송아지같이 뛸 것임)

주간 경건의 시간 <58> · 날마다 말씀과 함께

요일 / 내용	주일/월(Mon)	화(Tue)	수(Wed)	목(Thu)	금(Fri)	토(Sat)
찬송	122동 / 120동	177 / 164	273 / 331	188 / 180	325 / 359	313 / 352
성경	말 1: / 2:	말 3:	말 4:	마 8:	마 9:	마 10:
적용	봉헌물 / 평강의 언약	언약의 사자	치료하는 광선	이만한 믿음	죄인을 부르러 옴	검을 주러 왔노라

* 참사람의 참사랑은 평생 익는 과일이다. <알퐁스 드 라마틴, 1790~1869, 프랑스 시인>

14단원 가정 예식

제59과 임종예배

눈물을 닦아 주십니다

찬송 / 491, 608, 607 / 통일 543, 295, 292
성경 / **요한계시록 21:1-8**
요절 / **요한계시록 21:4**
"모든 눈물을 그 눈에서 닦아 주시니 다시는 사망이 없고 애통하는 것이나 곡하는 것이나 아픈 것이 다시 있지 아니하리니 처음 것들이 다 지나갔음 이러라."
목표 / 주님의 말씀을 묵상하면서 서로 위로하는 태도를 가진다.

· 한 인간의 죽음이 가까우면 본인과 가족들은 마음을 준비하고 **임종예배**를 드려야 합니다. 임종예배를 드리고 나서 다시 살아나는 경우가 있더라도 운명하시기 전에 임종예배를 드리는 것이 바람직합니다. 목회자가 없다하더라도 당황하지 말고 구역장은 구역원·속회원 등 성도들과 임종 예배를 드리는 것이 좋습니다. 임종예배에서는 **죄의 고백**과 예수 그리스도를 **믿음**으로 **용서**받음을 **확신**하게 해야 합니다. 이때에는 **부활신앙**과 내세관을 통하여 **죽음**을 **긍정적**으로 **받아들이도록 도와주는 것**이 중요합니다.

시작하는 말

죽음 이후에 영원한 세계, 하나님과 함께 영원히 사는 세상! 이 세상의 악하고 부정적인 것들, 사탄이 정복되고 파괴될 것입니다. 죽음이 사라지며, 슬픔을 위로하시고, 눈물을 씻어주시고, 영생을 주실 것입니다. 죽음 이후에 새 하늘과 새 땅에서 새로운 삶을 살아갈 것입니다.

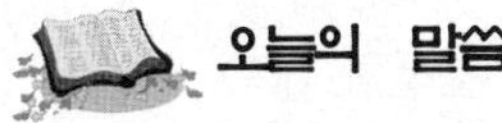

오늘의 말씀

1. '새 하늘과 새 땅'이 새롭게 창조될 것입니다(계 21:1).

우리가 알고 있는 이 세상 하늘과 땅은 없어지고 새 하늘과 새 땅이 창조될 것입니다. 더 이상의 강한 뇌성벽력과 태풍, 또는 재난을 가져오는 홍수나 가뭄의 악천후가 없을 것입니다. 타락한 인간들이 가는 곳마다 자연환경이 깨어져서 온갖 자연재난, 즉 지진이나 화산 폭발, 무서운 재난을 가져오는 폭풍, 홍수, 폭염, 황무지, 기근, 질병과 죽음에서 시달리던 땅으로 변했습니다. 그러나 그리스도 안에서 새로운 피조물이 되니 세상 만물도 재창조되고, 땅의 기운이 회복될 것입니다. 가시와 엉겅퀴 대신 오곡이 무르익는 비옥한 땅이 될 것입니다.

· 함께 읽어요 : 요한계시록 21장 1절
"또 내가 새 하늘과 새 땅을 보니 처음 하늘과 처음 땅이 없어졌고 바다도 다시 있지 않더라."

2. 하나님의 성읍, 거룩한 도성 새 예루살렘입니다(계 21:2~3).

① 하나님의 거룩한 도성인 새 성읍 새 예루살렘이 있을 것입니다. '새 예루살렘'이 곧 새 하늘과 새 땅의 수도가 될 것입니다. 그곳은 바로 하나님의 임재를 상징하는 곳이 될 것입니다. 물론 하나님의 임재는 새 하늘과 새 땅의 모든 곳에서 그분의 영광과 위엄을 통해 나타날 것입니다.

② 새 하늘과 새 땅에서 하나님과 직접 교제할 것입니다. 하나님의 성읍 곧 거룩한 성읍은 믿는 자들에게 그들이 우주의 전역에서 하나님을 섬기고 있다는 것을 증거 할 수 있는 장소를 제공할 것입니다.

③ 새 하늘과 새 땅에 창조된 만물이 온전케 될 것입니다. 인생들이 한 가지 원하는 것이 있다면 그것은 하나님의 임재하심으로 하나님과 관계가 회복되어져, 우리들은 풍성한 삶을 누리며 살아갈 것입니다. 온 세상에 하나님의 영광이 충만하실 것입니다.

만물이 온전케 될 것이니, 삶이 온전케 될 것입니다. 이는 인간의 몸이 온전케 될 것을 의미합니다. 더 이상 슬픔과 애통이 없을 것입니다.

예수님께서는 하늘나라 영원한 나라를 예비하러 가신다고 하신대로 새롭게 되어 질 것입니다. 성도 여러분들도 함께 위로받기를 바랍니다.

· 함께 읽어요 : 요한복음 14장 2절
"내 아버지 집에 거할 곳이 많도다. 그렇지 않으면 너희에게 일렀으리라. 내가 너희를 위하여 거처를 예비하러 가노니"

3. 모든 슬픔을 위로해 주시고 눈물을 닦아 주실 것입니다(요 11:32~35).

예수님께서는 죽은 나사로의 가정에 가셔서 "예수께서 눈물을 흘리시더라"라고 했습니다. 하나님의 아들 곧 하나님이신 그분은 "주께서 여기 계셨더라면 내 오라비가 죽지 아니 하였겠나이다" 하고 그 우는 것과 또 함께 온 유대인이 우는 것을 보시고 심령에 비통히 여기시고 불쌍히 여기시면서 예수님께서도 우셨습니다.

① 예수님께서는 슬픔을 위로해 주실 것입니다. 예수 그리스도께서는 우는 자들과 함께 우실 것입니다. 주님께서는 우리들의 눈물을 닦아 주실 것입니다. 예수님은 하늘나라로 승천하여 높임 받기 위하여 가셨습니다. 근심하는 마음으로부터 안심시키기 위하여 예수 그리스도께서 재림하실 것입니다.

② 믿는 자는 죽을 때에 예수님을 만나게 됩니다. 믿는 자는 죽음의 고통을 맛보지 않고 신속히 하늘나라로 들어가게 될 것입니다.(요 8:51)
③ 믿는 자는 그의 몸이 예수님이 재림하실 때에 일어날 것이므로 공중에서 예수님을 만나 뵙게 될 것입니다.(살전 4:17) 우리는 대망의 그날, 소망 중에 벅찬 감격으로 주 예수 그리스도의 위로를 받게 될 것입니다.

· 함께 읽어요 : 데살로니가전서 4장 17절
"그 후에 우리 살아남은 자들도 그들과 함께 구름 속으로 끌어 올려 공중에서 주를 영접하게 하시리니 그리하여 우리가 항상 주와 함께 있으리라."

정리하는 말

여러분! 세상에 죽음을 정복한 이는 예수 그리스도 한분이십니다. 그래서 '구세주'이십니다. "한 번 죽는 것은 사람에게 정한 것이요 그 후에는 심판이 있으리니"(히 9:27)라고 말씀했습니다. 고인은 숨을 거두시고 말이 없으시지만 남은 가족들에게 '걱정 마세요. 주님이 눈물을 다 씻어주십니다'라고 말하고 있을 것입니다. 예수님께서 사망 권세를 다 이기셨기 때문입니다. 우리는 주님을 영광 중에 만나게 될 것입니다.

평가와 결심

1. 세상 장막이 무너지면 우리의 갈 곳은 어디입니까?
   (계 21:1, 주님께서 예비하신 새 하늘과 새 땅임)
2. 하나님의 거룩한 도성의 수도는 어디 이겠습니까?
   (계 21:2, 새 예루살렘 성)
3. 주 예수께서 죽은 나사로의 가정에 가셔서 하신 일이 무엇입니까?
   (요 14:3, ① 우는 자들과 함께 우심, ② 슬픔을 위로해 주심, ③ 눈물을 닦아주심)

주간 경건의 시간 <59> · 날마다 말씀과 함께

요일 / 내용	주일/월(Mon)	화(Tue)	수(Wed)	목(Thu)	금(Fri)	토(Sat)
찬송	73동 / 93동	292 / 415	311 / 185	313 / 352	331 / 375	333 / 381
성경	요 10: / 요 11:	요 12:	요 13:	계 20:	계 21:	계 22:
적용	선한 목자/ 나사로를 살림	발에 향유 부음	제사들 발 씻김	생명 책	새 하늘과 새 땅	광명한 새벽 별

* 율법에 규정되어 있는 것과 같이 무엇보다도 먼저 불멸의 신을 존경하라.
<피타고라스, B. C. 582~500, 그리스 철학자, 수학자>

14단원 가정 예식

제60과 입관예배

주 안에서 자는 자의 복

찬송 / 438, 445, 447 / 통일 495, 502, 448
성경 / 데살로니가전서 4:13-18
요절 / 데살로니가전서 4:16
"주께서 호령과 천사장의 소리와 하나님의 나팔 소리로 친히 하늘로 부터 강림하시리니 그리스도 안에서 죽은 자들이 먼저 일어나고"
목표 / 주안에서 잠 자는 자들의 복이 있음을 믿고 평안히 살아가도록 한다.

· 옛날부터의 관습은 시신을 입관시킬 때까지의 절차를 염, 습, 전, 반함, 졸습, 소렴, 대렴 등이라 하여 그 과정이 복잡하고 까다로웠다. 그러나 간소하고 정중한 예식을 위해 장의사나 전문가의 도움을 받는 것도 좋다. 그 순서와 요령은 다음과 같다. ① 인도자의 지시에 따라 시신의 좌우에 두세 사람이 나누어 앉는다. ② 시신을 덮었던 홑이불을 벗기고 붕대나 백지 등을 제거한다. 버선을 벗기고 허리띠를 끌러낸다. ③ 죽은 이가 남자면 남자상주가 여자면 여자상주가 앞가리개(곤포)로 가리며 하의를 벗기고, ④ 상의를 벗긴다. ⑤ 알코올이나 향수를 깨끗한 수건에 적셔서 몸을 닦아낸 후, 다시 마른 수건으로 훔친다. ⑥ 빗으로 머리를 빗기고 긴 손톱은 자른다. 머리카락과 손톱은 주머니에 넣거나 종이에 싸서 쟁반에 담아 두었다가 입관 때 관 속에 함께 넣는다. ⑦ 다음은 수의를 입힌다. ⑧ 이상의 일들을 마치면 홑이불로 시신의 머리부터 수족에 이르기까지 전신을 덮는다.

시작하는 말

본문에 보면 '자는 자'라는 말이 세 번, '죽은 자'라는 말이 한번 나옵니다. 여기서 강조하고 있는 점은 특히 '주 안에서 잠자는 자'의 누릴 복(福)에 대하여 강조하고 있습니다. 성도는 세상에서 믿음생활 잘하여 '주 안에서 잠자는 자'여야 합니다. 가족 및 성도 여러분들의 믿음생활이 지금처럼 변함이 없이 임종 시까지 계속되기를 소원합니다.

오늘의 말씀

1. 주 안에서 잠자는 자는 영원히 깨어나는 복을 받습니다(살전 4:14).

누가 영원히 깨어나 영생할 수가 있겠습니까? 슈퍼맨도 인기스타도 아닙니다. 본문에서처럼 오직 '주 안에서 잠자는 자'가 영원히 깨어날 수가 있는 것입니다. 이 땅에서 아무리 부귀영화를 누렸을지라도, 인기가 하늘을 치솟았을지라도 주님이 모르신다하면 아무 것도 아닙니다. 어둠 속에 헤매다가 영원한 사망과 죽음이 지배하는 곳에 들어갈 수밖에 없습니다. 그러나 주님 안에 있는 자는 살아서는 물론이고 죽어서라도 영원히 깨어나는 복을 받을 줄 믿으시기 바랍니다.

· 함께 읽어요 : 데살로니가전서 4장 14절
"우리가 예수께서 죽으셨다가 다시 살아나심을 믿을진대 이와 같이 예수 안에서 자는 자들도 하나님이 그와 함께 데리고 오시리라."

2. 깨어난 자는 예수님의 부활에 동참하는 복을 받습니다(살전 4:15~16).

여러분! 세상에서 제일 불쌍한 사람이 누구입니까? 불쌍히 여겨줄 사람도 없는 사람입니다. 전도서 기자인 지혜자는 "모든 산 자들 중에 들어 있는 자에게는 누구나 소망이 있음은 산 개가 죽은 사자보다 낫기 때문이니라"(전 9:4)라고 했습니다.

본문에서 강조하는바 '예수 안에서 자는 자'는 그리스도와 함께 다시 살아난다는 말씀입니다. 왜냐하면 예수 안에서 잠들었기 때문입니다. 그러므로 주님이 깨어나시면 성도들도 다시 깨어난다는 말씀입니다.

예수님께서 다시 살아나셔서 부활의 첫 열매가 되셨기 때문에 이제 죽음을 이기고 깨어난 성도들 모두 예수님의 부활에 동참하여 영생의 복을 받는 줄 믿으시기 바랍니다.

· 함께 읽어요 : 데살로니가전서 4장 15절
"우리가 주의 말씀으로 너희에게 이것을 말하노니 주께서 강림하실 때까지 우리 살아남아 있는 자도 자는 자보다 결코 앞서지 못하리라."

3. 주 안에서 영원히 깨어난 자는 위로함을 받게 됩니다(살전 4:16~18).

오늘 본문 16절에 주님께서 하늘로부터 재림하실 때에 그리스도 안에서 죽은 자들이 먼저 일어난다고 했습니다. 본문이 주시는 교훈은 '소망 없는 다른 이와 같이 슬퍼하지 않게 하기 위하여'(13절) 우리들에게 주신 말씀입니다.

사랑하는 성도 여러분! 우리의 생이 이 세상에서 끝난다면 얼마나 처량하고 불쌍하겠습니까? 써보고 싶은 것 다 써보지 못하고, 마시고 싶은 것도 다 못 마시고, 피우고 싶은 것 다 못 피우고, 절제하면서 살아왔습니다. 그러나 죽음 이후의 영광과 안위와 위로, 영생이 있기 때문에 멸망하는 자들과 함께 결코 슬퍼하지 말아야 합니다. 오늘 죽음을 당한 고인을 보면서 죽음 이후의 영광을 마음에 두시고 위로 받을 수 있기를 바랍니다.

특별히 본문에서는 주 예수 그리스도의 공중 재림을 언급하고 있습니다. 하늘 3층천[1]까지 다 보았던(고후 12:2~4) 사도 바울은 눈에 보듯이 확연하게 주님의 공중 재림을 말씀하고 있습니다. 주님은 승천하실 때의 그 모습으로 우리에게 임하실 것입니다. 여러분들도 본문 말씀을 읽으시면서 부활의 은총과 영생함으로 함께 위로 받으시기 바랍니다.

· 함께 읽어요 : 데살로니가전서 4장 17절
"그 후에 우리 살아남은 자들도 그들과 함께 구름 속으로 끌어 올려 공중에서 주를 영접하게 하시리니 그리하여 우리가 항상 주와 함께 있으리라."

---

1) 3층천은 바울이 언급한 하늘 '낙원'입니다. 보통 1층천은 '대기권', 2층천은 '우주'를 말합니다. 그러나 셋째 하늘이란 '낙원'을 의미하는데, 개신교에서는 '천국'과 동일한 곳으로 이해하고 있습니다(눅 23:43; 고후 12:2~4; 계 2:7).

정리하는 말

사랑하는 성도 여러분! 세상에는 부자나 가난한 자나 모두 근심걱정이 떠날 날이 없습니다. 그러나 죽으면 죽음 이후의 삶은 눈물이 없고, 슬픔도 근심걱정도 없습니다. 기쁨과 즐거운 찬송이 넘치는 삶입니다. 핍박을 받던 데살로니가 성도들이 기대했던 죽음 이후의 영광스러운 삶이 오늘 여러분들에게도 펼쳐질 줄 믿습니다. 주님은 재림의 날에 하나님의 나팔 소리로 친히 하늘로부터 강림하실 것입니다. 그날을 고대하며 주님을 사모하는 재림신앙으로 항상 기뻐하고, 범사에 감사며 살아가시기를 간절히 축원합니다.

평가와 결심

1. '주 안에서 잠자는 자'는 어떤 복을 받습니까?
   (살전 4:14, 영원히 깨어나는 영생하는 복을 받음)
2. '주 안에서 깨어나는 자'는 첫째 어떤 복을 받습니까?
   (살전 4:15~15, 주님의 부활과 영생에 동참하는 복을 받음)
3. '주 안에서 깨어나는 자'들은 둘째 어떤 복을 받습니까?
   (살전 4:16~18, 주 안에서 위로와 영생을 받음)

주간 경건의 시간 <60> · 날마다 말씀과 함께

요일 / 내용	주일/월(Mon)	화(Tue)	수(Wed)	목(Thu)	금(Fri)	토(Sat)
찬송	29동 / 27동	143 / 141	144 / 144	278 / 336	349 / 387	391 / 446
성경	고후12: / 고후13:	살전 1:	살전 2:	살전 3:	살전 4:	살전 5:
적용	셋째 하늘/ 축복 기도	사랑의 수고	바울의 사역	너희에게 위로를	주의 강림	사랑의 호심경

* 우리는 태어나자마자 죽기 시작하며, 끝은 시작에 달려있다.

< 마닐리우스, A.D. 8세기 경, 그리스 서사시인>

제61과 장례예배

영생을 향하여 행진 합시다

찬송 / 606, 607, 610 / 통일 291, 292, 289
성경 / **고린도전서 15:50-58**
요절 / **고린도전서 15:52**
"나팔소리가 나매 죽은 자들이 썩지 아니할 것으로 다시 살아나고 우리도 변화되리라."
목표 / **장례예배는 참여하는 것만으로도 복된 것임을 깨닫고 참례 한다.**

· 장례 치름을 '치장'이라 일컫습니다. 치장은 3일 만에 행함이 보통입니다. 만약 상주가 먼 곳에 있어 미처 사흘 안에 돌아오지 못하는 가족을 위해서는 4일장 또는 5일장으로 해도 좋습니다. 장례방법은 토장, 수장, 화장 등이 있고, 토장은 예로부터 시행해 오고 있는 방법으로 지장(地葬)이라고도 합니다. 토장의 방법은 보통 다음 순서로 진행 합니다.

① **장지**(葬地: 선산이나 공원묘지)는 집안에 노인이 계시면 미리 준비해야 차질이 없습니다.

② 상을 당하면 호주나 동거 가족 또는 동거인이 서둘러 사망신고와 매장신고를 해야 합니다.

③ **사망신고**는 주민등록지의 주민 센터나 시, 군, 구청 등 본적지의 공무원을 찾아가면 안내해 줍니다. 구비서류는 사망 진단서 2부(본적지 아닌 곳이면 3부), 의사의 진단서나, 시체 검안서(사고로 사망인 경우) 등을 첨부해야 합니다. ④ **매장(화장) 신고**는 주소지, 사망지, 매장지, 납골당 소재지의 관할 읍, 면, 동장에게 신고할 때 요사이는 인터넷에서 다운받아 서류를 작성해 구비서류(사망진단서 또는 시체 검안서, 사설묘지의 경우는 묘지사용승낙서, 성인 경우 주민등록증 휴대)를 첨부 주민 센터에 신고 후 신고증을 교부받습니다.

· 영결식 진행순서는 ① 개식사 ② 찬송 ③ 기도 ④ 성경봉독 ⑤ 설교 ⑥ 기도 ⑦ 고인 약력보고 ⑧ 조사나 조가 ⑨ 분향 또는 헌화 ⑩ 광고 ⑪ 찬송 ⑫ 축도 순으로 진행합니다. 가능하면 장례식순을 만들어서 함께 식순을 보면서 예식을 진행하면 전도에도 도움이 됩니다.

시작하는 말

낙엽처럼 인생은 한 번 왔다 가는 나그네 인생이요 낙엽입니다. 그러나 주 예수를 믿는 자들에게는 영원한 세계가 준비되어 있습니다. 사람이 영생하고, 사람인 인생이 하나님의 면전에서 그분과 함께 살아가기 위해서는 먼저 인간의 몸이 본질적으로 변해야 합니다. 인간의 몸이 다시 만들어져야 영원한 세상으로 재진입한다는 말입니다.

오늘의 말씀

1. 장례는 새로운 부활 형체로의 변화를 위한 절차입니다(고전 15:50).

인간의 몸은 혈과 육으로 되어 있습니다. 그 몸은 신령한 것이 아니라, 육신인 것입니다. 그것은 신령한 재료와 물질로 만들어진 것이 아니라, 육적인 재료와 물질로 만들어져 있습니다. 그것은 하늘에 속한 것이 아니라, 땅에 속한 물질인 것입니다. 그러므로 땅에 속한 자들은 영적인 것이나 하늘의 것을 추구하는 것이 아니라, 육적이고 세상적인 것을 추구합니다. 인간의 몸은 썩어질 것입니다. 인간의 몸은 '나서 늙고, 병들고 죽습니다.'(生老病死) 기계가 고장 나면 폐기합니다. 육신의 재료들도 쇠약해지고 소멸되고 기력이 다하면 마침내 한줌의 흙과 재가 되는 것입니다.

· 함께 읽어요 : 고린도전서 15장 50절
"형제들아 내가 이것을 말하노니 혈과 육은 하나님 나라를 이어 받을 수 없고 또한 썩는 것은 썩지 아니하는 것을 유업으로 받지 못하느니라."

2. 육이 영으로의 변화는 아주 새로운 비밀이요 계시입니다.
(고전 15:51~52)

'비밀'이라는 말은 '계시', 즉 하나님께서 보여주시지 않으면 결코 알 수 없는 사실을 의미합니다. 인간은 부활에 대해 하나님께서 말씀해 주시지 않았다면 우리는 이에 대해 결코 알 수 없습니다. 인간의 부활과 인간의 몸의 본질적인 변화에 대해 알 수 있는 다른 방법은 결코 없습니다. 그러므로 부활은 비밀입니다. 본문에 몸의 본질적인 변화에 대해 네 가지로 진술하고 있습니다.

① 부활에는 산자와 죽은 자가 모두 포함됩니다.

② 부활은 순식간에 홀연히 일어날 것입니다.

③ 부활은 말세, 즉 세상의 마지막 때에 있을 것입니다.

④ 부활과 몸의 변화는 둘 다 확정된 사실입니다.

· 함께 읽어요 : 고린도전서 15장 51절

"보라 내가 너희에게 비밀을 말하노니 우리가 다 잠 잘 것이 아니요 마지막 나팔에 순식간에 홀연히 다 변화되리니"

3. 변화는 필연적입니다(고전 15:53~58).

여러분! 몸의 부활은 다음의 중요한 사실에 주목하시기 바랍니다.

첫째, 믿는 자의 현재의 몸은 본질 상 썩고 죽게 될 것입니다.(53절)

둘째, '반드시'라는 말은 인간의 몸이 변하지 않으면 안 되는 불가피성을 보여주고 있습니다.(53절) 인간의 몸이 하나님과 함께 영원히 살려면 변화가 필수적이고 절대적이며 불가피한 것입니다.

셋째, 변화는 죽음을 삼켜 죽음에 승리를 가져다 줄 것입니다.(15:54~56절)

넷째, 죽음에 대한 영광의 승리가 그리스도에 의해 성취될 것입니다.(15:57절) '사망아 너희 승리가 어디 있느냐?'라고 외칠 것입니다.

다섯째, 변화에는 많은 실천이 따릅니다.(15:58절)

① 믿는 자는 견고하며 흔들리지 말아야 합니다.

② 믿는 자는 주의 일에 더욱 힘써야 합니다.

③ 왜냐하면 믿는 자는 상급을 받게 될 것이기 때문입니다. 믿는 자의 수고는 헛되지 않습니다. 그러나 우리가 믿는다 하면서 실천과 행함을 게을리 하는 것은 온전한 믿음이 아니라는 것을 명심하시기 바랍니다.

· 함께 읽어요 : 고린도전서 15장 57절

"우리 주 예수 그리스도로 말미암아 우리에게 승리를 주시는 하나님께 감사하노니"

정리하는 말

여러분! 장례예식은 바로 이 세상과의 줄을 끊어주는 행복한 예식이요. 천국으로의 입장하는 환송의 순간입니다. 예수 그리스도의 부활 사건이 있기에 우리에게는 참 소망과 희망을 줍니다.

지혜서인 잠언에는 "지혜자의 마음은 초상집에 있으되 우매한 자의 마음은 혼인집에 있느니라"(잠언 7:4)고 했습니다. 장례예배에 참석만 해도 복이 되는 것입니다. 오늘 말씀을 들으시는 유족 및 친족들과 여러분들의 가정과 직장에 하나님의 놀라운 복이 넘치시기를 바랍니다.

평가와 결심

1. 인간의 죽음과 장례는 어떤 변화를 위한 과정입니까?
   (고전 15:50, 새로운 부활의 형체로의 변화의 과정임)
2. 인간의 부활과 몸의 변화의 과정은 어떻게 알 수 있습니까?
   (고전 15:51, 하나님이 보여주시는 계시로만 알 수 있음)
3. 인간이 부활할 때 인간의 몸은 왜 변화되어야 합니까?
   (고전 15:52~58, 하나님과 함께 살려면 필연적으로 변화되어야 함)

주간 경건의 시간 <61> · 날마다 말씀과 함께

내용 \ 요일	주일/월(Mon)	화(Tue)	수(Wed)	목(Thu)	금(Fri)	토(Sat)
찬송	88동 / 89동	90 / 98	130 / 42	180 / 168	252 / 184	365 / 484
성경	고전 10: / 고전 11:	고전 12:	고전 13:	고전 14:	고전 15:	고전 16:
적용	우상숭배 / 여자의 머리	성령의 은사	사랑은	방언과 예언	그리스도의 부활	성도를 위한 연보

* 인간의 생명은 나뭇잎과도 같다. <호메로스, B. C. 8기경, 그리스 서사시인>

제62과 안장(하관)예배

하늘을 향하여 눕다

찬송 / 607, 438, 606 / 통일 292, 495, 291
성경 / **요한계시록 14:13**
요절 / **요한복음 6:47-48**
"[47]진실로 진실로 너희에게 이르노니 믿는 자는 영생을 가졌나니 [48]내가 곧 생명의 떡이니라."
목표 / 입관 및 하관예배에 참여만 하는 것도 복된 일임을 깨닫는다.

집안에서나 장례예식장에서 영원한 이별의 예식인 영결식(장례식, 발인예배)은 병풍을 치고 앞에 영정상과 향안을 배설하여 빈소를 설치하고, 남자 상제는 고인 상부에 여자 상제는 하부에 서서 집례목사의 집전으로 행합니다.

운구란 고인의 시신을 장지나 화장 장소까지 옮기는 것을 말합니다. 운구의 방법은 대개 장의사가 있어 영구차를 이용합니다. 영결 예배가 끝나면 찬양대를 선두로 명정, 영정, 집례, 영구, 상제, 친척, 일반 조객의 순서로 찬양대의 찬송에 맞추어 제창하면서 서서히 따릅니다. 영구차에는 영정, 하관 제구들을 싣고 상제, 친척들을 태우고, 조객 차는 호상이 일반 조객에게 승차를 권면하여 함께 탑승하여 영결 장소나 장지로 떠납니다.

시작하는 말

인생은 누구나 죽게 될 것입니다. 인생에게 더 이상 이 세상에 존재하지 않을 날이 오고 있습니다. 우리 성도들은 그것을 알고 있기에 그들이 세상으로부터 자신을 구별하여 그리스도를 위하여 살기를 원하는 까닭입니다. 오직 그리스도만이 인생의 죄와 죽음을 해결하시고 영원한 나라로 인도해 줄 것입니다. 그때 영원한 소망이 성취될 것입니다.

오늘의 말씀

1. '주 안에서 죽는 자들'이 있습니다(계 14:13).

'주 안에서 죽는 다는 것'은 무엇을 의미합니까? 그 말은 사람이 세상에 있는 동안 '주 안에서 살았다'는 것을 의미합니다. 우리가 세상에 살았을 동안에 주 예수 그리스도를 믿으며, 마음과 삶을 다하여서 주님께 헌신했음을 의미합니다. 그러므로 우리가 죽게 될 때 우리는 '주 안에 있는 것'입니다. 사람이 '진실로 그리스도를 믿을 때', 하나님께서는 그를 '그리스도 안에 두십니다.' 바울은 자주 '그리스도 안에' '주 안에'라는 말을 자주 쓰곤 했습니다. 이런 의미에서였을 것입니다.

· 함께 읽어요 : 고린도후서 5장 17절

"그런즉 누구든지 그리스도 안에 있으면 새로운 피조물이라 이전 것은 지나갔으니 보라 새것이 되었도다."

2. 주 안에서 죽는 자들에게는 상급이 있습니다(계 14:13).

본문에는 두 가지 큰 상급이 언급되어 있습니다.

첫째, 수고를 그치고 쉬는 상급이 있습니다. 세상에서 그리스도를 위해 흘린 땀과 수고를 의미합니다. 이는 그분 때문에 받은 긴장과 중압감 때문에 이제는 더 이상 움직일 수 없는 기진맥진한 상태를 의미합니다.

환난과 핍박은 위로와 안식으로 갚으실 것입니다.(살후 1:7) 이제 수고를 그만하고 쉬라고 하시는 것입니다.(14:13절)

둘째, 천국에서 해야 할 일에 대한 상급이 있을 것입니다. 천국은 경배와 섬김의 사역으로 가득할 것입니다.

① 천국은 또 다른 존재의 차원, 또 다른 세계, 실재하는 영구한 세계인 영적인 세계요, 새로운 차원의 세계입니다.

② 진정으로 믿는 자들은 하늘에서 왕과 제사장이 될 것입니다.(벧전 2:5) 그리스도와 더불어 사도들과 함께 통치할 것입니다.

· 함께 읽어요 : 야고보서 1장 12절

"시험을 참는 자는 복이 있나니 이는 시련을 견디어 낸 자가 주께서 자기를 사랑하는 자들에게 약속하신 생명의 면류관을 얻을 것이기 때문이라."

3. '주안에서 죽는 자'에 대한 여러 가지 상급이 있습니다(계 14:13).

사랑하는 성도 여러분! 사도 바울은 신자들이 세상에서 받는 고난과 하늘나라에서 받을 영광은 족히 비교할 수 없다고 했습니다.(롬 8:18)

첫째, 우리의 유업이나 부와 관련된 상급이 있습니다. '주 안에서 죽는 자'는 ① 하나님의 후사가 됩니다.(롬 8:16~17절, 딛 3:7절) ② 썩지 않는 유업을 물려받습니다.(벧전 1:3~4절) ③ 주님의 복을 받게 됩니다.(잠 10:22절) ④ 영구한 부와 의를 얻게 됩니다.(잠 8:18절) ⑤ 측량할 수 없는 부를 얻게 됩니다.(엡 3:8절) ⑥ 하늘의 보화를 얻게 됩니다.(마 19:21절, 눅 12:33절)

둘째, 하나님의 아들로 받아들여져 하나님을 '아빠 아버지'라 부르게 하십니다.(갈 4:4~7) 성도는 흠 없고 순전하게 될 것입니다.(빌 2:15) 영생을 얻을 것입니다.(요 3:16) 몸의 변화와 함께 영광의 몸을 얻게 됩니다.(빌 3:11, 21) 영원한 영광과 존귀와 평강을 얻게 될 것입니다.(히 4:9절)

셋째, 면류관도 여러 가지 종류가 될 것입니다. ① 썩지 않는 면류관을 얻게 됩니다.(고전 9:25) ② 의의면류관을 얻게 될 것입니다.(딤후 4:8절) ③ 생명의 면류관을 얻게 될 것입니다.(약 1:12절) ④ 영광의 면류관을 얻게 될 것입니다.(벧전 5:4절)

넷째, 사역이나 지위나 다스림과 관련된 상급이 있습니다. ① 하나님의 나라를 물려받게 됩니다.(약 2:5절, 마 25:34절) ② 영원토록 통치하는 보좌와 특권을 얻게 됩니다.(눅 19:17, 19절) ③ 제사장이 되고(계 20:6절), 왕이 됩니다.(계 1:5절) '주 안에 죽는 자'되어 유업과 복을 누리시기 바랍니다.

· 함께 읽어요 : 요한계시록 14장 12절

"성도들의 인내가 여기 있나니 그들은 하나님의 계명과 예수에 대한 믿음을 지키는 자니라."

정리하는 말

주 예수 그리스도께서도 무덤에 내려가셨습니다. 하관식은 바로 이 세상과의 줄을 끊어주는 행복한 예식입니다. 천국을 향하여 머리를 드는 순간입니다. 예수 그리스도는 십자가에 못 박혀 죽으시고 3일 만에 부활하셨습니다. 이 부활 사건이 우리에게는 참 소망과 희망을 줍니다. 이 감격적인 사건이 구원의 능력으로 우리에게 살아 역사하는 것입니다. 오늘 말씀을 들으시는 여러분들의 가정에 구원의 은혜에 감격하며 하나님의 축복이 함께 하시기를 주님의 이름으로 축원합니다.

평가와 결심

1. 어떤 자가 복되다고 하였습니까?(계 14:·13, 주 안에서 죽는 자)
2. 주 안에서 죽는 자들이 첫째 어떤 복이 주어집니까?
   (계 14:13, ① 수고를 그치고 쉬는 복 ② 천국 새 사역이 주어짐)
3. 주 안에서 죽는 자들이 둘째 어떤 상급이 주어집니까?
   (계 14:13, ① 유업 · 부의 상급 ② 천부와 부자관계 회복 ③ 지위, 통치 상급)

주간 경건의 시간 <62> · 날마다 말씀과 함께

요일 / 내용	주일/월(Mon)	화(Tue)	수(Wed)	목(Thu)	금(Fri)	토(Sat)
찬송	36동 / 37동	74 / 74	151 / 138	180 / 168	179 / 167	277 / 335
성경	계 8: / 계 9:	계 10:	계 11:	계 12:	계 13:	계 14:
적용	주의 날 / 처음 사랑을	네 행위 아노니	하늘의 예배	책과 어린양	일곱 봉인 심판	인 치심

* 감사는 마음의 기억이다. < J. B. 마시외 >

제63과 추모예배 1

◐ 가·정·추·모·예·배 ◑

20( )년 ( )월 ( )일 · 사회 :(   )장로(집사)

오전 · 오후 00 : 00 시 · 말씀 :(   )장로(집사)

◆ 추모예배의 의의 ◆

추모(追慕)라는 용어가 바람직합니다. 추도(追悼)라는 용어는 죽은 이를 생각하며 슬퍼해 한다는 뜻입니다. 이 말속에는 다분히 불신자적인 인상이 짙습니다. 추모(追慕)라는 용어의 뜻은 죽은 사람을 기억하고 그리워함입니다. 이렇게 보면 기독교에서 사용되어야 하는 바른 용어는 추모(追慕)가 되어야 할 것입니다.

(Prelude) ♬

1) 개 회 사 …♪(   )성도〈19( ).( ).( )소천〉(   )주기… 사 회 자

이 시간 …♪(   )성도〈19( ).( ).( )소천〉(   )주기를 맞아 하나님께서 사랑하는 우리 가족! 추모예배를 드리겠습니다.

2) 묵상 기도 …………<사도신경 암송>……………… 다 같 이

3) 기　　원 ……………………………………………… 인 도 자

오늘도 살아계셔서 우리에게 생명을 주시고 만물을 우리에게 선물로 주신 하나님의 크신 은혜를 감사드립니다. 오늘 가족이 한 자리에 모여 추모예배를 드릴 수 있게 하심을 감사드립니다. 이 시간 우리의 찬송과 예배를 받으시옵소서. 예수님의 이름으로 기도드리옵나이다. - 아멘 -

4) 찬　　송……[559장(통305), 478장(통78장)]……다 같 이

5) 신앙 고백 ……………………………………………… 다 같 이

6) 기　　도 ………<기도문을 읽으면서 해도 됨>…………(   )장로(집사)

하나님 아버지, 하나님께서 사랑하시는 저희 가족들 오늘까지 지켜주시고, 베풀어주신 은혜 감사드립니다. 돌아보건대 지나온 시간들을 되새겨 보면 모든 것이 하나님의 은혜였습니다. 우리 가족들을 건강하게 하시고, 믿음을 지키게 하여 주시며, 오늘 이 시간 혈육들이 기쁨으로 만나 예배드리게 하심을 감사드립니다. 앞으로 여생을 하나님 기쁘게 할 수 있게 하시며, 주님의 뜻을 헤아려 주님의 뜻을 우리 가정을 통해 이루게 하여 주옵소서. 아직도 우상을 섬기며 미신 숭배에서 헤어 나오지 못하는 동족들을 불쌍히 여겨 주시고 불신의 눈을 떠서 하나님 의지하며 살아갈 수 있게 하옵소서. 이제 형제, 자매와 혈·육간 화목을 이루게 하시며, 이 세상 살 동안 앞서가신 부모 형제의 유훈을 따라 하나님 은혜와 사랑을 나누며 살아갈 수 있게 하옵소서. 예수님의 이름으로 기도드리옵나이다. - 아멘 -

7) 성경 봉독··················(시 136: 23~26)····················인 도 자

[23]우리를 비천한 가운데에서도 기억해 주신 이에게 감사하라 그 인자하심이 영원함이로다.
[24]우리를 우리의 대적에게서 건지신 이에게 감사하라 그 인자하심이 영원함이로다.
[25]모든 육체에게 먹을 것을 주신 이에게 감사하라 그 인자하심이 영원함이로다.
[26]하늘의 하나님께 감사하라 그 인자하심이 영원함이로다.

8) 설 교 ············하나님께 감사할 이유 있네 ········ 설 교 자

9) 찬 송 ················ 386장(통찬 439장)·············· 다 같 이

10) 축복 기도 ·· 다 같 이

11) 성묘 광고·············<20 . . 성묘)·········( )장로(권사)

<오늘의 말씀>

하나님께 감사할 이유 있네

첫째, 구원을 베풀어주신 하나님께 감사드립시다.

유교문화에 젖어있던 우리 민족은 명절 때만 되면 우상에게 제사를 지내는 어리석음을 범해 왔습니다. 그러나 하나님께서 이 민족에게 복음의 큰 빛 줄기를 이 강산에 비추시고 구원의 은총을 내려 주셨습니다. 구속함을 입은 우리들은 이제 죄의 종으로서 사망에 이르는 것이 아니라 하나님의 자녀로 영생을 얻었기에 구원을 베풀어주신 하나님께 감사드려야 할 것입니다.

둘째, 우리 가정을 지켜주신 하나님께 감사드립시다.

본문 24절 "우리를 우리 대적에게서 건지신 이에게 감사하라"고 말씀하셨습니다. 택한 이스라엘 백성들을 바로의 손에서 구원하시고 뱀과 전갈이 있는 광야를 안전하게 통과시킨 하나님께서 오늘 우리 가정도 악한 세력의 손에서 건져 주셨음을 감사드려야 할 것입니다. 특히 형제간에 더욱 우애가 있고 주의 사랑으로 결속되어 하나님의 참된 평안 가운데 살아가도록 노력하시기 바랍니다.

셋째, 일용할 양식으로 채워주신 하나님께 감사드립시다.

본문 25절 "모든 육체에게 식물을 주신 이에게 감사하라"고 말씀하셨습니다.
광야 40년 동안이나 이스라엘 백성들에게 만나를 먹이신 하나님께서 오늘 우리에게도 때마다 넉넉하게 채워주심을 감사드립니다. 때를 따라 풍성한 수확을 얻게 하신 하나님께 감사드립니다. 우리의 믿음은 감사할 때 더욱 성장합니다. 감사할 때 우리의 삶도 더욱 풍성해집니다. 요한 웨슬리는 "성숙한 그리스도인의 모습은 감사하는데 있다"고 말했습니다. 우리 민족에게 구원을 베풀어주시고 우리 가정을 지켜주시고 일용할 양식으로 채워주신 하나님께 범사에 감사하는 자가 됩시다. 가정마다 행복해지는 비결은 감사하는 것입니다. 어제도 감사했고요. 오늘도 감사하며, 내일도 감사하며 살아가시기를 주님의 이름으로 축원합니다.

 중추절(추석), 추모예배 2

감사로 보답 합시다

찬송 / 587, 588, 589, 590, 591 / 통일 306, 307, 308, 309, 310
성경 / **데살로니가전서 3:6-13**
요절 / **데살로니가전서 3:9**
"우리가 우리 하나님 앞에서 너희로 말미암아 모든 기쁨으로 기뻐하니 너희를 위하여 능히 어떠한 감사로 하나님께 보답할까."
목표/ 중추절 가정예배를 통해 범사에 감사하는신앙태도를 기른다.

민속절기 중추절 감사예배

1. 개회사

추석을 맞아 온 가족이 한 자리에 모여 조상들의 은공을 기리며, 풍성한 가을을 주신 하나님께 다 같이 묵상기도를 드림으로 중추절 감사예배를 드리겠습니다.

2. 찬송은 592, 593, 590 / 통찬 311, 312, 309 중 익숙한 찬송을 부릅니다.

3. 성시 교독은 찬송가 뒤 교독문 105번, 106번 감사절(1)(2)에서 선택하여 함께 교독합니다.

4. 다 같이 기도합시다(가족 대표 한 분이 기도를 인도합니다).

천지를 만드시고, 사계절을 주셔서 봄에 뿌린 씨앗을 이 풍요한 가을에 열매를 거둘 수 있는 복을 주시니 감사합니다. 민속명절인 '추석'을 주셔서 온 가족들이 한 자리에 모여 기쁨으로 감사의 예배를 드릴 수 있게 해 주시니 감사합니다. 늘 하나님의 말씀대로 순종하며 살게 하시고, 불안과 염려가 엄습해 온다 할지라도 늘 믿음으로 승리하게 해 주시옵소서.

앞서가신 어르신들의 교훈과 정신을 기억하여 성실하고, 믿음 생활 잘하면서 어떠한 어려움을 만나든지 우리의 영혼 속에는 늘 맑은 샘물이 솟아나게 하옵소서. 우리 가족 한 사람 한 사람을 늘 주님께서 인도해 주셔서 영 · 육간에 건강하게 하시고, 어려운 이웃들을 도우며 형제간에 더욱 우애하며, 웃어른들을 늘 공경하면서 화목한 가정을 이루게 하옵소서. 가시밭과 같은 세상을 헤쳐 나갈 때 지혜와 용기를 주시고, 실패의 순간에도 희망을 잃지 않게 하옵소서. 언제나 우리 가족을 인도해 주시며, 우리는 주님의 일꾼이며 종임을 잊지 않게 하시고, 모든 사람들에게 유익한 사람이 되게 하옵소서. 한 해가 저물기 전에 믿음이 더욱 성숙하게 해 주시옵소서. 말씀으로 주님과 함께 성전중심의 신앙생활을 하게 하옵소서.

하나님의 성전을 아름답게 가꾸며, 주님을 뜨겁게 사랑하며 살아가게 하옵소서. "오늘부터 복을 주리라"하신 주님의 말씀을 믿사오니, 자녀들도 사업도 잘되며 물질적으로도 풍성한 한 해가 되게 하여 주옵소서. 온 가족이 죄악의 길로 빠질 때는 성령께서 바른 길로 인도하옵소서. 감사와 영광과, 찬양을 주님께 많이 드릴 수 있는 한 해가 되게 하여 주옵소서. 예수 그리스도의 이름으로 기도 드리옵나이다. 아멘.

5. 성경은 다음 성경구절 중에 한 곳을 읽습니다.
   · 시편 23편, · 창세기 26:12-22, · 레위기 23:15-25, · 신명기 4:25-29; 8:1-3, · 요한복음 7:37-44, · 고전 10:23-33, · 빌립보서 4:2-9; · 살전 3:9; 5:16-24

6. 성경을 읽고 말씀을 전합니다(성경본문만을 읽을 수도 있습니다).

7. 찬송은 가족들이 즐겨 부르는 찬송가를 찾아 함께 부릅니다.

8. 축복 기도를 하거나 "주기도문"을 암송하거나 읽으면서 기도를 드림으로 예배를 마칩니다.

추석에는 가장이나 가족 중 한 사람이 예배를 인도하고, 예배가 끝난 후에는 사랑과 감사가 담긴 음식을 나누어 먹으면서, 조상들의 교훈이나 추억담을 나누는 것이 좋습니다. 히브리 민족은 '오순절'이나 '장막절'을 지키면서 감사의 절기를 지켰습니다.

감사로 보답 합시다.
(데살로니가전서 3:9)

" 우리가 우리 하나님 앞에서 너희로 말미암아 모든 기쁨으로 기뻐하니 너희를 위하여 능히 어떠한 감사로 하나님께 보답할까?"

서구인들을 만나면 "감사합니다."(Than you.)라는 말을 자주 합니다. 그들은 감사가 생활화되어 있습니다. 전쟁이 많던 구라파에 대통합이 이루어진 배경에는 그들에게는 늘 은혜를 감사하는 삶이 기초가 되어 있었습니다.

그러나 우리들은 불만과 불평이 자주 터져 나오는 것을 봅니다. 우리들에게 감사가 부족합니다. 사도 바울은 늘 하나님의 은혜와 사랑에 대한 감사가 구구절절 표현되어 있습니다. 그래도 미국인들이 세계에서 사랑 받는 이유가 여기에 있는 것 같습니다. 성경은 '항상 기뻐하라'고 했습니다. 모든 기쁨의 생활은 감사하는 생활에 의해 가능합니다.

하박국 선지자는 "비록 무화과나무가 성치 못하며 포도나무에 열매가 없으며, 감람나무에 소출이 없으며 밭에 식물이 없으며, 우리에 양이 없으며 외양간에 소가 없을지라도 나는 여호와를 인하여 즐거워하며, 나의 구원의 하나님을 인하여 기뻐하리로다"(합 3:17~18)라고 하나님을 찬양하고 있습니다.

1. 은혜로 구속함을 받았으니 몸을 드려 감사해야 합니다(롬 12:1).

임금(君, 군)을 위하여 헌신하는 자를 충신이라 하고, 지아비(夫, 부)에게 헌신하는 자를 열녀라고 하며, 주(主)를 위하여 헌신하는 자는 인간의 의무를 다한 감사절정의 표현입니다. 바울은 "[19] 너희 몸은 너희가 하나님께로부터 받은바 너희 가운데 계신 성령의 전인 줄을 알지 못하느냐 너희는 너희 자신의 것이 아니라 [20]값으로 산 것이 되었으니 그런즉 너희 몸으로 하나님께 영광을 돌리라"(고전 6:19~20)고 했습니다. '나'라는 자신은 이미 그리스도의 보혈에 팔린 것이니 그 권리가 내게 있는 것이 아니라 주님께 있습니다. 이제는 소유주이신 주님의 임의대로 쓰여질 뿐입니다. 그런고로 우리가 사나 죽으나 주님의 것입니다(롬 14:8). 헌금을 위해 장기를 파신 분도 있습니다. 우리 몸 주께 바쳐 그 감사의 만분의 일이라도 보답할 수 있기를 간절히 소원합니다.

2. 사랑으로 성령의 인치심 받았으니 물질과 소유를 드려야 합니다(엡 4:30).

우리가 부동산을 계약할 때 인감도장과 인감증명서는 대단히 중요합니다. 그것이 없으면 계약을 할 수 없습니다. 사랑하는 성도 여러분! 바울 사도는 에베소 교인들에게 "하나님의 성령을 근심하게 하지 말라 그 안에서 너희가 구원의 날까지 인치심을 받았느니라"(엡 4:30)고 했습니다.

예수를 믿기 전까지는 욕심대로 살았더라도 이제는 물욕도 정욕도 명예욕도 내려놓아야 합니다. 구원의 날까지 성령으로 인(印)치심을 받았기 때문입니다. 바울 사도는 "그 안에서 너희도 진리의 말씀 곧 너희의 구원의 복음을 듣고 그 안에서 또한 믿어 약속의 성령으로 인치심을 받았으니"(엡 1:13) 그 도장(인; 印)을 통하여 받은 바 우리의 기업의 보증이 되셨다고 했습니다. 요사이 헌금 강요하는 설교는 성도들이 거부감을 가지고 있습니다. 몸을 바치라는 것은 외상도 됩니다. 그러나 물질은 현찰로 당장 드려야 하기 때문입니다. 인색함으로나 부득이해 드리는 헌금은 삼가 해야 합니다. 물질의 다소를 막론하고 성의를 다해 바쳐서 그 은혜의 망극함을 감사로 표하시기 바랍니다.

3. 생명을 바쳐서 감사해야 합니다(찬송가 311/ 통찬 185장).

예수님은 우리를 위하여 몸 버려 피 흘려 대속해 주셨습니다. 우리가 무엇을 드린다 한들 그 사랑, 그 은혜를 보답하겠습니까? 주님께서 우리를 위해 생명을 주셨으니 우리의 생명을 드려도 아까울 것 없습니다. 우리가 살아있음은 그분 하나님의 아들을 믿는 믿음 안에서 사는 것입니다. 모든 것을 드린다 한들 아까울 것이 없습니다.

함께 기도합니다. - "오! 하나님, 내 생명을 귀히 여기시고 살려주셨으니 주님이 필요하다면 언제든지 몸도 마음도 물질도 생명까지라도 주 하나님께 드리오니 기쁘게 받아 주시옵소서." 예수님 이름으로 기도드리옵나이다. 아멘!

거룩한 열정으로 형통하는 구역

구역부흥은 교회부흥

제 1 학기 출석부

번호	성 명	1월					2월					3월					계	
		1	2	3	4	5	1	2	3	4	5	1	2	3	4	5		
1																		
2																		
3																		
4																		
5																		
6																		
7																		
8																		
9																		
10																		
11																		
12																		
13																		
14																		
15																		
16																		
17																		
18																		
19																		
20																		

* **출석표 표기법** • 출석 / • 네모칸 왼쪽 : 주간, 주일 출석 참여 회수
• 네모칸 오른쪽 : 새벽예배 출석 참여 회수 - 각 교회 지침대로 기록하세요.

제 2 학기 출석부

번호	성 명	4월					5월					6월					계	
		1	2	3	4	5	1	2	3	4	5	1	2	3	4	5		
1																		
2																		
3																		
4																		
5																		
6																		
7																		
8																		
9																		
10																		
11																		
12																		
13																		
14																		
15																		
16																		
17																		
18																		
19																		
20																		

* **출석표 표기법** • 출석 / • 네모칸 왼쪽 : 주간, 주일 출석 참여 회수
• 네모칸 오른쪽 : 새벽예배 출석 참여 회수 - 각 교회 지침대로 기록하세요.

M/E/M/O 구역부흥은 교회부흥 M/E/M/O

제 3 학기 출석부

번호	성 명	7월					8월					9월					계	
		1	2	3	4	5	1	2	3	4	5	1	2	3	4	5		
1																		
2																		
3																		
4																		
5																		
6																		
7																		
8																		
9																		
10																		
11																		
12																		
13																		
14																		
15																		
16																		
17																		
18																		
19																		
20																		

* **출석표 표기법** • 출석 / • 네모칸 왼쪽 : 주간, 주일 출석 참여 회수
• 네모칸 오른쪽 : 새벽예배 출석 참여 회수 - 각 교회 지침대로 기록하세요.

제 4 학기 출석부

번호	성 명	10월					11월					12월					계	
		1	2	3	4	5	1	2	3	4	5	1	2	3	4	5		
1																		
2																		
3																		
4																		
5																		
6																		
7																		
8																		
9																		
10																		
11																		
12																		
13																		
14																		
15																		
16																		
17																		
18																		
19																		
20																		

* **출석표 표기법** • 출석 / • 네모칸 왼쪽 : 주간, 주일 출석 참여 회수
• 네모칸 오른쪽 : 새벽예배 출석 참여 회수 - 각 교회 지침대로 기록하세요.

M/E/M/O 구역부흥은 교회부흥 M/E/M/O

창세기와 출애굽기

" 모든 성경은 하나님의 감동으로 된 것으로....."
(딤후 3 : 16)

Kim Jongsuk, 1978.
alt.. Shin Soseop, 2012

BIBLE CONTENTS: 13 10. 13 12. 8 13. 11 10
Shin Soseop, 1978

• 설문지 : 독자 앙케이트 •

구역공과를 다루고서

〈각 교회에서 설문지를 그대로 보내주셔도 좋겠고, 통계치만 보내셔도 됩니다 〉

1. 구역공과를 다루고 나서 어떤 방법이 가장 좋았는가?

( ) 1 기존의 방법대로 구역장이 혼자 가르치는 것이 좋겠다.
( ) 2 문답지를 나누어주고 미리 풀어 오도록 하여 토론하는 것이 좋겠다.
( ) 3 성경 문제지를 나누어주고 그날 함께 풀어 가는 방법이 좋겠다.
( ) 4 문답지를 나누어주고 구역장이 설명해 가는 방법이 좋겠다.

2. 성경 공부 문제지를 다루는데 그 정도가 어떠했는가?

( ) 1 문제가 어려워서 손대기가 어려웠다.
( ) 2 문제지는 그런대로 쉬웠으나 묵상과 적용이 잘 안되었다.
( ) 3 문제지도 어려웠고 묵상과 적용도 어려웠다.
( ) 4 문제지는 보통이고 묵상과 적용도 할만했다.

3. 성경 공부 문제의 양이 어떠했는가?

( ) 1 문제가 너무 많았다.
( ) 2 문제가 너무 적었다.
( ) 3 문제가 적당했다.

4. 성경공부 진행 및 내용의 배열은 어떻게 하는 것이 좋겠는가?

( ) 1 시작하는 말, 오늘의 말씀, 정리하는 말, 평가와 결심의 순서대로가 좋겠다.
( ) 2 오늘의 말씀, 정리하는 말, 평가와 결심으로 줄였으면 좋겠다.
( ) 3 성경본문을 읽고 각자가 느낀 점을 이야기하고 적용하는 방식이 좋겠다.
( ) 4 성경 본문만 읽고 중보(합심)기도를 길게 하는 것이 좋겠다.

5. 구역 모임시간에 대하여 어떻게 했으면 좋겠는가?

( ) 1 찬송을 많이 불렀으면 좋겠다.
( ) 2 성경 공부에 중점을 두었으면 좋겠다.
( ) 3 합심기도에 시간을 많이 할애했으면 좋겠다.
( ) 4 구역원들 간에 이야기하는 시간을 많이 두어야 좋겠다.

6. 성도의 교제 시간 운영 방안에 좋은 방법은 무엇인가?

( ) 1 민속놀이를 했으면 좋겠다(윷놀이 등).
( ) 2 음식 나누어 먹기가 좋겠다.
( ) 3 가정을 위해 특별기도를 해주는 것이 좋겠다.
( ) 4 성경 퀴즈를 했으면 좋겠다.

* 보기에 없으면 적 으시오( )

7. 구역공과교재나 교재출판위원회에 하고 싶은 이야기를 적으시오.

< 보내주시는 교회 선물을 받으실 분 >
(우편번호) 주소는 정확하게, 담임목회자 명

< 보내 주실 곳>
07010 서울 동작구 사당로 214(사당동)
도서출판 아가페문화사 교재편찬위원회 앞

절취선

라이브 성경 · The Live Bible

전무후무한 센세이션 예감!
타의 추종을 불허하는 소중한 성경!

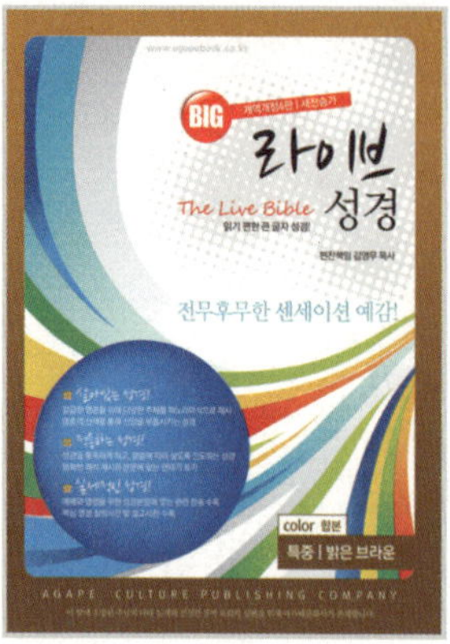

적극 추천합니다.

김의원 교수 : 구약
총신대학교 전, 총장
백석대학교 현, 부총장

김상훈 교수 : 신약
총신대학교 신학대학원,
신약학 교수

편찬책임 | 김영무 목사

■ 사륙 변형판 / 값 39,000원(최고급 소재, 컬러 종류: 검정, 겨자, 와인)

BIG 개역개정4판 | 해설 새찬송가 합본

갈급한 영혼을 위한!
읽기 편한 큰 글자 성경!

살아있는 성경!

갈급한 영혼을 위해 다양한 주제를 파노라마 식으로 제시.
영혼의 산책을 통해 신앙을 부흥시키는 성경.

적용하는 성경!

성경을 통독하게 하고,
말씀에 따라 살도록 인도하는 성경.
명확한 해석 제시와 본문에 맞는 연대기 표기.

실제적인 성경!

예배와 영성을 위한 성경본문에 맞는 관련 찬송 수록.
핵심 영성 심방사전 및 설교사전 수록.

◆ 편찬책임 김 영 무 목사
- 총신대학교 신학대학원 졸업(M. Div. Equiv.)
- 총신대학교 교육대학원 졸업(M. Ed.)
- 현재, 도서출판 아가페문화사 대표

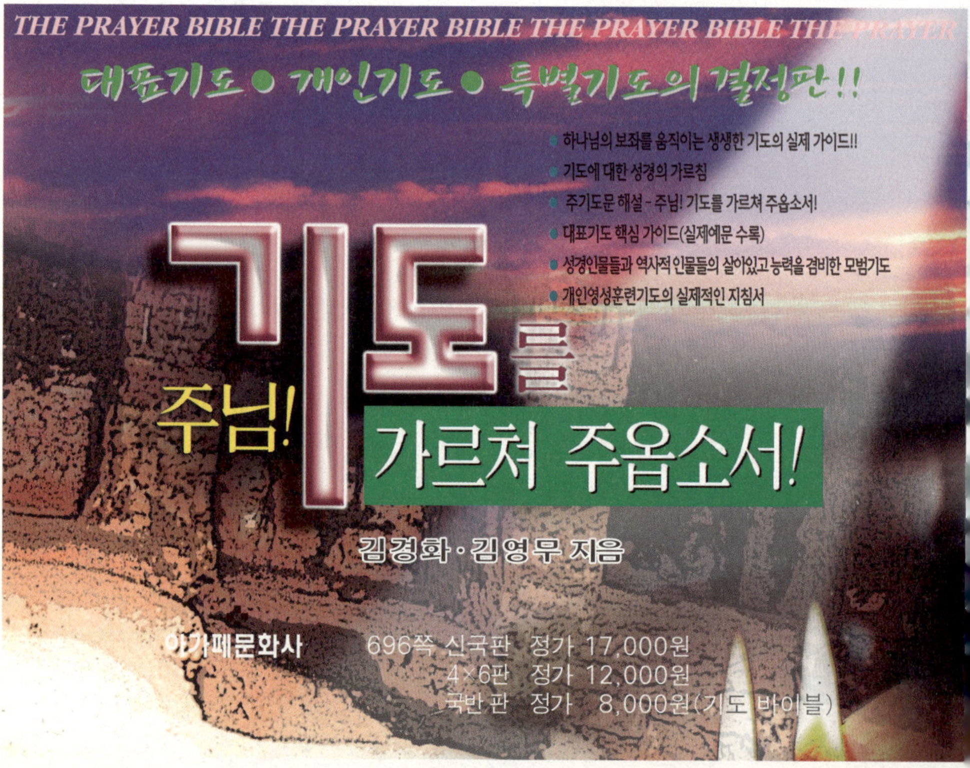

부흥하는 구역
생동하는 구역
전진하는 구역
결실하는 구역
파송하는 구역
건강한 구역
치유하는 구역
소그룹 및 구역공과 편찬위원회
대표 신소섭 목사

세상을 변화시키는 52주 구역공과
거룩한 열정으로 형통하는 구역

2017. 11. 15 초판 인쇄
2017. 11. 20 초판 펴냄

지은이 교재편찬위원회
발행인 김영무

발행처 도서출판 아가페문화사
07010 서울 동작구 사당4동 254-9
전화 3472-7252, 7253 팩스 523-7254
등록 제3-133호(1987. 12. 11)

보급처 : 아가페문화사
07010 서울 동작구 사당4동 254-9
전화 3472-7252, 7253 팩스 523-7254
우 체 국 011791-02-004204 (김영무)

값 7,500원

ISBN 978-89-8424-154-1 03230